赢家的秘诀

锁定热点强势股

基本面技术面共振法

王凯元◎著

四川人民出版社

图书在版编目（CIP）数据

锁定热点强势股：基本面技术面共振法 / 王凯元著.
—成都：四川人民出版社，2021.6
ISBN 978-7-220-10700-9

Ⅰ.①锁… Ⅱ.①王… Ⅲ.①股票投资－基本知识
Ⅳ.①F830.91

中国版本图书馆 CIP 数据核字（2021）第 075564 号

SUODING REDIAN QIANGSHIGU：JIBENMIAN JISHUMIAN GONGZHENFA

锁定热点强势股：基本面技术面共振法

王凯元　著

责任编辑	何朝霞
装帧设计	张　科
版式设计	戴雨虹
校　　对	吴　玥
责任印制	周　奇
出版发行	四川人民出版社（成都槐树街 2 号）
网　　址	http://www.scpph.com
E-mail	scrmcbs@sina.com
新浪微博	@四川人民出版社
微信公众号	四川人民出版社
发行部业务电话	（028）86259624　86259453
防盗版举报电话	（028）86259624
照　　排	四川胜翔数码印务设计有限公司
印　　刷	成都勤德印务有限公司
成品尺寸	185mm×260mm
印　　张	13.75
字　　数	230 千
版　　次	2021 年 7 月第 1 版
印　　次	2021 年 7 月第 1 次印刷
书　　号	ISBN 978-7-220-10700-9
定　　价	58.00 元

前　言

本书的主题是追逐强势成长股。如果将时间推回至2018年，我不会写这个主题，而是会写一本关于价值投资的书。为何？因为2018年末至2019年初是熊市牛市转换的时间节点，在此节点之前，为上一个朱格拉（C. Juglar）周期尾声，跌时重质，一定要以相对便宜的价格买进质地优良的资产。在此节点之后是下一个朱格拉周期的开端，涨时重势，价值投资已经没了低估优势，只能切换为追逐强势成长股的方法。

每个方法都有它的适用和能力范围，我们不能说谁更好，只能说谁更适合。

为什么2018年末、2019年初是朱格拉周期切换的时间节点呢？我们来看几条数据：

2005年6月上证指数见底。2005年无风险收益率3.81%，标准理论市盈率26.25倍，即1除以3.81%。2005年6月最低点998.23点时，对应市盈率14.76倍，约有44%的风险溢价率，（26.25—14.76）/26.25。

2008年10月见底。2008年无风险收益率3.73%，标准理论市盈率为26.81倍，即1除以3.73%。2008年10月最低点1664.93点，对应市盈率13.57倍，约有49%的风险溢价率，（26.81—13.57）/26.81。

2014年的上涨，其底部是2013年。2013年无风险收益率5.41%，标准市盈率为18.48倍，即1除以5.41%。2013年6月1849.65点，对应市盈率9.16倍。约有50%的风险溢价率，（18.48—9.16）/18.48。

2018年无风险收益率为4.1%，理论标准市盈率为24.39倍，即1除以4.1%。最低点2440对应市盈率12.18倍。风险溢价率为50%。与前三次不同程度的见底时的风险溢价率的最大值接近或相同（如2009年、2013年）。此处，即便不是大底，也是阶段性底部。我们在2018年6月份便已经给出了这样的判断。

时间	标准市盈率	最低点对应市盈率	风险溢价率
2005	26.25	14.76	44%
2008	26.81	13.57	49%
2013	18.48	9.16	50%
2018	24.39	12.18	50%

康德拉季耶夫（N. Kondratiev）周期以近似60年为一循环。第一波周期在1782年至1845年，历时63年。第二波周期在1845年至1892年，历时47年。第三波周期在1892年至1948年，历时56年。第四波周期在1948年至1991年，历时43年。长波周期有越来越短的趋势。第五波周期自1991年开始，向后至少延展45—55年。

长波周期中，前20年为复苏期、扩张期、过热期、上升期。1991年加上20年，为2011年。

随后5—7年为回落期，2011年加7年为2018年。

随后10—15年为反弹期，或许2019年即为反弹期的元年。

在长波周期中，嵌套9—10年一个周期的朱格拉中波周期。中波周期也是从1991年开始。中信建投首席经济学家周金涛在他的一份报告中给出1991年之前的一个朱格拉周期从1981年开始，距离1991年相差9—10年。由此我们确定1991年某一个阶段为朱格拉周期起点。

9—10年，这是一个不确定的数字。但如果我们不求一一对应的精确，可以与上证指数的走势相印证。1991年（1990年末）至1999年为股市中可见的第一个朱格拉周期，2000年至2008年为第二个朱格拉周期，2009年至2018年为第三个朱格拉周期，2019年为第四个朱格拉周期的起点。再结合风险溢价率判断上证指数见底的可能性非常大，至少有两种原因显示2018年末与2019年初是熊牛转换的关键时间点。

跌时重质，涨时重势。也就是说这一轮价值投资最好的时间已经过去了，我们必须切换方法，寻找强势成长股的操作方法，这就是我写本书的初衷。

那么强势成长股最重要的逻辑是什么呢？毋庸置疑是业绩。但业绩的背后又是什么？是什么驱动了业绩的增长？以万集科技为例，在它启动10倍上涨的起点处，它的业绩可以说一塌糊涂。是股价带动了业绩吗？肯定不是，因为因果倒置了。可股价上涨了10倍，我们又看不到业绩，这是为什么？

这就是本书的重点所在，驱动股价上涨的原因是业绩，绝对没错。我想让大家知道的是驱动业绩的原因是什么。还以万集科技为例，全国推行ETC，万集科技的主营业务就是ETC，所以万集科技的业绩提升是必然的，只是当前还未兑现而已。业绩提升已经达成了共识，共识带来了资金，资金推动了股价的上涨。

当然万集科技的投资逻辑非常简单，但这代表了一种我国特有的投资逻辑，即政策驱动。政策可以驱动生物疫苗、线上教育、家电家装、碳中和等板块。

除了政策驱动，还有事件推动、行业发展驱动、股权置换驱动等各种因素。本书从这几个方面寻找驱动原因，复盘个股走势，以基本面动因、技术分析为手段，寻找长期牛股和恰当的介入点。

在我写本书时，受到了某种质疑——技术分析可以复制，可基本面动因无法复制，无法复制的东西有用吗？有用。

我们为什么学习历史？为什么历史人物会有那样的选择？如果前因后果各种因素都已知的情况下，都找不到股票上涨的原因，那又如何才能看得懂当下呢？以史为鉴，不正是总结事物发展的规律，而用之于现在吗？所以不论是技术复盘，还是基本面动因复盘，都非常有必要。

本书以事件驱动、政策驱动等因素对英科医疗、万集科技、中国中免、坚朗五金、海螺水泥、阳光电源、比亚迪、诚迈科技、晶方科技、中飞股份、海南发展等个股进行复盘。但在行文中，涉及行业内容较多，个股信息较少。也可以理解为，个股是历史进程中的一个缩影。

另外本书还以欧奈尔（W. O'Neil）创建的CANSLIM法则对三一重工、健帆生物等个股进行复盘，我们在无法找到基本面动因的情况下，可以借鉴成熟的股票筛选方法。

本书最后，还给那些对收益要求不高、没有时间和精力的朋友们，提供了三种“傻瓜式”投资方法。

我们的系列丛书，从《赢家的秘诀》开始，主要解构技术分析。本书为系列丛书的第二本，以利用基本面动因与第一本书技术变形为主，寻找长期牛股。短线技巧、价值投资、期权、衍生品等内容，我们会在后续的书中一一写到。短线不是本书重点，所以短线技巧只作介绍，不作展开详述。

对投资方法感兴趣的朋友，请在各大平台搜索“游资元哥”。

欢迎大家批评指正！

目 录

第一章
认知

怎样在高速公路上超车？评估整体路况是否适合超车，包括前方与后方。打左转向灯示意后方车辆，鸣笛示意前方车辆。降挡提速，超车，回归原车道。

交易之道就存在于这样司空见惯的生活中。评估整体路况是看远，摸清行情大方向是向上、向下还是横向震荡，寻找一种当前最恰当的方法介入市场，这即是股市操作的看远和求近。

第一节　看远与求近：基本面、消息面、技术面，面面俱到

看远与求近相辅相成，不能过分看远，也不可执着于求近。只看远，虽然方向对，但操作失误就会抬高成本，甚至会出现看对了方向却亏了钱的情况。只求近，就迷失在各种支撑、压力的计算当中，虽然全套动作都没有失误，但方向错了，即使奔跑也无济于事。

交易方法大致可以分为三个流派：基本面派、技术派、心理派。基本面派大都是价值投资者；技术派只看图表；心理派以凯恩斯的交易手法为主，他们不去分析基本面和技术，只关注参与市场的人的情绪波动。当然随着科技的发展，基本面派与技术派又衍生出各种量化流派，例如基本面量化的多因子派和以数学、统计等为逻辑基础、以西蒙斯为代表的量化派。

其实我们还漏了一种情况：消息面。由于“消息”基本为突发，所以我们可以狭义地把它理解为突发事件。例如 2020 年新冠肺炎疫情暴发、美联储的升降

息、智利铜矿工人的罢工、淡水河谷的停工等。

股票的基本面非常复杂，它涉及经济大背景、产业政策、货币政策、财政政策、行业周期等，间或夹杂着一些突发消息。截至 2021 年 3 月底，我国 A 股市场的股票已逾 4200 只，分属几十上百种不同的行业，行业之间有些是替代关系，有些是上下游关系，有些是互补关系。不论从基本面还是技术面分析，投资股票的工作量都很大。

纯技术派除了关注量、价、时、空外，全然不在乎基本面和突发消息。基本面派反对择时；技术派则认为基本面派基本上全是傻瓜，不懂得变通。两者水火不相容。

有没有将两者相结合的方法呢?

拉里·威廉姆斯有一本著作《择时与选股》。他通过统计历史数据发现了美股指数的一些时间特征，建议我们购买价值股。在这本书中，威廉姆斯秉承着他一贯的统计作风，但放弃了各种技术分析的炫酷招式，尝试着利用统计数据与基本面相结合的价值投资。

欧奈尔的《笑傲股市》给出了 CANSLIM 选股法，通过七个条件，以基本面为基础进行股票筛选，再根据“杯柄”技术方法，寻找介入条件。做到了基本面与技术面的结合。

全美投资冠军马克·米勒维尼的著作《股票魔法师》给出利润断层的基本面筛选方法，再利用他独创的不断收敛的回调特征，作为技术条件，将基本面与技术面完美地结合在一起。

基本面与消息面是筛选条件，是看远；对符合条件的再进行技术切入，是求近。所以二者并不是不相容，而是相辅相成。如图 1-1 所示。

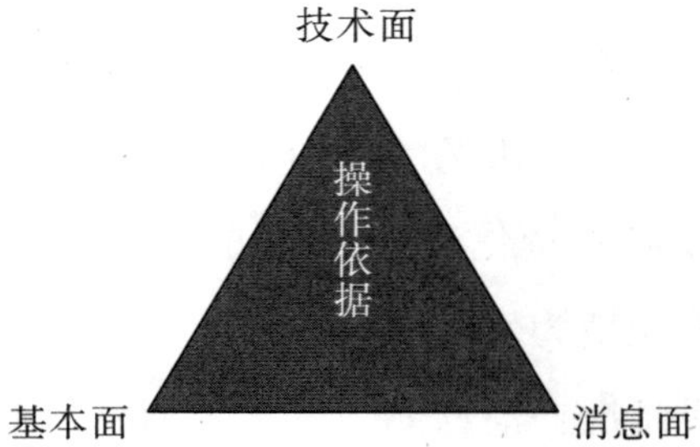

图 1-1　基本面、消息面看远，技术面求近

第二节 从基本面动因做第一轮筛选

股票市场中做空的门槛很高，不论是融券还是股指期货、指数期权。所以一般资金体量较小的交易者，基本上还只能以先买后卖的做多形式为主。持股的人希望股价上涨，持币的人希望股价下跌。

有人看多，就有人看空。但无论看多还是看空，都不必情绪化。也不要屁股决定脑袋，持币的人会找一切理由看空市场，持股的人也会找一切理由看多市场。因为自己的立场而只找对自己有利的理由，就丧失了客观性。如图 1-2 所示。

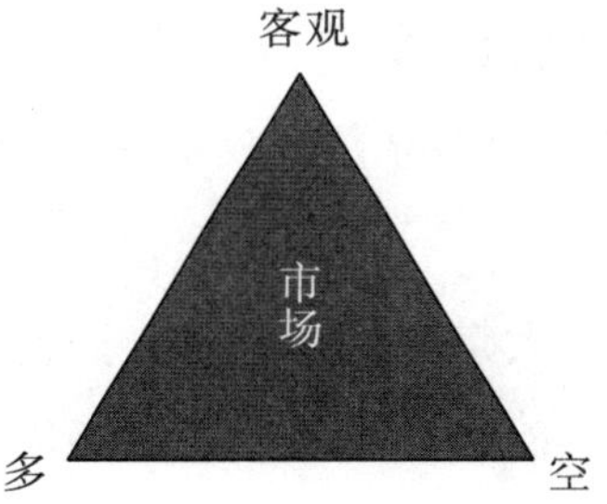

图 1-2 多空无所谓，重要的是客观

是什么驱动了价格的波动而产生了上涨和下跌？是供求关系。

供大于求，价格下跌；供不应求，价格上涨。

商品期货市场交易的就是商品，2020 年全球新冠肺炎疫情暴发，停工抗疫、需求减少，价格大幅下跌。新冠肺炎疫情稳住了，需求增多，但因停工导致供给不足，价格开始上涨。大宗商品价格的变化归因于供求关系。

如果复盘，我们都能找到每次大宗商品价格涨跌的供求原因。但要注意的是，期货市场的价格拐点与实际拐点并不相符。原因是什么？在于预期差。

也就是预期要停工抗疫，需求会减少，期货市场上的价格会率先下跌。预期疫情稳定，供给不足而需求增大，期货市场上的商品价格会率先上涨。所以还可以进一步总结为：预期的供求关系差，驱动着价格的波动。

甚至可以说任何价格的大幅波动，其背后都是供求关系的预期变化。拿 2018 年的受益特惠贸易协定（PTA）股票大涨行情来说，我们研究技术分析并不需要知道 PTA 概念股背后出了什么问题，但价格的上涨，意味着 PTA 概念股背后必然有影响供求关系的事件发生。

背后的问题解决了吗？分为三种情况：情况越来越恶劣，PTA 概念股会继续上涨；虽然没有解决，但不会更加恶化，PTA 概念股会高位进入震荡；问题解决了，PTA 概念股回到起涨前的位置。

在股票市场中这种预期差产生的供求矛盾更加明显，例如行政命令全国各高速公路收费站都要有 ETC 通道，那么那些生产 ETC 设备的公司，在还没有兑现利润之前，股价已经开始上涨了。因为我们预期它会兑现利润。

这里有三种情况：第一，不但国内需要 ETC，国外也需要，并且只有这些公司才能生产，股价会继续上涨；第二，虽然全国各收费站口都有了 ETC，但收费站口越来越多，新的增量会把公司利润维持在当前高位，股价会在高位震荡；第三，全国都有了 ETC，并且近期不存在新收费站增量，公司利润将回到原来的位置，股价开始下跌。

总之，不论股票、债券、大宗商品，只要它们的价格产生大幅的波动，其背后都存在着供求关系的变化。而我们寻找供求关系变化的原因，就是寻找客观看待市场多空的理由。

你可能会问，我们研究技术分析，价格可以包容一切，这是技术分析三大假设之一，还需要了解背后供求关系变化的原因吗？有必要。

不论是哪种技术手段，我们都可以在同一天找到几十甚至上百只符合技术条件的股票，那么请问，这几十上百只股票我们都要买吗？还是挑选几只来买？为什么是这几只，而不是那几只？股票的数量太多了，我国现有 4000 多只股票，仅凭技术手段根本无法做出最优选择。并且不要忘了，我们大多数人的资金体量都比较小，分仓更是无稽之谈。

这时，就要寻找每只股票背后的供求关系，我们可以称之为“基本面动因”，需要注意的是，该动因包含突发消息。用基本面动因进行第一轮筛选，再加以技术手段，就可以避免走势高度相似，但实质又大相径庭的情况发生了。

第三节 行情、资金、方法为股市天时地利人和

图 1-3 为英科医疗（300677）2019 年 10 月至 2020 年 10 月日线走势图，股价由 9.67 元上涨至 122.58 元（前复权），仅仅用了 7 个月。

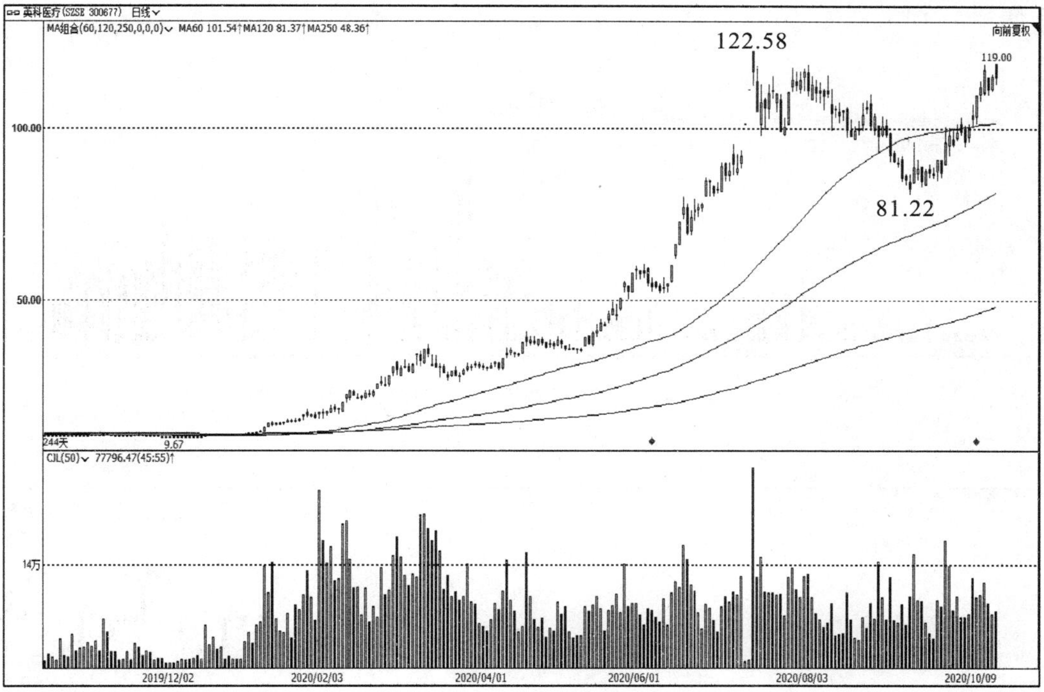

图 1-3　英科医疗 2019 年 10 月至 2020 年 10 月日线走势图

图 1-4 为晶方科技（603005）2019 年 7 月至 2020 年 3 月日线走势图，股价由 11.51 元上涨至 98.89 元（前复权），仅仅用了 6 个月。

图 1-5 为中飞股份（300489）2020 年 1 月至 8 月日线走势图，股价由 10.69 元上涨至 55.53 元（前复权），仅仅用了 6 个月。

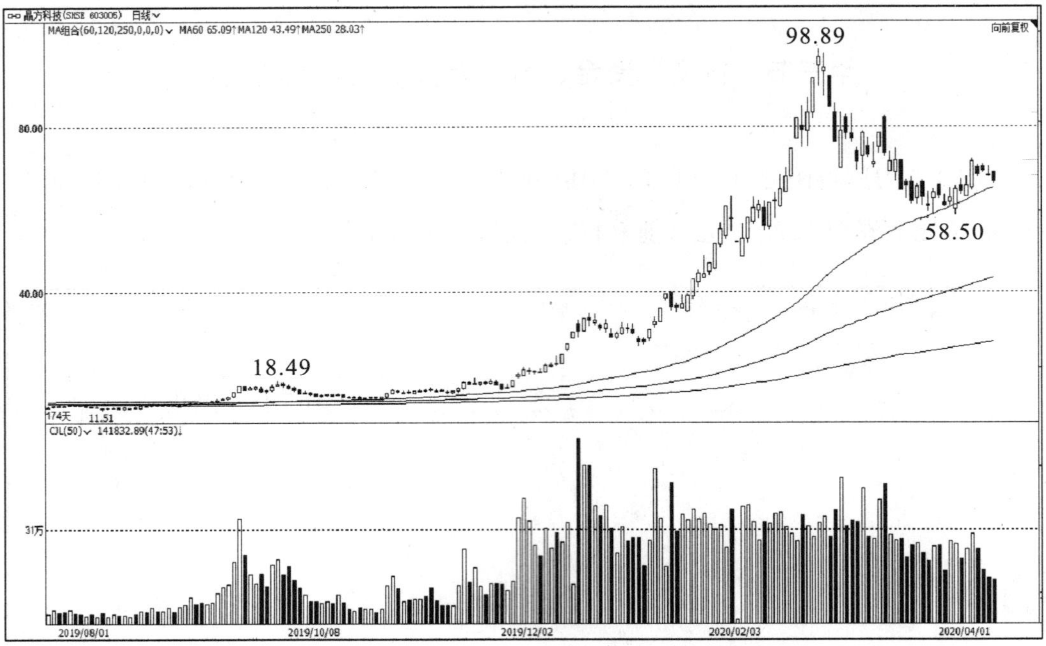

图 1-4　晶方科技 2019 年 7 月至 2020 年 3 月日线走势图

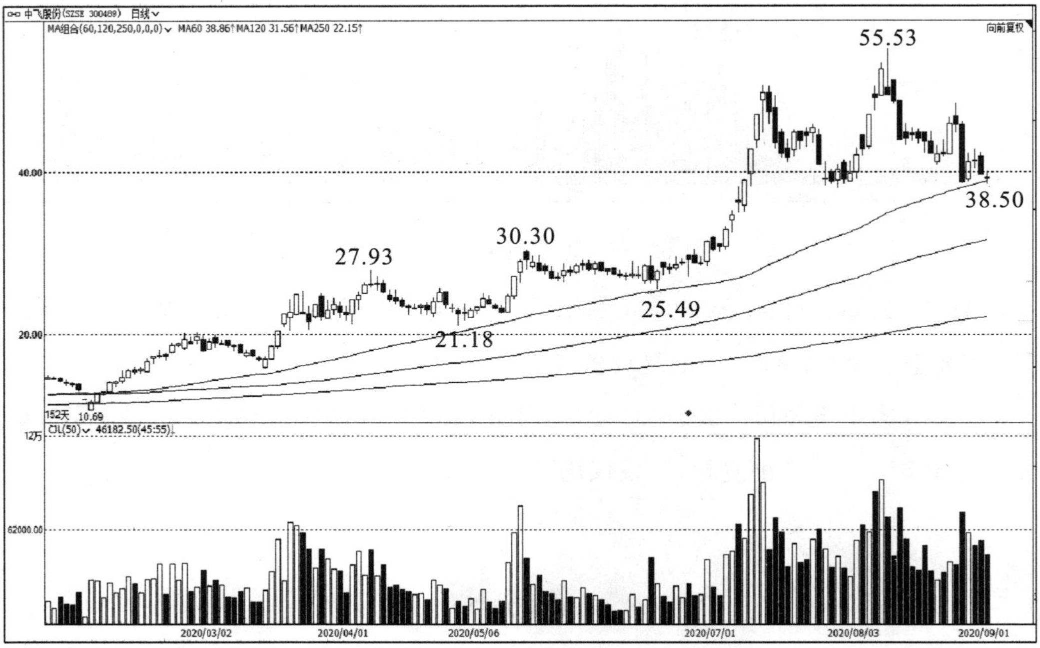

图 1-5　中飞股份 2020 年 1 月至 8 月日线走势图

为什么它们在短时间内上涨得这么快？新冠肺炎疫情暴发，口罩、医护手套需求量在短时间内大幅上升，导致英科医疗利润上涨。影像传感器行业处于快速发展阶段，而晶方科技是全球第二大、全国首家专门针对影像传感器封装测试，也是影像传感器芯片产业链最后一道流程的公司。中飞股份市值小、资产负债率低、利润长期处于盈亏平衡线上、近期大幅亏损，有壳资源特征，加之证监会松绑创业板借壳，带动股价上涨。

每只大涨的股票背后都有基本面动因，基本面动因造就了单边行情。单边行情效率高、赚钱快，此为**天时**。

索罗斯说：对与错都不重要。重要的是在看对的时候能赚多少钱，在看错的时候亏多少钱。有资金，且有对资金的积极管理意识，才有盈利的土壤，此为**地利**。

对基本面动因敏感，并且有资金可供投资，还缺一套方法。同为新冠肺炎疫情概念股，为什么英科医疗先涨，蓝帆医疗、鱼跃医疗后涨？为什么英科医疗、蓝帆医疗涨至 2020 年 7 月份，鱼跃医疗只涨到 2020 年 4 月份？影像传感器行业的快速发展从 2018 年就开始起步了，为什么晶方科技和其他影像传感器概念股在 2019 年末才开始上涨？中飞股份的壳资源特征并不是最近两年才体现出来，为什么在 2019 年末才开始上涨？

这就涉及择时的重要性了。即便能找到基本面动因，即便能找到有单边行情潜质的股票，即便有大量资金可供交易，如果没有一套择时方法，或者说技术分析方法，介入的时机都会过早或过晚，从而增加机会成本，或抬高建仓成本，使盈利效率降低。择时方法、技术分析方法，此为**人和**。天时、地利、人和的关系见图 1-6。

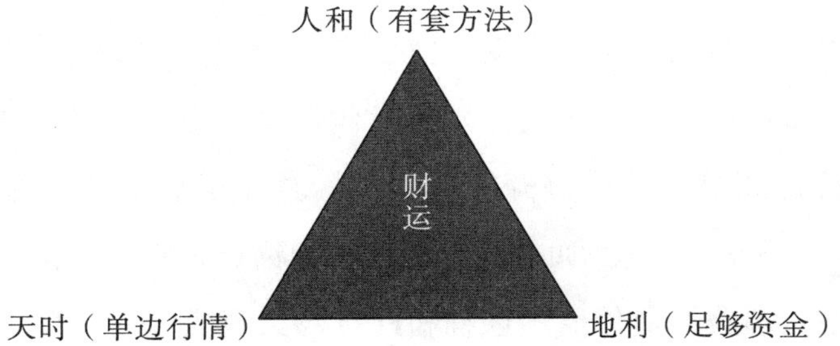

图 1-6　天时不如地利，地利不如人和

为什么《孟子·公孙丑下》说“天时不如地利，地利不如人和”？因为天时是客观的，不以人的意志为转移。我们不可能说，等等我，我还没准备好足够的资金参与，先别涨。如果我们手中持有资金，就有可能抓住单边行情。所以说机会是留给有准备的人。

相对交易方法，资金也是客观的。看多看空、选 A 选 B，都是投入资金，资金本身没有辨别能力，只有人才有思想，有方法论。方法才能利用资金，通过单边行情，来获取利润。因此我们说天时不如地利，地利不如人和；行情需要资金参与，资金需要人来把控。

第四节　建立基本面动因＋技术分析交易系统

你贪便宜买进过低价股吗？你因冲动而追涨杀跌吗？你因恐高而不敢买进吗？我想我们都经历过这些弯路。如图 1-7。

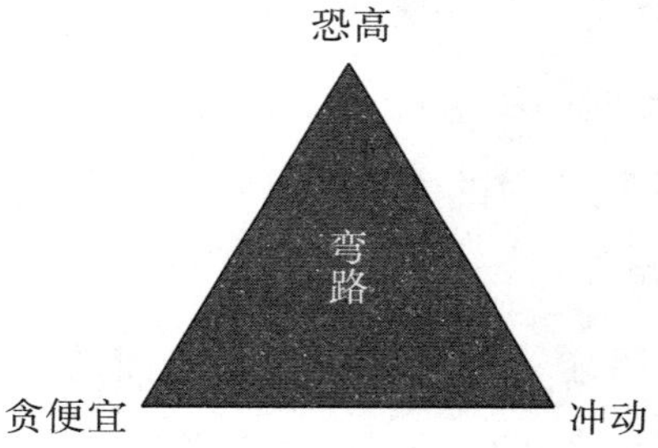

图 1-7　那些年我们走过的弯路

为什么贪便宜买进低价股？低价股为什么低价，那是有原因的，区别只在于你是否知道原因。2 元的价格相对于 1 分的价值来说，非常昂贵。而 2000 元的价格相对于 3000 元的价值来说，那是折上加折了，非常便宜。

司马迁《史记·货殖列传》：“贱取如珠玉，贵出如粪土。”当（）便宜的时候，要像珍珠美玉一样买进；当（）贵的时候，要像粪土一样尽快出手。括号里应当写什么？价格还是价值？分开写都不对。这里的贱与贵，是价格与价值之比。2 元和 2000 元哪个更贵？如果没有价值作为锚点，则无法比较。

价格有公示，但我们对价值的理解和计算却又莫衷一是。我们很难对价值作一个确切的定义，很难在规范它的边界下进行讨论。虽然我们不知道价值的绝对值，但却能感知到价值的波动。

因为对口罩和手套的需求上升，必然使口罩手套生产商的订单、利润增多，那么也必然带动该公司价值的上升。因为智能传感器行业处于快速发展阶段，智能传感器相关公司必然发展扩张，收入、利润必然升高，从而带动公司价值上升。因为可以借壳，壳作为资源的价值必然上升。

你看，我们根本不必确定它的价值到底是2元还是2000元，我们仅仅需要知道它的价值是否会上涨就足够了。所以你会贪便宜买仅仅是股价看起来较低的股票吗？如果你会，你需要学会对价值波动的判断。

再说冲动，冲动是指做事鲁莽，不考虑后果。盈利来自于三个方面：胜率、盈亏比、交易机会。一个好的交易系统，是这三者关系的平衡，每一笔交易都进退有据。下多大的注，最多亏损多少，心中都要有数。《孙子兵法》说：多算则胜，少算则败，况无算乎。胜兵先胜而后求战；败兵先战而后求胜。所谓胜算，就是从《孙子兵法》中来的。先算才能胜，而冲动就是无算。

恐高与冲动相同，恐高恐的是价格高。我们前面说过，如果没有价值锚点，则无从判断价格的高低。而不知道价值的波动方向，也就无法对价格进行锚定。为什么不知道价值的波动方向？因为心中没有胜算。所以说来说去，还是没有一套恰当的交易系统。股票的交易系统来自哪里？我们认为来自基本面动因和技术分析。

如果我们知晓基本面动因，也就能明确价值的波动方向，进而得知当前价格相对于价值来说是高是低。如果价格低于价值，再用技术分析择时择机介入，这就形成了交易系统闭环。

巴菲特说：在别人恐怖的时候贪婪，在别人贪婪的时候恐怖。

如果我们在10元买进某股票，当股价下跌至9元时。我想问你，你怕吗？如果你怕的话，怕什么？是怕它涨？还是怕它跌？我做过很多实验，绝大部分人都回答怕跌。但是他们错了。如果怕它继续下跌，为什么不止损呢？其实，我们怕的是它会上涨，怕踏空，怕刚刚止损，它就开始上涨了。

我们挤地铁时也会有类似的情形，在车外的时候，希望大家挤一挤，让我也上去。一旦上了车，就会抱怨车外的人，车厢都满了，别挤了，乘下一趟吧。心态的变化就在车门内外的一瞬间，屁股决定脑袋。

如果持有某只股票，满心盼着它涨，看到的全是利好消息，但战战兢兢，如履薄冰，为什么？因为利益攸关，以至心有挂碍。所以不论是继续持股，还是落袋为安，哪种选择都让你惴惴不安。有挂碍，就有恐怖，做什么都怕，首鼠两端。一旦有了倾向性，也就很难做出客观的判断。

我再问，成本X元的股票，现价Y元，我们是继续持有，还是卖出平仓？你一定会问：X大还是Y大？可一旦问了这个问题，思路就错了。你不要管X大还是Y大，你不要管是盈利还是亏损。你只需要关心，当前的Y元，相对于价值来说，是高是低。

这就是对基本面动因的观当下。

很多人认为技术分析是预测工具，其实不是。技术分析本身没有节操，它随时随刻会发生变化。比如走到一半的上升三法可以变成三只乌鸦，走到一半的持续形态三角形可以变成充当顶部的三角形，等等，各种副图辅助指标更是变幻莫测。

技术分析的作用是描述当前价格走势的状态。它不管过去，也不管未来，它只告诉你，当下是什么。当下处于上涨趋势中，我们就买进；当下处于下跌趋势中，我们就卖出。可能会产生的困扰是：既然技术分析变幻莫测，跟随当下不也陷进变幻莫测之中了吗？确实如此。不过，技术分析三大假设之一：趋势不会轻易发生改变。所以我们跟随当前趋势，就站在了高胜率的一边。

观当下，就是要客观评估价格与价值之间的相对位置，客观评估技术分析所展示的当下的趋势状态。多算才有胜算，有胜算再下注，无胜算不下注。

第五节 复盘是必经之路

欧奈尔在《笑傲股市》的第一章列举了100张图。这些图的共性是，符合CANSLIM条件，且技术上符合杯柄形态。戴里奥复盘了历史上48次经济危机，给出了两个周期的危机模型。拉里·威廉姆斯的书中几乎每一章都有回测数据作为理论的支持。

大师们的方法不尽相同，紧随大师们身后的各路作者又几乎都在书中厚此薄彼、冷嘲热讽，极力否定大师们之间的共性，撇清与其他流派的关系，彰显独立性，客观地给读者们带来认知偏差。如果我们非要总结一下大师们的共性，无外乎两点：一是积极地管理风险；二是大规模成批次的复盘工作。

青泽在《澄明之境》中使用康德的先验哲学，为市场立法。从不确定性中，获取立法后可获取的确定性收益。什么是先验哲学？在康德之前，哲学界对于人的认知分为两大流派：唯理论和经验论。唯理论认为人的认知是先天固有的模式，经验论认为人的认知来自后天经验。康德试图调和争论，先天认知综合后天经验，以先天认知能力为基础，与后天经验结合，才能完成认知。

复盘，就是用先天认知在海量的数据中寻找共性，总结规律。再把规律放之四海，形成反馈，优化认知。经过无数次的循环往复，才能为市场立法。而复盘，是必经之路。

不论是基本面流派，还是技术分析流派，都需要复盘。有些技术分析派认为，只要符合技术，就不必深入复盘，因为技术分析三大假设之一就是价格可以包容消化一切。但不知道大家注意到没有，在股票界很难产生技术派大师。即便欧奈尔的《笑傲江湖》第一章是 100 张 K 线图表，但他后面还是需要讲 CANSLIM 条件。即便马克·米勒维尼专门写了《股票魔法师 II》论述他的收敛回调技术，但奠定整个逻辑基础的还是《股票魔法师 I》中的利润断层。

基本面的复盘要比技术派的复盘更加复杂，因为技术派复盘可以利用数据库、写代码，随便一个想法动动手指就可获得结果。可基本面的复盘，就需要大量的实战经验、常识积累、行业洞察，甚至是对于人性的理解。

一位技术派交易者可以没见过豆粕、尿素，但是一位以基本面为主导的交易者，如果有必要则有可能去了解什么是色选机、什么是光刻机。当然这只是最表层的功课，更深入的洞察例如为什么疫情期间免税店大热，为什么作为大陆国家一家卖潜水用具的公司市值涨了几十倍，航运指数上涨和海南自贸港的关系，等等。

利用工具我们可以直接搜索出限定时间内，哪些股票涨幅最高。任意选出一只，我们不知道它为什么上涨，如果知道，早就已经提前布局，也就不会有那么多人亏损了。有人会说，不必知道，只要按技术分析给出的信号，跟随当前涨势即可。可问题是在同一时间可能有几十只股票同时给出相同的技术信号，我们又怎样取舍呢？最终还是要问一句，它为什么会上涨？

所以股票复盘不是数据复盘，而是交易思路的复盘，是对世界、对人性的理解复盘。这有点像我们半夜睡不着觉的时候在想的问题，比如今天是不是说错了一句话？是不是有一句该说的话没给领导说？

万集科技，一家看似平淡做短程通信的公司，在完全没有利润增加的情况下，突然开始上涨。为什么？诚迈科技，一家扣非净利增率连续两年在盈亏平衡线上挣扎、2020年上半年扣非还在一直亏损的公司，可以上涨将近20倍，为什么？英科医疗和鱼跃医疗，同样是抗疫概念股，鱼跃医疗的上涨停止在2020年3月，英科医疗可以上涨到2020年7月，为什么？坚朗科技，一家主营建筑五金的公司，2019年营收会突然增加，2019年下半年股价突然开始飙升，上涨近10倍，为什么？等等。

如果我们排出一段时间内的涨幅TOP50，就可以问出50个为什么。排出TOPn，就可以问出n个为什么。

为什么？技术分析不会给我们答案，它只能告诉我们它在上涨。技术分析背后的逻辑，才能给我们真正的答案。

我们来看欧奈尔CANSLIM条件：

C：季度每股收益增速

A：年度每股收益增速

N：新产品、新领导层、新模式

S：股本供给量

L：相对强度

I：基金关注度

M：股指所处位置

在这七个条件中，还包括了一些更加精致的条件，例如净资产收益率、现金盈余保障倍数、自由现金流、资产负债率等。如果我问大家，在这七个条件中，再精选出一个条件来，会是什么？

可能不对，但我的答案是N，即新。

除了M，其他五个条件，都必须依托于N。在我国，N可以理解为新政策、新动向，再叠加新产品、新领导层、新模式等。只有有了新，才能把大批的资金、注意力吸引过来。

肖小跑《羊群的共识》一书总结什么是基本面：基本面，就是讲一个故事，给您一个把钱投出去的理由。

首先要有一个故事，然后这个故事一定有新的剧情。《羊群的共识》中说道："最大一组人群，在特定时间内，最关心的那个剧情，就是市场变动的原因。"

基本面的核心是资金共识的"新"，所以N才是七条件中最重要的。只要我们找到了"新"，就找到了基本面，复盘就是让我们回过头来，看看我们是否能在历史中找到它，如果我们无法在历史中找到它，在现实与未来中，也不会找到。

当然，也不要过度纠结"新"，我们要找的新，它可以是真的新，也可是假的新，也可以是新瓶装旧酒的新。它没有固定的绝对所指，因为无所指，所以给它取个名字叫作"新"。

第六节 方法体系——到达彼岸的渡船

股票投资或投机分为很多种流派，拿价值投资体系来说，格雷厄姆曾说过：短期是投票机，长期是称重机。并且在《聪明的投资者》中，格雷厄姆明确反对择时。所以原教旨式的价值投资根本不考虑股票是否会在短期上涨，反正长期是数学期望值大于0。

走到巴菲特这一步，股价根本不在他的考虑范围内，他的主要任务是资源配置与运营资产，价格只是他利用的工具。在贪婪与恐惧两个极端点才有所活动，甚至是只在别人恐惧时贪婪，即遇到难得的标的，只要在低位处买进，做长线投资。股价是浮云，低价收购优质资产，把它变成自己的资源，这才是他要干的事。

甚至是费舍，他也只是去深挖公司为什么有价值，未来会有什么样的价值，而不太考虑择时的问题。

欧奈尔直率又可爱，他要变现，从他的《笑傲股市》中可以看出，他更多的操作是20%以上的利润左侧平仓，跑得比兔子还快。他认为股价上涨要有一些条件作为支撑，即CANSLIM。当然CANSLIM仅在表象层面给出了条件，至于是因为什么给出了这些条件，欧奈尔并不在意。

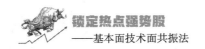

欧奈尔的杯柄形态操作技术，把非常复杂的问题做了简单化的处理，CANSLIM 筛选，用杯柄形态操作技术等来确定买进时机。这种处理，完全可以程序化。

马克·米勒维尼与欧奈尔异曲同工，同样是给出类似于 CANSLIM 的筛选条件，再用逐渐收敛回调的技术等待时机。

我们看这几位大师给出的方法体系，有人在算账，有人在等市场错杀，有人总结表象规律。哪种是对的？

我没有答案，我只能陪您一起思考。

都对，都不对。方法体系是指月之手，是到达彼岸的渡船。纠结于方法体系的不同与是非，本身就是执着。而我们的彼岸，就是长期稳定盈利。渡船可以有，但不是重点。我想知道的是，渡口在哪里？

所谓渡口，即我想探究一下，股价为什么上涨，为什么在此时此地上涨。有渡口的好处是，下一次我还可以在这里上船。

那些表象规律不是渡口吗？这里需要注意的地方就是，所有的表象规律都是渡船。每种方法都有限制，比如竹筏可以登岸，但无法驶入大洋。航空母舰可以横行大洋，却无法靠近浅滩。20 世纪 60 年代原教旨式的价值投资方式已经不适用了，所以巴菲特换了方法。欧奈尔、马克·米勒维尼等人的方法虽然现在可以使用，但筛选条件又过于苛刻。这就像冷香丸的制作方法，需要雨水当天的雨水、白露当天的露水一样。

而渡口，好比刺激股价上涨的根本原因。只要我们洞察了原因，不论乘哪条船，都可以达到彼岸。例如英科医疗，从突发事件给出的交易性机会，转到疫情趋于长期性的投资性机会。这就像先上渔船，再上驱逐舰，最后登上航母一样。如果我们只在岸边寻找登上航母的机会，那就永远会错过上船的机会。

渡口是隐藏的，它就像开往霍格沃茨[①]的火车的站台一样。不知底细的人，不得其法而进不了站。渡口又是变幻的，2003 年是非典，2020 年是新冠，2019 年要搞 ETC，2020 年要搞数字货币。不论非典还是新冠，都是疫情。不论 ETC 还是数字货币，都是政策导向。可见如梦幻泡影一般的表象背后，我们都能找到

① 小说《哈利波特》中魔法学校的名称。

归因。

我不知道变幻的答案，我只能陪您一起思考归因。不是思考表象，而是思考背后的原因。然后，我们发现了一些共性与确定性，作为登船工具。一旦洞悉了渡口与渡船的秘密，彼岸虽在彼处，也在此处。

第二章

基本面动因与技术落点

《穷查理宝典：查理·芒格的智慧箴言录》说：聪明人怎么会经常犯错呢？因为他们并没有做到我让你们做的事情——使用一张检查清单，确保你们掌握了所有的主要模型，并以一种多元的方式使用它们。

第一节 基本面分析与技术面分析相结合

格雷厄姆式的原教旨价值投资，再加入折现法的具体做法是：通过股东盈余的折现总额粗略地计算出一家公司的内在价值，再给出至少50%的安全边际，只要股价达到内在价值的50%以下时便买进。

解决问题的方案必须不断地打补丁。有些符合条件的个股，股价可能在跌到内在价值的50%以下后继续下跌，有些甚至能跌到内在价值的35%左右。如果在跌至50%时便买进，账面亏损将达到15%以上。这是资金管理所不能接受的。所以要在方案上打补丁，股价达到内在价值50%以下后，按期定投，越跌越买。

可这个补丁上还有漏洞，需要不断地再打补丁。两种情况，一种是符合条件的个股有时不会跌到内在价值50%以下，如果跌至内在价值55%处，是买还是不买呢？提前买可能买高了，等等再买可能踏空了；另一种情况是，如果按期定投，股价位于内在价值50%以下的时间较短，本来一次极好的投资机会，就因为是定投，以至于基本没有建成多少仓位，所以本质上还是踏空。怎么办？

其实优质资产给出极高的安全边际的机会并不多，并且最重要的是，很多具有优质资产的大白马，几乎从不会被低估。

如果我能找到一种方法，能给出更好的落点和抓手，就不必这样补丁摞补丁的一层层打下去了。技术的落点，缩小是一个点，放大是一个区域，技术抓的就是起涨点，它本身就是一个抓手。

我们至少可以给出两种方法：一种是初始由短期动因引发的交易性机会买点，当然最初的短期动因也可能转化为长期投资动因，例如2020年新冠肺炎疫情事件。一种是由长期动因引发的投资性机会买点，当然长期动因是一个大前提，下面涌动着很多不同的短期动因可供切换。

假设一只内在价值10元的股票，当前价为5元，但技术上还没显示出止跌的迹象，买还是不买？假设一只内在价值10元的股票，当前价为10元，技术上给出了信号，买还是不买？假设一只内在价值10元的股票，当前价格为15元，但技术上给出了买进信号，买还是不买？

格雷厄姆和多德认为，没有任何一种方法可以计算出一家公司的内在价值。所有的计算结果都是粗略估值，并且按塔勒布的理念来看，世界被极端斯坦（ec-tremistan）所统治，即到处都有黑天鹅。

譬如2019年猪瘟后生猪补栏，如果没有生猪补栏的数据，无法估算出生物疫苗企业未来的利润，也就无法计算出现金流的折现，更无法估算出公司的内在价值。既然无法估值也就无法建仓。可是生猪确实在补栏啊，生物疫苗公司的业绩在下一个季度必然出现反弹啊，股价大概率上涨啊。因为没有尺子去衡量，就眼看着踏空好标的吗？

譬如2019年的健帆生物，它有全球领先的HA级树脂血透技术，当时股价60元左右，折现法估值要在10元以下买进。健帆生物业绩正处于上升期，高出内在价值几倍的现价，由于不符合折现价值投资法，所以不能买。可技术上给出买进信号了，业绩还在上升，没有任何迹象表明业绩将要下降。不能买，眼看着踏空好标的吗？

在技术分析界，丹尼斯的得意弟子柯蒂斯·费思在《海龟交易法则》中说，海龟法则只在有趋势的时候有效，在无趋势和趋势转换时无效。这句话放在任何一种方法中，都可以套用。价值投资折现法，只在熊牛转换过程中有效，除此之外无效。因为只有熊牛转换的时候，优质资产才会出现低估价格，给出买进的机会。

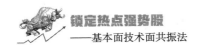

塔勒布在《反脆弱》中说道：领域独立，即领域依赖。过分使用一种方法来衡量市场，而不与其他方法联合，就会陷入郑人买履的尴尬境地。

价值投资的基本面分析是动因，技术分析是落点。两者必须结合起来。

第二节　基本面动因的发现

一、从政策导向寻找

先看几个例子。

2019 年 3 月 5 日的《政府工作报告》：深化收费公路制度改革，推动降低过路过桥费用……两年内基本取消全国高速公路省界收费站，实现不停车快捷收费，减少拥堵、便利群众，并要求力争提前实现。

“十三五”规划：至 2020 年，新开工全装修成品住宅面积达到 30%。

2020 年 8 月 3 日，央行召开 2020 年下半年工作电视会议。会议指出，2020 年下半年，法定数字货币封闭试点已经顺利启动。将积极稳妥推进法定数字货币研发。加快建立覆盖全市场的交易报告制度和总交易报告库。

……

这些政策为我们指明了一个明确的方向，我们能有的放矢。

有了政策，我们才有了方向，才有了基本面。有了基本面，就有了动因。有了动因，就可以寻找技术买点。全套操作，就有了说明书、有了流程图。

总之，要从政策导向寻找基本面动因，我们要做的就是顺应事物的发展规律。

改革开放之初，先解决人的基本需求问题，要吃饱穿暖，农村改革首先从联产承包责任制开始。衣食问题解决了，要提高物质生活水平，要发展第二产业，诞生了一大批著名的，现在称为民营企业的乡镇企业。白色家电、黑色家电、铁路、工业、基建开始崛起。

工业发展到一定程度，城镇化率开始加快。房地产成为支柱产业，前后房地产周边开始崛起。至 2008 年本应开始下一个阶段的发展，从制造业大国走向科创大国。但以美国次贷危机引发的全球金融危机，导致我国发展进程受阻。四万亿的流动性投入市场，导致资产大幅涨价，再一次推升了房地产及相关行业的价格。2017 年牛市有色板块上涨 13 倍，电力板块上涨 13 倍，机电板块上涨 11 倍，煤炭板块上涨 10 倍，石油化工板块上涨 10 倍。

直到 2013 年，互联网发展，鼓励互联网创业，计算机应用板块出现一波牛市，计算机应用概念股上涨 21.7 倍，网络传媒概念股上涨 14.2 倍、通信运营概念股上涨 12.6 倍，通信设备股上涨 11.5 倍。

对这段历史，中银基金管理有限公司副总裁孙庆瑞在关于行业周期的判断与投资思路中总结道：

发掘将要爆发的需求，对于当前经济发展阶段的判断非常重要。当我们国家处于工业化之前时，大部分行业的需求都没有被充分满足，可以清晰地看到轻工业的需求爆发，比如纺织、家电等。

当步入工业化时期，与投资相关的行业需求呈现出快速爆发的特征，尤其是在刘易斯拐点之前，资本的回报率显著高于劳动力，企业通过不断再投资实现利润最大化。因此现在所谓的周期行业，包括钢铁、水泥、煤炭等行业，在那个时候都是成长行业，增速很快。但是 2009 年我国为应对全球金融危机采取 4 万亿元刺激政策之后，大量产能的投放使整个周期行业的总供给超过了当时经济本身的总需求，大量行业出现产能过剩，竞争格局恶化。

工业化后期，尤其是刘易斯拐点之后，劳动力在收入分配中的占比逐步提高，那么拥有更多收入之后的人们有什么强需求未被满足呢？思考这个问题这就会为投资指明方向。这个阶段，即人们的吃穿用住行需求增长最快的阶段。在满足基本的生活需求之后，人们很自然地要追求精神方面的满足，因此娱乐需求会是一个未被满足的强需求。所以 2012—2015 年基于此重配了传媒。

当站在 2016 年年初观察娱乐需求被满足的程度时，大体上觉得已经演绎得相对充分了，不管是院线、移动端都得到了较大的发展，而且市场对内容增速的预期非常高，资金大量投入。再重新思考下一个强需求会是什么，大概率是环境和健康。环境不难理解，雾霾、水污染等都给了大家直观迫切的感受，人们对更好环境的需求是强烈的。健康并非等同于医药，而指的是预防疾病和对疾病更好的治疗。人口老龄化、人均收入水平不断提升都决定了健康行业未来空间很大，不过目前还没有真正爆发。究其原因，首先是现在人的健康程度、健康意识、锻炼欲望要比之前高；其次是人口结构上，人口增长最快的1962年前后出生的那代人，现在55岁左右，身体状况还好，但是当他们到七八十岁时，即使再努力锻炼，年纪大了，健康需求也会非常大。

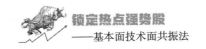

中信建投首席经济学家周金涛认为，当前我国经济发展处于康德拉季耶夫周期的衰退阶段，只有技术扩散，没有技术创新。技术扩散与技术创新有什么区别？技术扩散创造的增量小于技术创新。例如发明电视机、汽车、功能手机、智能手机，都能创造全球性的新增量。而技术扩散，更多的是在没有巨大增量的情况下，抢夺存量。争夺存量的拐点在哪里？就在美国对我国发动贸易战之时。

这其中也蕴含着事物的发展规律。万物皆有周期，经济自然也有周期。经济有周期，就会有低谷。为了使低谷来临的时间延长，就要货币宽松刺激经济。多轮、无限制量化宽松，导致贫富分化越来越严重。特别是美元霸权后，美国搞，其他国家就要更多地实施。一部分自己宽松，一部分替美国买单。贫富分化，导致美国次贷上市，穷人可以更低的利息盘活存量资产。次贷危机爆发，导致更加宽松的货币政策，大宗资产再次上涨，贫富更加分化。

国家之间以对抗代替合作，说明在没有技术创新的情况下，对抗是由争夺存量而产生，对抗也就加剧了地缘政治的紧张。所以看到贸易战，也就看到增量到存量的拐点。什么能产生增量，什么就能缓解对抗。只有科技创新才能产生增量。

以上论述是从事物的发展规律来寻找基本面动因。

我在写这一系列时，会面对一些质疑，这样做难道不是事后诸葛亮吗？基本面动因每次都不一样，又不可复制，那做这些复盘有什么用呢？

事后诸葛亮确实没有用，但连事后诸葛亮都做不明白，又怎能做好事前诸葛亮呢？赵姨娘的兄弟赵国基昨日死了，李纨要赏四十两，被探春拦住了。要吴新登家的取来旧账，找出往例来，只给二十两。这就是翻旧账的作用。如果连历史事件中给出的确定性，我们都无法找出基本面动因，那就不要谈在现实中和未来能找出基本面动因。这也可以说明我们为什么要读史，它和读旧账簿子是一个道理。

二、龙头企业＋护城河

价值投资需要估算公司内在价值，当价格远低于内在价值时买进，高于内在价值后卖出。如何计算公司内在价值，我们可以借用巴菲特的股东盈余折现法：股东盈余＝当期净利润－资本支出＋折旧。

未来的股东盈余＝未来净利润－未来资本支出＋未来折旧。但“未来”未知，怎么办？通常的方法是预测。我们采取折中的方法。即通过计算过去几年中（我通常采用6年）的平均净利润、平均资本支出与平均折旧，计算出平均股东盈余，然后再计算出平均股东盈余对于平均净利润的占比。

例如，平均股东盈余是8，平均净利润是10，那么这个比值就是80％。再根据机构预估的未来1年到2年的净利润，计算未来1年到2年的股东盈余。例如预估未来第1年的净利润是16，那么未来第1年的股东盈余折现是16×80％＝12.8。预估未来第2年的净利润是18，那么未来第2年的股东盈余折现是18×80％＝14.4。

假设未来不会再增长了，以14.4的股东盈余为准，计算永续股东盈利。即14.4/无风险收益率。将这三个数值加总，得到理论上该公司未来所有的股东盈余的折现。再除以总股本，即得出每股平均估值。当股价达到每股平均估值的50％以下时，开始定投买进。

以上是经过产业、行业、企业三步分析之后，对企业的估值计算。这是我们所说的股东盈余折现法。

我们用这种方法做得最好的是2018年下半年，很多股票开始给出定投机会。例如当时的格力电器、新和成、新希望、三一重工等。但是到了2019年初经过快速上涨后，我们再想找这样的机会就很少了。如果没有之前的布局，在2019年才开始使用这种方法，就会满仓踏空。这样的时间窗口是2009年初、2013年、2018年末。

也就是说根据价值投资中的股东盈余折现法，只有在2018年下半年才有机会进场。错过了这个时间窗口，就不符合折现法的要求。之前这样的时间窗口还出现在2005年、2009年、2014年，大约每隔4年出现一次。这一次赶不上，那就要等下一个4年。

我们再看应用股东盈余折现法盈利丰厚的几只股票：新希望，饲料龙头；格力电器，空调龙头；新和成，维生素龙头；海螺水泥，水泥龙头；三一重工，工程机械龙头。为什么它们涨得好，因为它们毋庸置疑是龙头企业，并且是具有巴菲特所说的护城河的龙头企业。

但是现在好股票的价格都溢出了内在价值，即现在使用价值投资折现法找不到恰当的标的，于是我们不禁要问，价值投资中的股东盈余折现法适用于哪种情况？

我们认为仅仅适用于熊市末期的带有护城河的传统企业。新兴科技不适用吗？不适用。其原因有二：第一，新兴科技企业不像传统企业一样有稳定的现金流。新兴科技虽然上涨快，但也容易出现泡沫。很难想象传统企业会产生泡沫。第二，新兴科技企业通常价格（相对）较高，很少被低估。给出低价，也侧面证明了它可能出了问题。

所以股东盈余折现法，仅仅适用于在熊市中被错杀的传统的带有护城河的企业。适用范围非常窄，或者直白一点，操作性受限。当熊牛转换结束后，这种方法只能用于持股，而无法再找到新的增量。怎么办？

不同阶段，使用不同的方法。趋势分为四个阶段，熊牛、牛、牛熊、熊，相应地可以用复苏、增长、停滞、萧条来解释，也可以用生发、生长、收敛、停滞来解释。股东盈余折现法，仅仅适用于熊牛阶段。

那怎么才能确定此时此刻是不是熊牛转换阶段呢？我们使用市场风险溢价率来推断大盘底部，至今还没失过手。所以在2018年下半年，我们就一直说，2400点附近就是底部区域（注意我说的是区域）。

2018年10月之前的两个月，10月之后的两个月，就是底部区域确认的时间窗口。此时尽快用股东盈余折现法，布仓优质的、错杀的、有护城河的公司。在底部出现了几次快速上涨之后，脱离底部区域，那就意味着进入了牛发散阶段。此时股东盈余折现法已不再适用于增量资金的布仓，原有仓位或平或持。

牛发散就是增长。所以哪些方法是以增长为基础的呢？欧奈尔CANSLIM法，PEG法（市盈率相对盈利增长比率法），《股票魔法师》所讲方法，都强调增长的重要性，并且对价格的要求并不像价值投资一样严格，它们甚至喜欢较高的股价，认为股价只有上涨，才能再往上涨。

跌时重质，所以我们选择有护城河的公司。

涨时重势，所以我们选择有增长的公司。

牛发散阶段，公司的弊病、隐疾，都会被大好的氛围掩藏起来。因为环境太好，不具备爆雷的条件。所以寻找标的股票时，公司层面的风险可以多少让步于增长。只要公司的增长超过了预期，股价就会上涨，并且不吝惜幅度。越是强势的股票，市场相对越小的股票，反而越容易被抬得更高。

所以我们首先要判断，现在处于什么阶段。夏天穿短袖，冬天穿棉袄。确认季节，下一步才是选择衣服。判断当前市场处于什么阶段，再选择方法，至少现在，我们应当做好以增长法来交易的心理准备，并且准备好方法论（工具），随时准备进场搏杀。同时，股东盈余折现法作为后备补充。先有定位，再选方法。在熊牛转换之后，价值投资折现法的优势不在的时候，我们选择通过基本面动因来追逐成长股。

第三节 模糊的正确

纯粹的、保守的价值投资，是通过对已经发展成熟的公司错杀后在低价购入来获利。所以纯粹的、保守的价值投资方法可选范围的公司极少。哪些公司是已经发展成熟的？无非是那几匹大白马。想等它们错杀，就要等一轮牛熊交替，在熊市末期进入。

并且入市还要符合条件，按格雷厄姆的算法，要等价格低于账面价值时入市，才算有安全边际。如果大白马被错杀的幅度不足，还是不符合条件，也许就错过了抄底捡漏的机会，就要等下一个入市机会。

那这就需要一个指导原则，巴菲特称之为“模糊的正确”。略为激进的价值投资，要计算企业在未来收益，或者说盈余，或者说现金流，或者说股息的所有折现值，再给折现值一个折扣，也就是安全边际，符合条件后入市。但是问题是：收益涵盖太广，容易高估；盈余对资本支出要求很高，以至扩张型企业用盈余折现法根本没有价值；现金流采取收付实现制，高低起伏不平滑，无法进行趋势性计算；股息则太少，等等，这样一来基本没有符合条件的股票。

上述种种方法，都存在或多或少的局限，当然我们也不奢求存在一种圣杯形式的方法，但因为方法的限制，而导致机会白白溜走。如果明明是在自己能力范围内的盈利机会，只是因为估值条件不符合，即价格不合适，就与之失之交臂，这是郑人买履，这是刻舟求剑，这是削足适履。由此可见，投资者需要一个指导原则，巴菲特称之为“模糊的正确”。模糊的正确好过精准的错误。

巴菲特为什么在盖可保险亏损时买进？盖可保险的主营业务是为美国政府工作人员提供车险。早年，他们采取邮寄的方式推销车险，减省了大笔的销售费用，并且政府工作人员相对谨慎，赔付率低。盖可保险在护城河内稳定盈利。

1972 年，盖可保险在新任 CEO 的带领下，多元化投资房地产、电脑设备和人力资源业务，并且向蓝领和 20 岁以下的年轻人提供保险。这就跨出了护城河，多元化和赔付率过高导致了盖可保险陷入巨额亏损之中。

1977 年，更换 CEO，巴菲特斥资购入盖可保险并且进入董事会。对于纯粹的、保守的价值投资者来说，巴菲特的这个举动十分令人费解。不是要买好的公司，跟随一起成长吗？为什么要买一家已经亏损到极限的公司呢？

你能控制的未来，才是真的未来。巴菲特进入董事会后，力主盖可保险重回护城河，并且把自己的投票权送给新任 CEO 伯恩。经过伯恩的改革，盖可保险重回护城河，一举扭亏为盈。《巴菲特之道》一书详细讲述了巴菲特收购盖可保险的经过，虽然最后一步也讲到了估值，但我认为仅作为参考即可。

为什么？因为《巴菲特之道》的作者并非巴菲特本人，决策过程在很大程度上有些想当然，并且估值时采取的是预估的净利润。预估，是巴菲特预估还是作者预估？即使是巴菲特本人预估，还是“预估”。既然是预估，就有很大的不确定性。

那么，真正促使巴菲特在亏损时买进盖可保险的逻辑是什么？不是估值，而是他认为盖可保险只要回到护城河内，就会恢复盈利。

投资于人，是巴菲特的投资理念之一，即“你”就是我的安全边际。

收购盖可保险，估值虽然是参考项之一，但绝不是最重要的参考因素。在这则收购案中，就体现了模糊的正确。模糊在哪里？知道盖可保险回到护城河内就会盈利，但盈利多少，是无法精准预估的。树会长叶子，但叶子的大小、细微的形状，则无关紧要，无伤大雅。

如果逻辑错了，即便预估收益精确到个位，那所做投资也是错的。这就是模糊的正确好过于精准的错误。

在我国寻找投资性机会的条件，好于国外太多。其原因就是大家所抱怨的所谓政策市。在纯粹市场经济中，想要寻找投资性机会，需要对经济发展阶段、行业发展阶段、个中企业的情况进行全面的分析和预判，工作量极大，难度更大。而在我国，关注政策方向就能找到很多投资性机会。例如沪电股份。2018 年的年报尚未公布，所以只看到 2017 年净利润数据时，根本无法看出沪电股份会在随后的两年中上涨 9 倍。

业绩未突破，ROE 不突出，什么都不突出。作为纯粹的、保守的价值投资，根本不会把沪电股份放在眼里。但根据模糊的正确重新分析沪电股份，就完全不一样。为什么？因为 5G 发放牌照、基站建设。随着 5G 应用场景的想象越多，更多的下游应用对印制电路板（PCB）的需求越高。股谚有云：炒股炒龙头，买股买上游。

不论下游的应用场景是什么，PCB 板是绝对的上游。下游发展的好坏是下游企业的问题，但不论发展的好坏，都需要上游的 PCB。甚至在这一时期，生产覆铜板的股票都有不俗的涨幅。可能你会问：这是因为有政策吗？这是移动通信技术发展的必经之路，1G、2G、3G、4G，之后必然是 5G。

另一个例子：生物股份，主营业务为动物疫苗。彼时非洲猪瘟正在肆虐。导致我国猪肉价格一路高涨，且因生猪存栏下降，动物疫苗股价连续走低。国家随后出台政策，大力扶持生猪补栏。注意这是政策。如果用各种折现法来计算估值，当时的生物股份绝对处于高估的状态。但政策导向是最明显的投资逻辑，逻辑一旦出现，股价就不会再被低估了。

小结

1. 纯粹的、保守的价值投资，适用范围只能是被错杀的大白马。

2. 逻辑正确下，投资机会出现只会有很少的股票股价会给出估值适合的范围。

3. 在我国，最明显的逻辑是政策，所以要多关心时政。

4. 基本面动因出现，技术给出信号，即可在熊牛转换之后、寻找成长股或热点股的模糊的正确。

第四节　跟随投资的长逻辑

在《三国演义》中诸葛亮说：“譬如人染沉疴，当先用糜粥以饮之，和药以服之；待其腑脏调和，形体渐安，然后肉食以补之，猛药以治之，则病根尽去，人得全生也。若不待气脉和缓，便投以猛药厚味，欲求安保，诚为难矣。”

人得了重病，应该先吃一些煮得烂烂的粥，用一些药性比较中和的药，先调理腑脏。身体没那么虚了，才用肉食进补、猛药治疴。就是说在正确的时间做正确的事，这就是投资逻辑。

怎么这就是投资逻辑了呢？在应当调理的时候，病人需要的是糜粥和药，你拿的虎狼之药就卖不出去。在应当进补的时候，你再拿糜粥和药来，已经没用了，还是卖不出去。

顺应事物发展的规律，即是“合时宜”，不顺应即是“不合时宜”。在市场中无法长期稳定赢利，根本原因就是不合时宜。

我们都想做合时宜的事，问题是我们不知道现在的时宜，那就没办法去合。所以想要顺应投资逻辑，要先搞清楚当前的时宜是什么。

20 世纪 90 年代之前，首先解决的是穿衣吃饭问题。人民物质生活水平提高后，想要更舒适的物质生活和更精彩的精神生活。所以当时白色家电和黑色家电各领一时风骚。同时大力发展工业，基础性生产物资如煤炭、有色金属等相继大幅上涨。这是 1990－2000 年的时宜。

工业发展与城镇化率不相符，为了促进工业化进一步发展，则必须进一步扩大城镇化率。2000 年后，房地产与相关各行业，都在快速发展。这是 2000－2010 年代的时宜。

以互联网为基础，大力推动互联网创新、创业为主导的经济活动，是 2010－2020 年代的时宜。

每一个 10 年都有属于自己的标签，工业与黑白家电是第一个 10 年投资长逻辑，城镇化是第二个 10 年投资长逻辑，互联网＋是第三个 10 年投资长逻辑。在每一个十年间，我们只需要关注有相关概念的个股，寻找它的技术买点即可。

如果在第一个10年，我们去投资互联网；在第二个10年，投资煤炭、有色；在第三个10年投资房地产。不能说肯定没有收益，但毕竟效率不高，毕竟“不合时宜”。所以在正确的时间做正确的事，如孟子所说：虽有智慧，不如乘势。

经济转换、增速换挡。在中美贸易战之前，就已经有了工业4.0、中国制造2025等理念。加之中美贸易战，更显示了我国在高科技上的短板，所以必须有科创。这不是某个人的选择，这是历史的选择。谁走到这一步，都必然会做出这样的选择，并且谁也负担不起不走这一步的责任。这是“合时宜”，这就是下一个10年的投资长逻辑。

热点题材是投资逻辑吗？是，只是与投资长逻辑的级别不一样。2019年开始，科创与金融服务概念股已经开始上涨，这就在我们所提出的科创是长逻辑的前提下。

2020年突然暴发了新冠肺炎疫情，相关概念股成为热点题材股。那么资金在长逻辑的前提下，可以先停一下，追求一下最热的热点。这与长逻辑不冲突。

当疫情过后，又担心未来经济可能不会很快恢复，所以资金选择食品饮料等避险性较好的行业。这与长逻辑不冲突。

在以科创为关键词的新一个10年中，芯片是一个分支热点，第三代半导体是一个分支热点，新材料是一个分支热点，新技术是一个分支热点，新模式是一个热点，等等。这是在科创长逻辑下的分级逻辑。

突发事件的热点，虽然会使长逻辑暂停，但不会使长逻辑消失，事件解决后，还会继续上路。分级逻辑会以轮动的形式，一浪一浪地推动长逻辑。

因为有了突发短逻辑、避险短逻辑、各种分级逻辑，使我们看不清未来的路在哪里。所以我们要捋清事物发展的脉络，长逻辑是科创，突发疫情（医药），经济恢复需要时间要避险（食品饮料），经济已经恢复但还要看到具体的数据，地缘政治是否有利于经济恢复等，这就有了我们所说的时间窗口。如果一切顺利，又回到了科创长逻辑。

如果在未来发生了什么问题，导致经济前景不被看好，资金还会回到避险行业。如果有突发事件，资金又去炒解决事件的热点。这不过是类似“疫情事件”的重演罢了，只是每次事件不同而已。阳光下没有新鲜事。回到科创长逻辑后，进哪个分支领域呢？那就多关注时政新闻、多了解行业发展状态。

《孙子兵法·势篇》说："纷纷纭纭，斗乱而不可乱。"

逻辑有长有短，有突发有分支，看似乱，其实不乱。斗乱，跟着轮动。但自己不可乱。要知道哪个逻辑是长，哪个逻辑是短。

孙子曰："故善战者，求之于势，不责于人，故能择人而任势。"善战之人，要利用势，而不是在逆势的情况下去要求人。

同样，善于投资的人，要利用投资长逻辑，而不是逆势做不合时宜的事。不要奢望不符合当前投资逻辑的个股会有惊人的涨幅，而是要找到哪只股票最顺应当前的投资逻辑，把资金投到里面去。什么时候投？投多少？利用我们所讲的技术分析方法，寻找恰当的买点。

当然以上只是泛论，具体到各种细节，还有不同的应对方法。比如有色等周期股，并不是经过1990－2000年就彻底结束了，只不过这一时期参与的效率更高。并不是每一个10年中全部都是牛市，而是要在熊、熊牛转换、快牛、牛末时思考采用什么方法来参与。比如同是符合投资长逻辑的同行业个股，如何选取，涉及哪些基本面、财务、技术上的知识等各种细节的研究分析。

但最重要的还是要看清投资长逻辑是什么。短逻辑、分级逻辑，可以让我们效率更高。投资长逻辑，可以让我们避免偏离大道。

第五节　买进的技术落点：三重滤网＋均线兜底

我的第一本书《赢家的秘诀》着重强调的是技术分析方面，且给出的案例多为股指期货。那么这样的技术能不能用在股票交易中呢？完全可以。

我们先回顾一下《赢家的秘诀》中的技术方法：

1. 若指数高开，且增仓上涨一段时间，我们判断为当日强势。

2. 等指数缩量回调。

3. 在缩量回调后再次放量，买进。

4. 做空与做多为镜像关系。

5. 以总资金的N％为每笔交易的最大亏损。

6. 条件不符，观望。

这种方法其实是亚历山大·埃尔德三重滤网理念的复制，三重滤网方法具体为：

第一重滤网：以大周期（例如日线）EMA（13）的斜率判断趋势方向。若斜率大于0，则判定为上涨趋势；若斜率小于0，则判定为下跌趋势。

我们用指数开盘后的一段时间的强势，来作为第一重滤网。

第二重滤网：以小周期（例如小时线）KD指标的超卖或超买，来判定回调或反弹是否有可能结束。

我们用缩量回调或反弹的方式，来判定回调或反弹是否有可能结束。

第三重滤网：以小周期（例如小时线）向上突破或向下突破前一根小时线的最高价或最低价，作为买进或卖出的依据。

我们用缩量后是否放量，来作为买进或卖出的依据。

这种方法可以完美复制到股票交易中去。当然不是简单不变的复制，而是形不同而质同的复制。**买进股票三个技术条件，我称之为均线兜底法：**

条件1：以三均线MA60、MA120、MA250的呈现多头排列作为上涨趋势的判定标准。即MA60大于MA120且大于MA250。

股价经过一段时间的上涨，出现三均线的多头排列，为第一重滤网。

条件2：股价缩量回调，形成缩量坑。

股价在一段时间内缩量，并且以缩量坑的形式出现，为第二重滤网。

条件3：当股价回踩至三均线上的任意一条线时，出现缩量坑之后的放量，即为买点。

股价在缩量坑后的再次放量，并且在三均线中任意一条均线上回踩，作为股价支撑来确定买点，为第三重滤网。

你可能会说，我在一天之内可以找到几十只满足上述条件的股票。确实如此。所以我们反复强调的问题是：必须先有基本面动因，再看技术条件。如果没有基本面动因，则根本不考虑技术条件。这就是说，一天之内确实可以找到几十只甚至上百只符合技术条件的股票，但不一定都有基本面动因，甚至全都没有，于是技术条件也就没有意义。

第六节　基本面动因＋技术落点狙击强势股

一、案例

我们先来举几个例子。图2-1为蓝帆医疗（002382）2020年1月至2020年8月日线走势图。从技术角度看，股价上涨至20.67元时，三均线还未形成多头排列。当股价上涨至20.18元时，三均线形成多头排列，满足条件1。随后缩量下跌至14.9元，股价回踩MA60，符合条件2。几个交易日后，放出大阳量，符合条件3，买进。

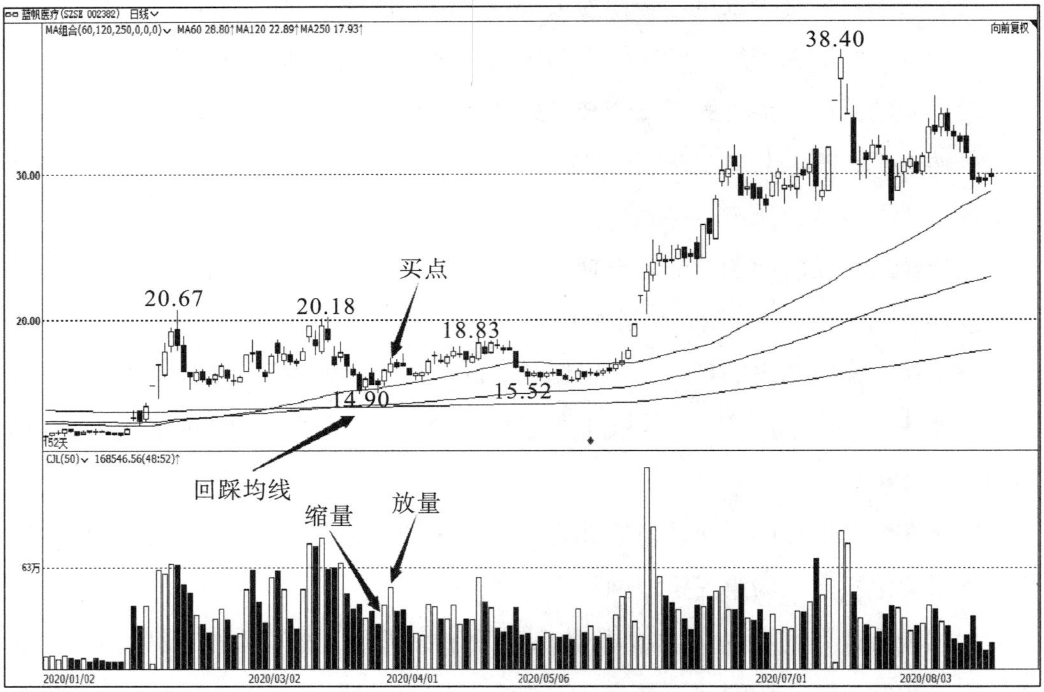

图2-1　蓝帆医疗2020年1月至2020年8月日线走势图

需要注意的是，放量没有量化条件，如果条件比较宽松，则放量超过缩量坑的量能即可；如果条件比较严苛，则放天量后再买进，如图2-2。不过条件越宽松，买进的位置会越好，但付出的机会成本较多。如上例中，给出买进信号后，足足拖了两个月才开始上涨。若条件严苛，可以搭上快速上涨的行情，机会成本小，但建仓成本会偏高。

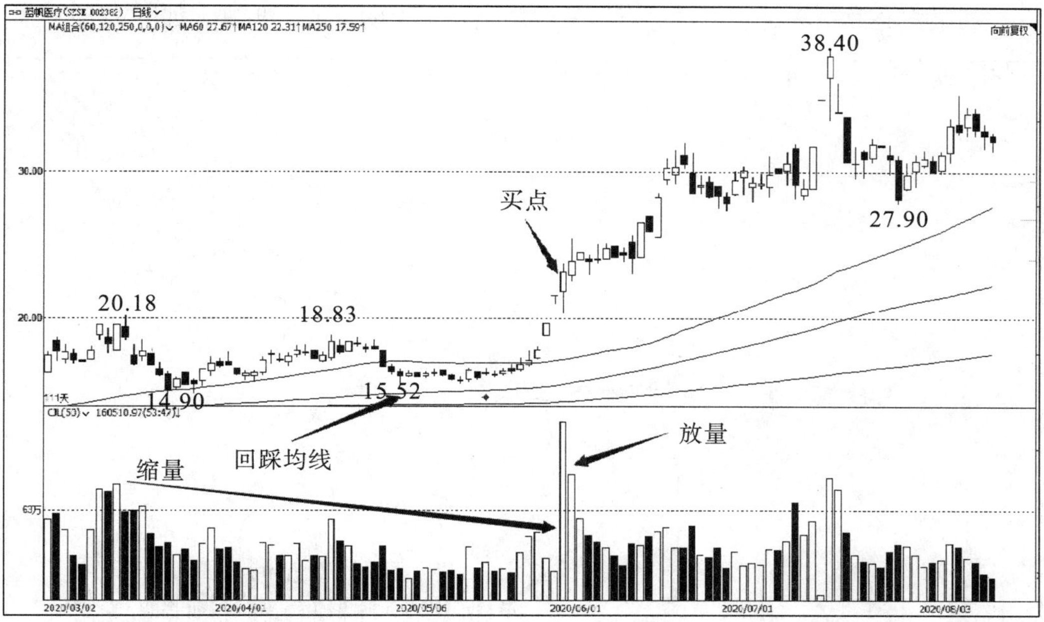

图 2-2　蓝帆医疗 2020 年 3 月至 2020 年 8 月日线走势图

图 2-3 为坚朗五金（002791）2019 年 5 月至 2020 年 1 月日线走势图，从技术角度看，三均线多头排列，股价由 18.75 元缩量下跌至 15.11 元，回踩 MA120。回踩当日即放量，买进。

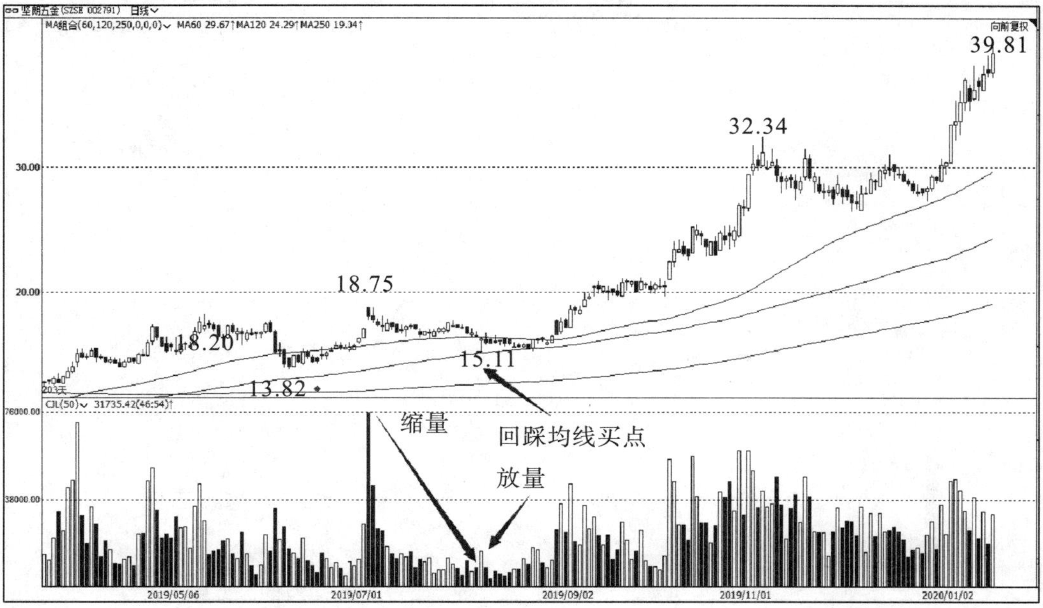

图 2-3　坚朗五金 2019 年 5 月至 2020 年 1 月日线走势图

如果担心放量不足，可以等行情发展后出现更大的量能再买进。如图 2-4。

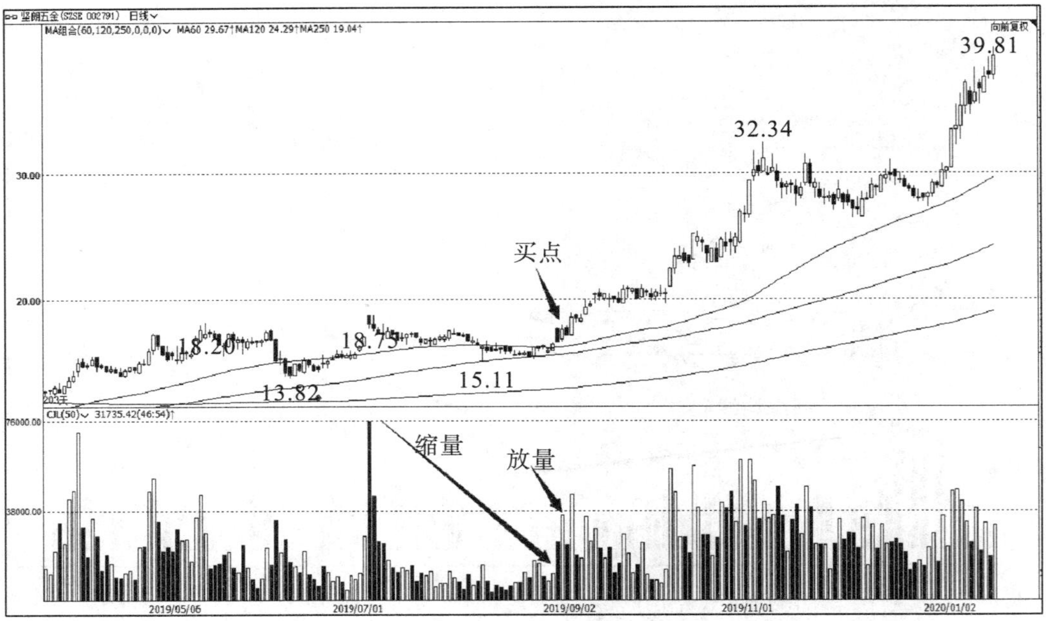

图 2-4　坚朗五金 2019 年 5 月至 2020 年 1 月日线走势图

图 2-3、2-4 为坚朗五金刚刚给出买点时的日线截图，我们再看一下它后续的走势有多么凌厉，如图 2-5。

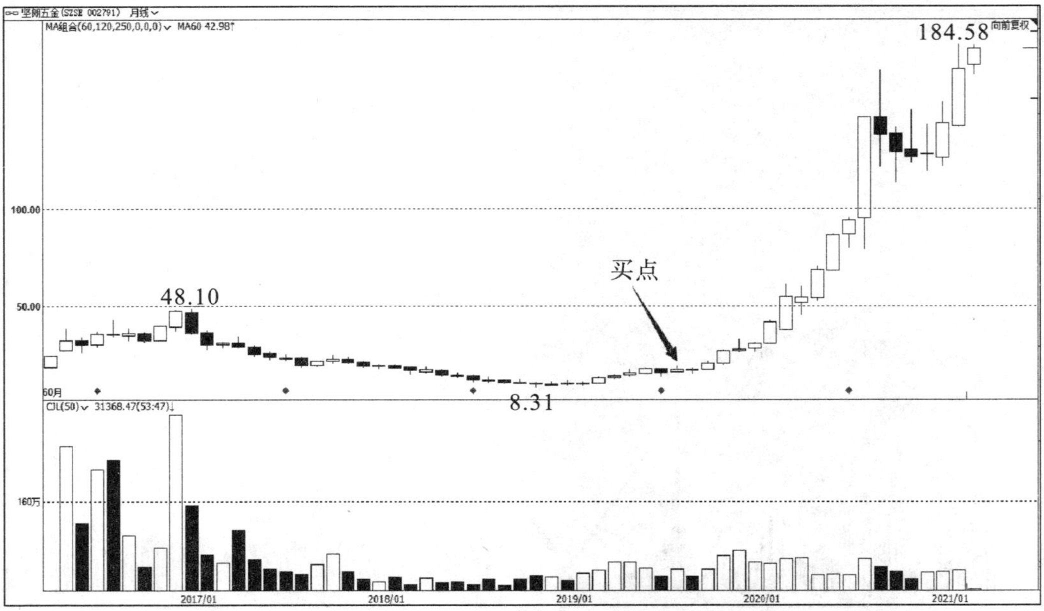

图 2-5　坚朗五金 2017 年 1 月至 2021 年 1 月月线走势图

类似蓝帆医疗、坚朗五金的买点形态每天都可以筛选出很多，且使用的技术方法只需要三句话讲完。但为什么这两只涨幅如此之高呢？因为它们都存在着强烈的基本面动因。

蓝帆医疗的主营业务为医护级手套，因新冠肺炎疫情暴发，口罩、手套供不应求，导致短期利润暴涨，带动股价上涨。同类同期涨幅最高的个股是英科医疗。坚朗五金的基本面动因是，根据“十三五”规划的要求，2020 年末成品房的全（精）装修率须达到 30％以上，而坚朗五金的主营业务为门窗五金，同类同期涨幅较高的个股为江山欧派，主营业务为门。

可见，技术套路，可以根据不同市场的走势特点，变换一下外形，即可完美复制到另一个市场中应用。但技术背后一定要有基本面动因的支撑，不论是股票还是期货，价格不会无缘由地大幅上涨或下跌，背后一定有我们不知道的事件正在发生。当然纯技术分析派根本不考虑基本面的问题，但是不考虑不代表不存在。

如果一位同学、朋友或前同事、前女友在很长时间都没有联系的情况下，突然找到你，肯定有大事发生。不是他要结婚、孩子满月、生日宴，就是要借钱。同样，当一向相安无事的走势，突然出现天量巨幅上涨，那一定发生了什么事。

二、交易性机会的技术买点

交易性机会技术买点有二：

第一，半年以上的低位平台震荡，若画出震荡平台的中轴，股价最好均匀地分布在中轴的两侧，不要偏重。

第二，股价突破低位震荡平台的上沿，创出半年以上的新高，且同时放出半年来最大的交易量，买进。

如图 2-6 为英科医疗 2019 年 5 月至 2020 年 11 月日线走势图。英科医疗在 2020 年 1 月 6 日以天量突破持续半年以上的震荡箱体，由此开启一段 10 倍涨幅。发生了什么事？新冠肺炎疫情。

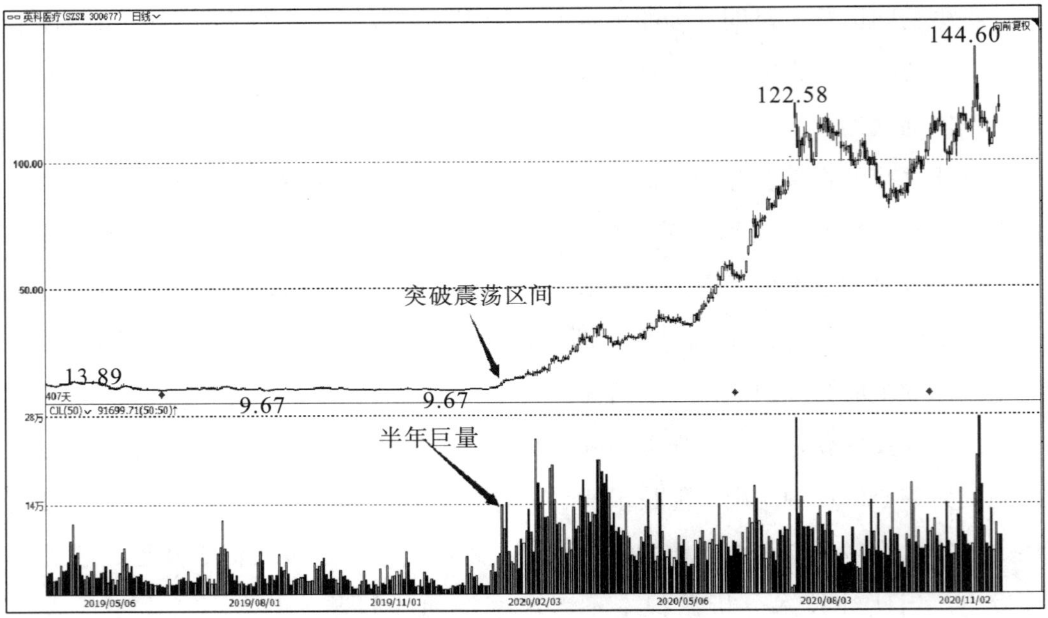

图 2-6　英科医疗 2019 年 5 月至 2020 年 11 月日线走势图

图 2-7 为南京公用（000421）2019 年 9 月至 2020 年 10 月日线图，以涨停的方式跳出持续了近 1 年时间震荡区间，并且放出了在当时来看半年内的天量，大约上涨 1 倍。发生了什么事？利润大增。

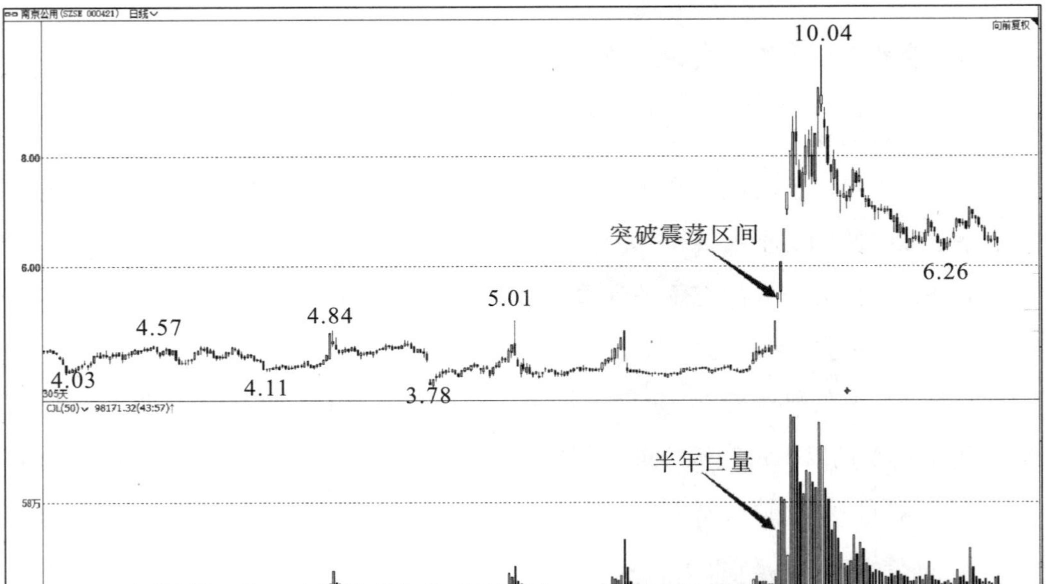

图 2-7　南京公用 2019 年 9 月至 2020 年 10 月日线走势图

凡有异动，都要问一句为什么。只有具备基本面动因前提下给出的技术信号，准确率才会更高。并不是技术分析系统越复杂，效率才会越高。我上面给出的基本面动因法和均线兜底法，完全听懂用不了五分钟。道可以是珠玉，也可以是粪土，道无处不在，道并不是一定要高大上。只要内力深厚，萧峰用太祖长拳也可以大战聚贤庄。那么内功是什么？是基本面动因。

所以本书作为《赢家的秘诀》系列的第二本，不同于第一本的地方在于，第一本主讲技术，本书主讲基本面洞察＋技术，二者相辅相成、相得益彰。

价格形态是准确率最高的技术分析方法之一，所以当遇到头肩底、双重底、三重底、三角形、旗形、矩形等看涨价格形态时，也意味着买点信号出现。方便法门如恒河沙数，不要拘泥。基本面动因是决定性因素，只要存在有效的基本面动因，不论出现哪种技术买点，都可以尝试。

马克·米勒维尼在《股票魔法师》一书中说，他永远只在第二阶段买进股票。什么是第二阶段？在基本面分析之后进入到技术分析层面时，他使用三均线作为判断市场阶段的工具。当三根均线由空头排列转为缠绕时为第一阶段；当三均线形成多头排列时为第二阶段；当三均线高位缠绕时为第三阶段；当三均线形成空头排列时为第四阶段。**永远在第二阶段买进股票，即永远在股价走强的时候买进**。

买进强势股的优点在于机会成本小，获利效率更高；缺点是股价已经走高，再在相对较高的位置买进，被套风险更大。不过我们整本书都在讲基本面动因的重要性，之所以选择买进股价相对较高的强势股，是因为有基本面动因在保驾护航。即充分发挥买进强势股的优点，尽可能回避缺点。

虽然我们可以使用基本面动因加技术落点的方法在市场中获利，不过动辄持仓半年或一年、忍受大幅回调的交易风格，对于某些喜欢短平快的朋友们并不友善。如果某只股票基本面动因和技术分析都符合条件，但是错过了第一进场点，后面怎样进行操作呢？如果只是想在长期上涨中相对上涨速度较快的阶段拿到一部分利润，应该怎样操作呢？

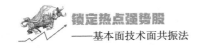

第七节 长线中的短线操作方法

首先要确认大盘方向。如果大盘方向向下，最好不要进行任何买进操作。所谓覆巢之下，焉有完卵。这就像我们去买房子，它有一种大家共识的所谓的“风水”。虽然我们从科学的角度来看，完全是无稽之谈，但你能买这种房子吗？我建议你不要买，为什么？

因为这套房早晚会因为某种原因需要脱手，我们认为的无稽之谈，在别人的眼里就是大问题。即使买方也像我们一样是一位很理性的人，但你还要说服他的父母，说服他的爱人，说服他爱人的父母。你不是与一个人作战，你是与一个共识团体作战，沟通成本极高。还不如当初不要入手有“瑕疵”的房子。

放到股市中也一样，我们认为市场是无效的，当前的综合环境根本不支持股票下跌。即便这是客观真实的，但你能说服持有悲观看法的人吗？你能说服一个，能说服一百个吗？所以不要与市场共识对抗。当大盘方向向下时，不要轻易进行任何买进操作。

大盘具体指什么？宏观来说，指上证综合指数与深证成分指数；再看细一些，看各类小指数，如创业板指、中小板指等。具体操作时，再参考板块指数。

短线要求的短平快，要寻找上涨可能性最大、短期涨幅最大、涨速最快的板块。我在《赢家的秘诀》中详细阐述了一种技术分析方法，在本书的开篇，我也说过，均线兜底法是上一本书技术分析方法的变形。我们可以根据早盘开盘的前30分钟的涨幅、涨速来判断当天游资最有可能狙击哪个板块。如果该板块指数开盘30分钟内走势向下，即便再看好板块内的个股，最好也不要进行买进操作，要舍得一部分利润。我们要舍去一部分潜在的利润，而进行准确率较高的一致性操作。

如果板块指数不论从长期还是短期来看，都在下跌通道中，那么板块中个股某一天的大幅上涨，极有可能是一日游行情，不值得信任。即便给出相对低位，也不要贸然接盘。相反的，如果板块指数处于上涨趋势之中，其中具有优质资产或为行业龙头等综合因素较好的个股，即便处于涨停位置，也可以毫不犹豫地追涨。

股谚有云：跌时重质，涨时重势。市场整体下跌时，交给价值投资。之所以我们在这个时期推出本书，是因为熊牛转换的阶段已经过去，价值投资已经在2018年末、2019年初完成了它的任务。现进入牛市阶段，涨时重势。一旦势不在，低价不追；势在，涨停亦可追。至于如何判断市场的牛熊，我们会在介绍价值投资的书中详细介绍。板块整体都在上涨，理论上板块内标的在任何时候都有买进机会。

股票具有与大宗商品期货不同的特点，股票交易相较于商品期货更加注重成交量。由于商品期货理论上没有总仓量的限制，只要多空双方有资金，就可以相互对开，谁输谁赢看谁的钱更多。但股票却有总仓量的限制，它的总股本在该时段是有总仓量的上限。也就是说股票需要在有限的筹码下进行交易，总体来说供给有限，需求无限。只要买进的资金总量更多，就会推动股价上涨，那么成交量就成了股票交易中重要的衡量标准。温和放量上涨，上涨的质量更高；缩量上涨，形成量价背离，没有更多资金推动上涨且不持久。

股票板块之间的相关性非常高。例如传媒、软件服务、网游板块有可能同时上涨，例如光伏产业链的上下游板块可能会出现轮动，等等。总体服从横向相关与纵向相关性。比如2021年的春节鼓励人们就地过年，各大传媒平台给出免流量等优惠政策，同为传媒板块的网文和视频类个股，就有可能同时上涨。再看2020年的机械工程板块，作为上游的恒立液压与作为下游的三一重工，也出现同时上涨的行情。

所以当我们发现一个投资逻辑的时候，要先向上下看，再向左右看，如果有相关性，完全可以同时在短期交易中，跨板块买入持有两只或两只以上的股票。该理念也适用于其他板块的个股。

我们说过，如果板块整体上涨，理论上板块内标的在任何时间都有介入时机，注意我说的是理论上。如果板块在上升通道中，且开盘前30分钟也表现出当天上攻的意愿，板块中优质个股走低，但有企稳迹象，那么，这就是“捡钱”的最好时机。这也是做T＋0的好时机。

例如我们持有某股票，所在板块继续走高，所持股票低开并且企稳，这时完全可以趁机抄底，当日走高后，卖出之前所持有的仓位，先进后出，或先出后进，当日了结，即变相T＋0模式。

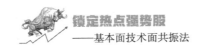

总体来说，**狙击强势股的要点在于，大盘、板块、个股都看好的情况下，利用一些技术技巧、仓位管理等方法，在顺势的过程中，快速获取短线利润**。资金游走于各大强势板块之间，只摘取熟透的果实，不做过久停留。

当然对于能沉得下心来，对持仓时间、回调幅度并不敏感的朋友，根据基本面动因和均线兜底法做长期交易，也是不错的选择。

我们把**狙击强势股的短线技巧**归纳为如下 17 条：

1. 日线级别大盘多空趋势判断；
2. 通过早盘 30 分钟内开盘法确定行情的技巧；
3. 锁定当天游资操作的板块；
4. 区分一日游行情与可持续性爆发的行情板块；
5. 什么情况下的涨停板适合涨停价挂单买入；
6. 重势不重价中所需要的势，盘口解读及对成交量的剖析；
7. 选择优先个股的技巧，在什么情况下同时持有 2 个该板块的标的；
8. 抓住单边行情上午择时的时间窗口点，做有效进攻；
9. 当天震荡行情下的盘中择时技巧及时间窗口逻辑；
10. 错失第一择时位置后重新选择备用板块及个股逻辑；
11. 次日是否持仓的逻辑及在什么情况下配合做 T＋0 的技巧；
12. 所持个股强于板块或板块强于个股情况下的处理细节；
13. 大跌行情下次日选股逻辑，做精准抄底，拉开曲线收益；
14. 仓位管理技巧，区分外因及内因来确定仓位比重；
15. 如何做有效复盘及实操中的交易回头看总结；
16. 贯穿进攻与防守、赚大赔小构建短线游资强势股的系统思维；
17. 如何管理自己的情绪，做到主动狙击，不被市场牵着走。

本书的重点并不是短线交易，并且短线交易也是建立在长期看好的板块中。把握好长线交易的理念，才能更好地做短线交易。因此本书的重点在于，如何把握好长线选股思路，如何寻找长线中第一买点、加仓点。当我们能选出长牛板块（股）之后，相当于养了一头牛，想吃哪一块，用短线方法直接取用。如果没有选出长牛板块（股），想吃肉还要先到市场中选牛。

图 2-8 为电气设备板块指数（880446）2019 年 10 月至 2021 年 1 月日线走势

图。图中电气设备指数在三均线多头排列的情况下，缩量回调，回踩均线，再放量给出买点。如果电气设备板块综合素质较好的个股错过了第一时间的介入点，可以在板块指数每次回踩均线的时候重新介入。

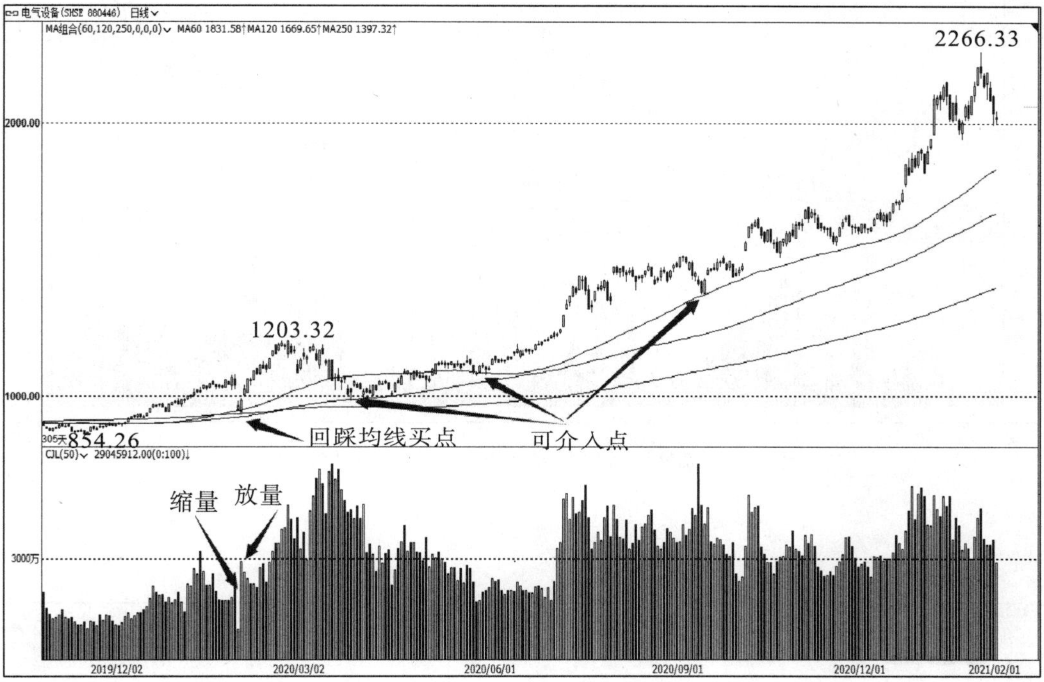

图 2-8　电气设备板块指数 2019 年 10 月至 2021 年 1 月日线走势图

图 2-9 为阳光电源（300274）同期日线走势图，从股价距离及参考三均线的幅度来看，阳光电源明显强于电气设备指数。但在电气设备板块指数给出再次介入机会的同时，完全可以择机介入个股。

图 2-10 为电气设备板块指数 2021 年 1 月 20 日分时走势图。早盘 30 分钟内上涨，说明主力资金在当天有可能涌入电气设备板块中。

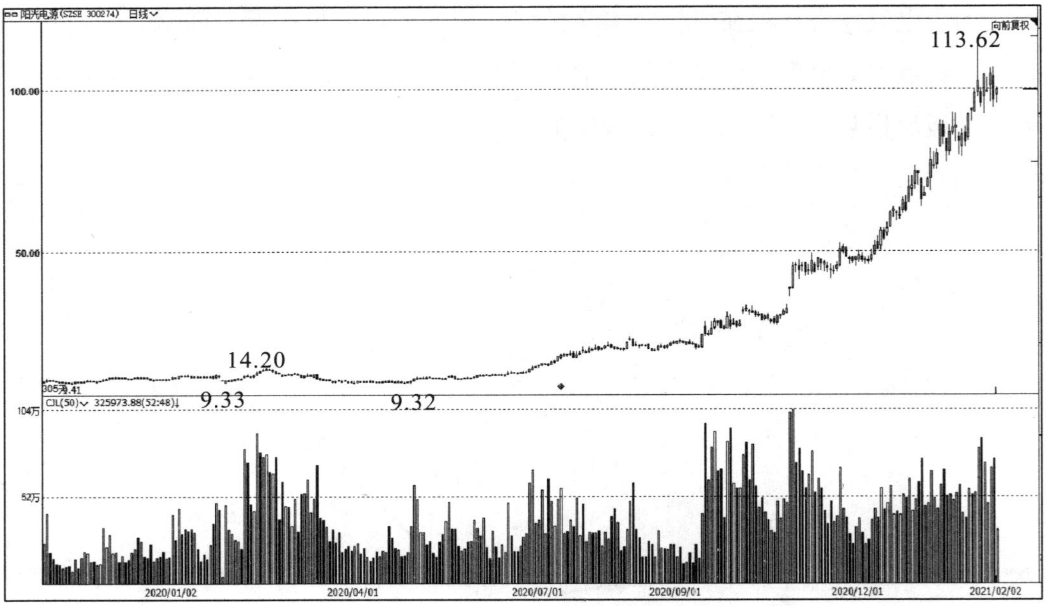

图 2-9　阳光电源 2019 年 10 月至 2021 年 1 月日线走势图

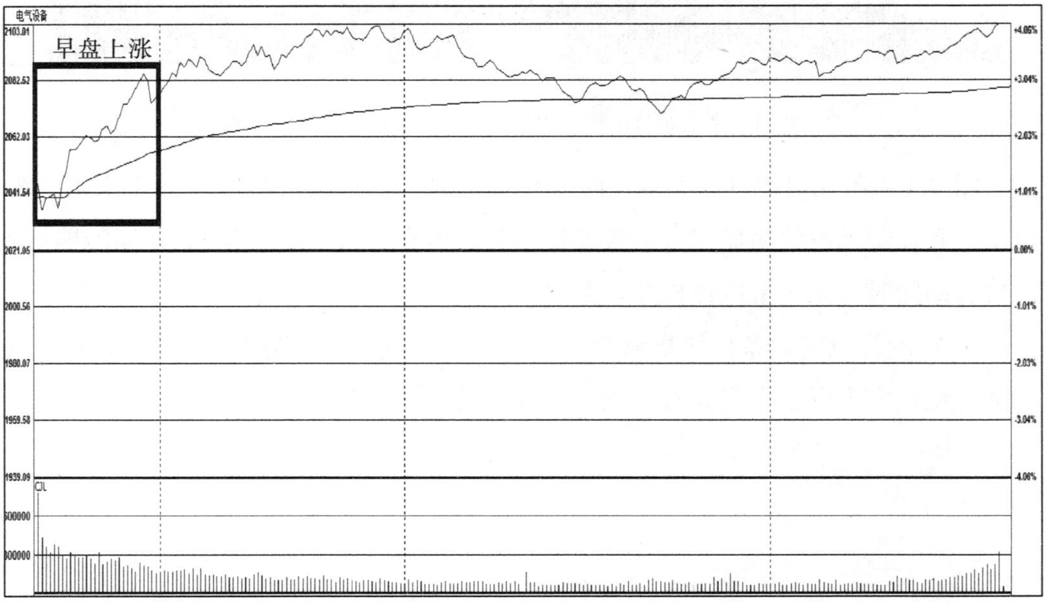

图 2-10　电气设备板块指数 2021 年 1 月 20 日分时走势图

再看图 2-11 阳光电源 2021 年 1 月 20 日的分时走势，早盘 30 分钟上涨，奠定了当日大概率上涨的主基调。股价横盘（回调），成交量萎缩，再次放量即为日内买点。放量时间为 10 点 30 分，当时的价格为 87.41 元，若在此处买进，当日收盘 92.2 元，拿到收盘卖出，即可获利 5.48%，当然这是手中有持仓的情况下，当日买进，卖出之前的持仓，做一次 T+0。由于强势收盘，新增持仓可以不必当日了结，可根据实际情况，日后选择平仓位置。

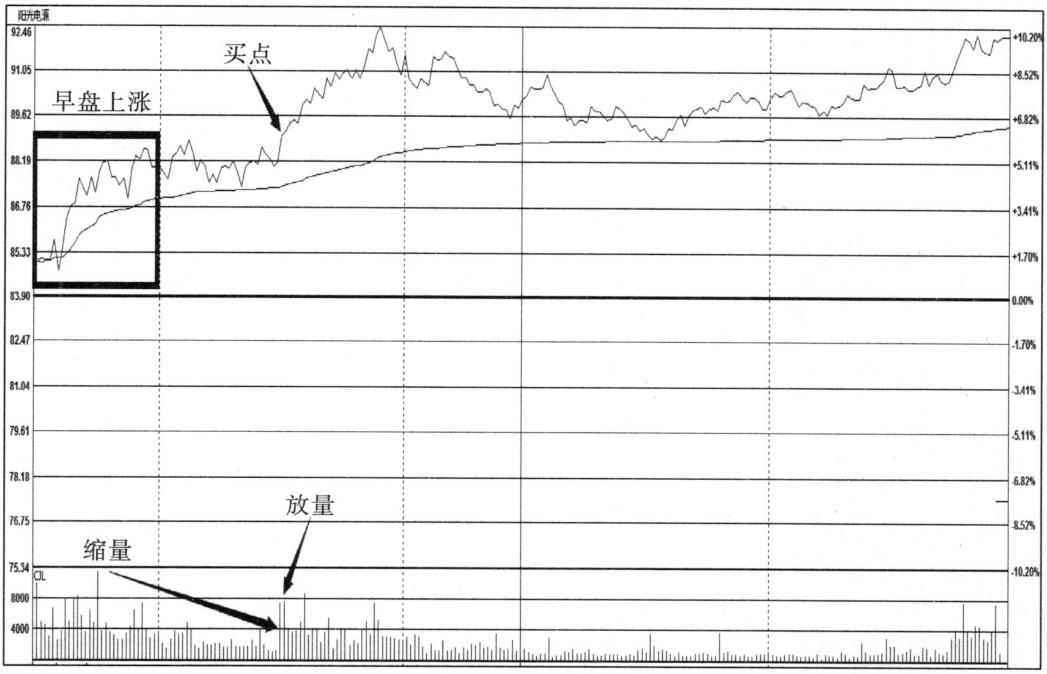

图 2-11 阳光电源 2021 年 1 月 20 日分时走势图

小结

1. 基本面动因是前提，在基本面动因之上操作才有可能。

2. 技术分析方法是手段，不是目的。

3. 我们介绍了上本书《赢家的秘诀》中技术分析方法的变形，将它的时间跨度变大，即可化为均线兜底法。

4. 我们介绍了一种突发事件下突破长期震荡区间的技术方法。

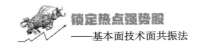

5. 任何一种传统的经典的技术方法都可以为我所用。

6. 我们可以在个股当日内使用《赢家的秘诀》的方法。

7. 同一种方法大可大用，小可小用，千变万化，存乎一心。

第三章

突发事件的交易机会

想通过突发事件盈利，先要评估事件的影响力。影响的范围有多广、程度有多深、时间有多长，都要考虑。影响越大的突发事件，盈利规模越大，行情也越长久。反之则可能是一日游、一周游的行情。当然，我并不是说影响小的事件所引发的行情不值得做，而是需要我们注意平仓时机。小事件最好不要做长期持有的打算，逢高即平。

第一节　区分事件影响

2019 年的突发事件是 ETC。我国幅员辽阔、人口众多，ETC 从规定到推广到全面铺开，周期极长。已经有较大的存量，每年还有极高的增量，所以 ETC 不但能赚存量的钱，每年的增量还能让以 ETC 为主营业务的公司保持较高的盈利水平。

2020 年的突发事件是全球性新冠肺炎疫情。既然是全球性，就提供了影响广度。以欧美为代表的西方国家、以巴西为代表的南美洲国家，没能有效控制疫情的传播，这就加深了影响的程度。每次大规模疫情都不会在短期结束，拿最近的非典疫情来做对比，至少要持续半年以上。从现在来看整整一年过去了，还没有结束。这就增加了影响的长度。受此影响的抗疫概念股股价，必然受到追捧，并且上涨行情不会短期就结束。

我们在前文讲过，突发事件与政策如果来得太迅猛，无法使用兜底法买进，那就利用股价、成交量出现突破近半年的新高来作为买点。

不论是ETC还是新冠疫情，即使不用深入分析，仅凭直觉也能感受到它的影响程度之深。但还有一些似是而非的事件，第一感觉它的影响很大，可再仔细分析会发现，也不过如此。

图3-1为全通教育（300359）2020年1月至2021年1月日线走势图。时隔半年，全通教育不但股价创出新高，成交量也创出了新高。反过来推导一下，是不是有突发事件发生呢？

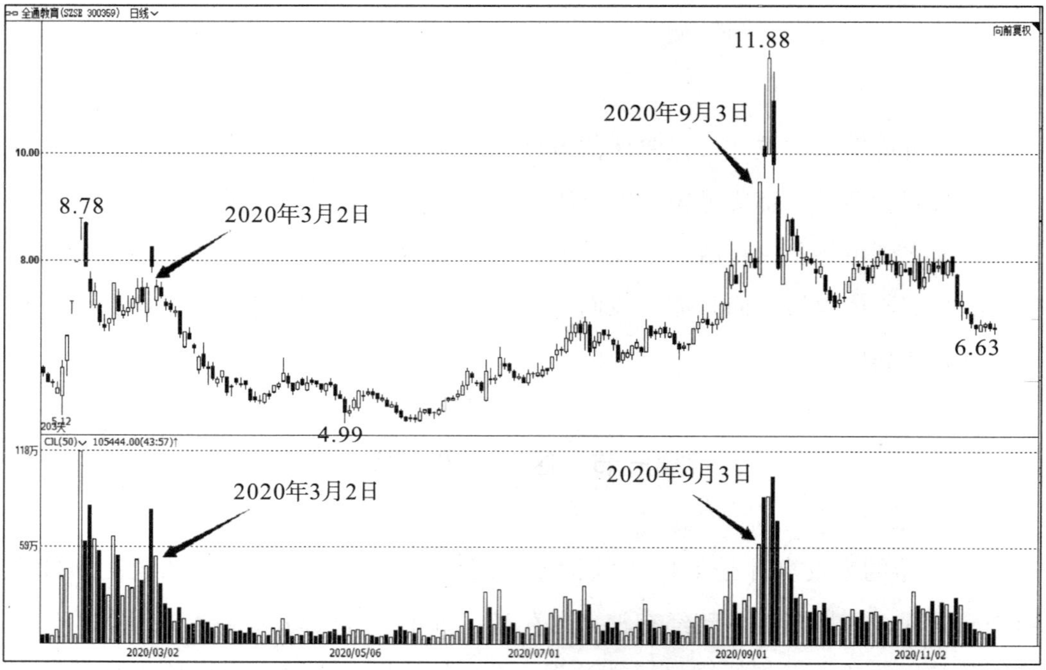

图3-1　全通教育2020年1月至2021年1月日线走势图

我们来分析一下，它的名字中有“教育”，买入信号给出的时间是9月初，恰好是开学的时间。2020年停课了大半年的线下教育开始恢复了，全通教育的业绩是否受到线下开学的影响呢？

全通教育主营业务：继续教育业务，占总营收的46.59%；家校互动升级业务，占总营收的28.04%；教育信息化项目建设及运营，占总营收的24.63%。

继续教育是学校教育之后所有社会成员特别是成人选择的教育活动，是终身学习体系的重要组成部分。

全通教育自上市后，基本没有亮眼的表现，一直保持几千万元的盈利，没有跳出天花板。2018 年与 2019 年还出现巨亏。

2018 年亏损的原因是营收下降 20%左右，资产减值损失 7.17 亿元，主要来自商誉减值。2018 年计提了一系列的商誉损失，包括全通继教、全通智汇、湖北音信、河北皇典、上海闻曦等。

2019 年亏损的原因是营收继续下降，相比于已经下降 20%左右的 2018 年，继续下降 14.53%。资产减值损失 6.31 亿元。主要问题还是商誉，来自收购济南网融、广西慧谷、上海闻曦、河北皇典、全通继教等公司。除全通继教和河北皇典之外，另外三家公司并不在 2018 年减值之列。

截至 2020 年上半年，商誉余额 1.24 亿元。同期，总资产 12.08 亿元，净资产 7.17 亿元。商誉占总资产的 10.26%，占净资产的 17.29%。要谨防一次性全部计提。

2020 年上半年利润反弹，但营收并没有提高，2020 年 1 季度营收同比下降 28.49%，2020 年上半年营收同比下降 1.32%。2020 年全年营收与 2019 年不变的情况下，只要没有资产减值，盈利反弹是必然的。已经连续两年出现亏损，所以第三年继续减值商誉的可能性极小，可以推测 2020 年扭亏转盈的可能性也很大。

再看全通教育的几个主营业务板块。

动力加·知能校园：利用物联网技术及通信技术，为幼儿园及中小学校提供校园安全管理、校园消费、沟通连接、校务管理、后勤管控、大数据分析等服务。通过基于校园一卡通及人脸识别技术的软硬件结合的一体化解决方案，协助教育管理部门及学校建立“人防、技防、物防”三位一体的校园安全管理模式以及信息化的后勤、教学管理模式。上半年不复课，营收必然降低。

全课通：通过对学生作业测评、日常练习轨迹进行分析，有针对性地为学生推送个性化学习资源课程，以提升学生的自主学习能力及学习效率。所以是否复课，对线上教育的营收影响不大。

成长帮手：成长帮手致力于为 3—18 岁孩子的家长提供家庭教育一站式服务，产品由国内权威教育、心理、健康等婴幼儿和青少年专家倾心制作，拥有全面的家庭教育课程、公益讲座、在线微访谈等服务。成长帮手除了研发了一系列专业的家庭教育课程外，还通过移动互联，以大咖视频、音频、文字课程、专题活动等形式，为家长讲解家庭教育方法，帮助父母更好了解孩子心理及生理发展规律，并针对不同年龄段的孩子匹配相应的成长内容。线上为主，与上一业务的影响相同。

继续教育业务：采取远程培训、面授培训及混合式培训形式面向全国中、小、幼教师及校（园）长等开展非学历培训。线上线下都有，停课便影响营收。

教育信息化业务：ToB端的智慧教育云服务平台，分别为教育管理部门提供区域级智慧教育解决方案以及为学校提供智慧校园解决方案。线下，影响营收。

综上，最大的营收来源继续教育，线下的部分营收会受影响。其他业务有线上也有线下，线下部分的营收会受到影响。

2020年1季度，扣非净利润98万元，同比下降66.83%。2020年上半年，扣非净利润0.06亿元，同比增长119.12%。

我们来梳理一下：

第一，全通教育本无亮点，2018年与2019年大幅度的资产减值造成连续两年巨亏。

第二，巨亏之后，2019年只要不再继续计提商誉，盈利反弹几乎没有悬念。

第三，2020年受疫情影响，线下业务受损。复课后，营收会恢复正常。

据此我们判断，股价上涨是必然的，问题是能持续多久。再回想ETC和抗疫概念与全通教育有什么不同。前者靠增量推进利润，进而推升股价。但全通教育有增量吗？线下业务仅仅是恢复而已，基础设施、师资力量不变的情况下，线下业务并不存在增量。原来有多少业务，现在还是多少业务。所以根据常识来判断，全通教育业务可能恢复，但并没有增长。虽然因线下开学，教育板块会冲高一段时间，但长期来看，并没有提供增量的逻辑。所以即便是进场参与，也不要对它抱太大希望。

第二节　新冠肺炎疫情抗疫概念股案例分析

一、新冠病毒突发事件推动

通常情况下，交易性机会大都由突发性事件推动。此次引发医疗概念行业上涨的突发事件众所周知：新冠肺炎疫情。但对于周遭事件不敏感的人来说，2020年1月6日并不是疫情最严重的时刻，所以面对英科医疗给出的交易性机会无所适从。这时需要进行两步工作，第一步查看同类企业是否同时给出机会，第二步广泛了解有关信息。因为交易性机会由突发性事件推动，而突发性事件一般都会有新闻报道，所以，广泛浏览新闻基本能找到原因。

在免费版同花顺中可以找到推荐的可比公司：鱼跃医疗、蓝帆医疗。图3-2为鱼跃医疗2019年6月至2020年3月日线走势图。图3-3为蓝帆医疗2019年5月至2020年2月日线走势图。

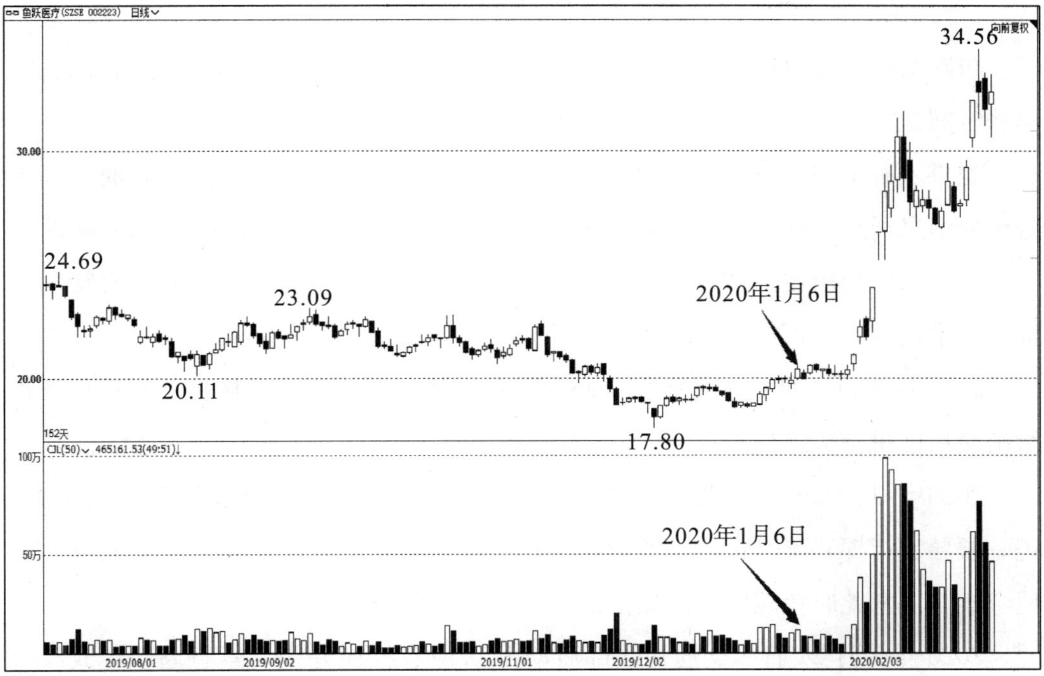

图3-2　鱼跃医疗2019年6月至2020年3月日线走势图

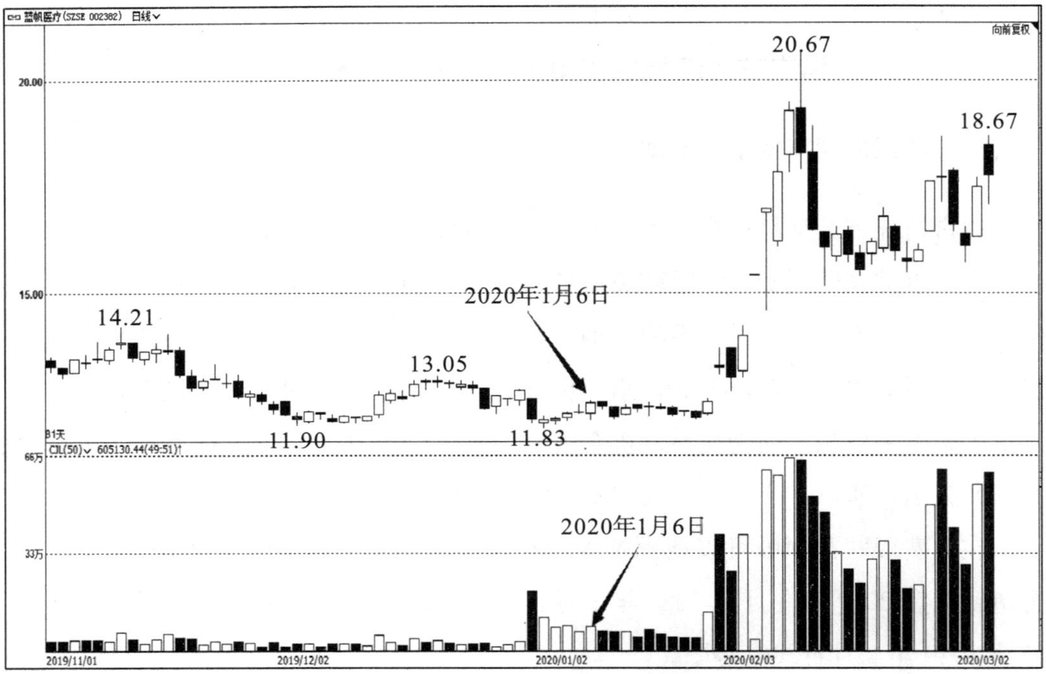

图 3-3 蓝帆医疗 2019 年 5 月至 2020 年 2 月日线走势图

鱼跃医疗和蓝帆医疗在 2020 年 1 月 6 日并没有同步给出买入信号。鱼跃医疗起涨时间是 2020 年 1 月 20 日，蓝帆医疗起涨时间是 1 月 21 日。

如果 1 月 6 日对新冠疫情还不够重视，那么到了 1 月 20 日、21 日时，铺天盖地的消息涌至。即便错过了英科医疗，此时再也不能错过鱼跃医疗和蓝帆医疗了。前者已经给出技术性买点，后二者为同类股票，动因已至，即便没有特别规范的技术抓手，也可以顺势买进了。

2020 年 1 月 6 日，国家疾控中心分离首株新型冠状病毒毒株。此时英科医疗给出交易性机会买进信号。

2020 年 1 月 20 日，武汉市成立新型冠状病毒感染的肺炎疫情防控指挥部，统一领导、指挥武汉全市疫情的防控工作。世界卫生组织派出专家组赴武汉市实地考察。注意此时鱼跃医疗开始上涨。

2020 年 1 月 21 日，交通运输部启动 II 级应急响应并印发紧急通知，武汉市对进出武汉人员加强管控。注意此时蓝帆医疗开始上涨。

特别是在 2020 年 1 月 23 日武汉市新型冠状病毒感染的肺炎疫情防控指挥部

发布第 1 号通告，这是本次动因确定性最强的信号。参考 2003 年因 SARS 疫情医疗类个股行情持续了半年之久，那么本次新冠疫情对于医疗防护业务的刺激至少也有 3 个月左右。

二、典型案例——英科医疗

新冠肺炎疫情概念股表现最抢眼的无疑是英科医疗（300677）。英科医疗主营业务：医疗防护、康复护理、保健理疗、检查耗材。英科医疗是综合型医疗护理产品供应商。2020 年半年报数据显示：医疗防护类业务营收 42.86 亿元，占总营收 96.33%；康复护理类业务营收 1.03 亿元，占总营收 2.31%；保健理疗类业务营收 0.47 亿元，占总营收 1.06%；检查耗材类业务营收 0.12 亿元，占总营收 0.27%；其他业务营收 0.01 亿元，占总营收 0.03%。

（一）技术买点

英科医疗在技术上 2020 年 1 月 6 日突破震荡半年的态势，同时放出半年内最高量，如图 3-4 英科医疗 2019 年 6 月至 2020 年 1 月日线走势图所示。图 3-5 为其后续走势图。

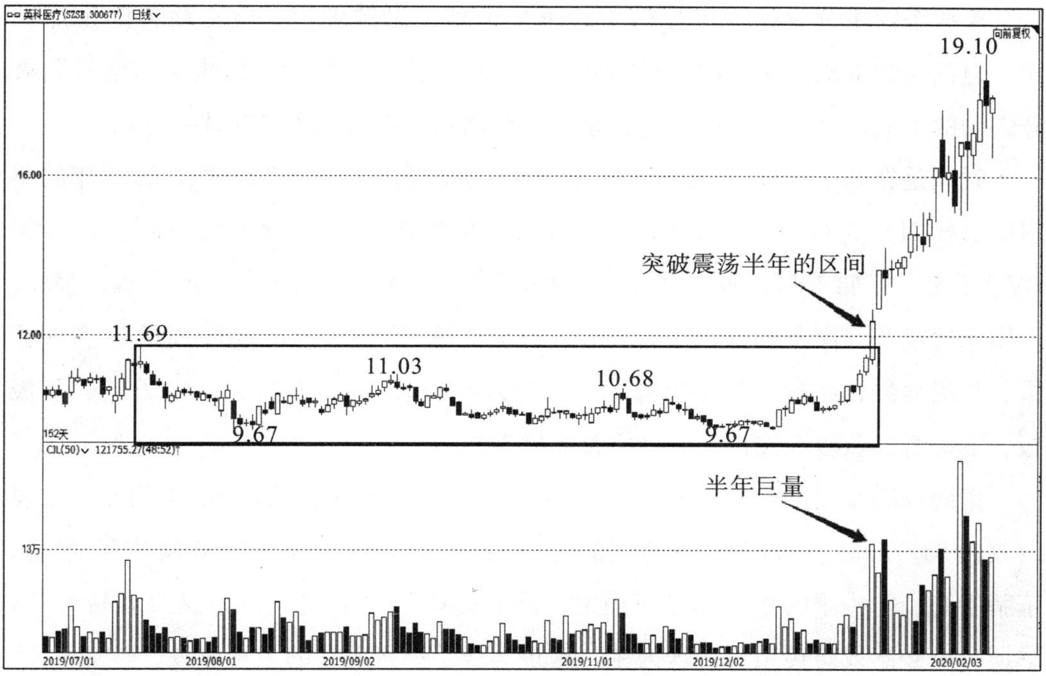

图 3-4 英科医疗 2019 年 6 月至 2020 年 1 月日线走势图

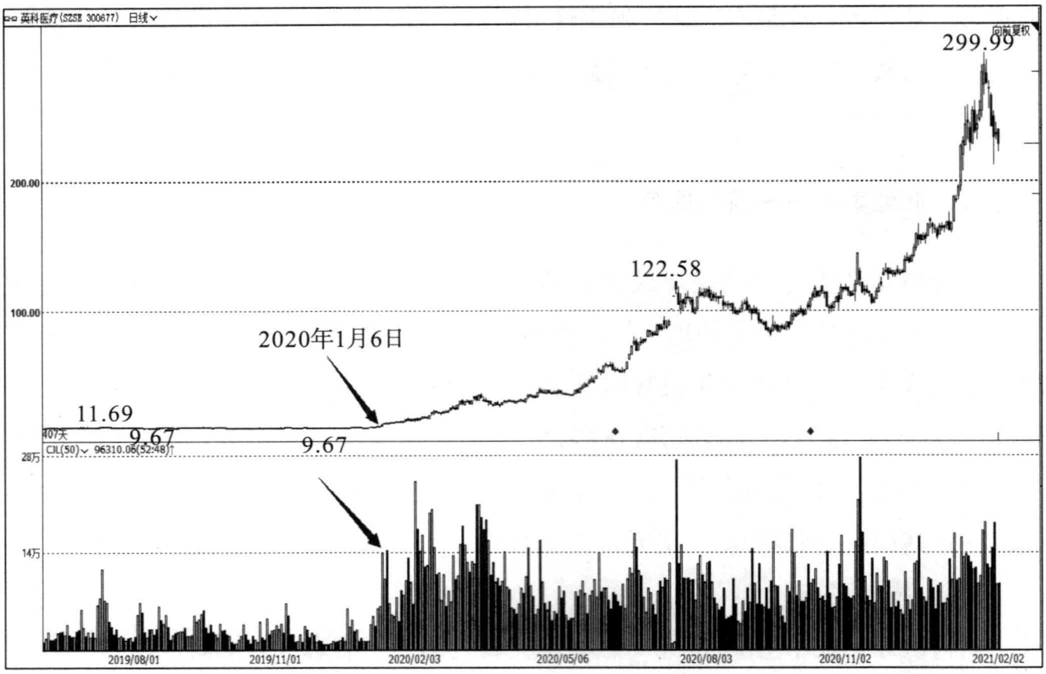

图 3-5　英科医疗后续走势图

（二）2020 年行情详解

英科医疗主营业务是医疗防护、康复护理、保健理疗、检查耗材的生产销售。但到底和本次疫情有没有特别重大的关联？其实 1 月 6 日给出买入信号后展开强劲的上涨，已经表明确实有关系。但在强劲上涨前，还要确认一下。

时间是在 2020 年 1 月 6 日，即 2019 年的年报还未公布，需要在 2018 年的年报中查找相关资料。据 2018 年年报显示，英科医疗的主营产品分别为：各类 PVC 手套、丁腈手套、防护服（医疗防护类），轮椅车、助行器、助步器、手杖、医用床边桌等（康复护理类），冰垫、一次性冰/热袋、可反复使用的冷热理疗袋、超级冰袋、冰盒、婴儿护脚等（保健理疗类），心电电极片、电刀笔、负极板、电极纸、负极板连接线等（检查耗材类）。

据同花顺给出的数据资料，2019 年上半年医疗防护类营收 8.34 亿元，占总营收的 84.79%，利润占总净利润的 83.27%，即英科医疗主要是以 PVC 手套、丁腈手套、防护服的生产和销售盈利。而新冠病毒具有传染性，又没有特效药，早期防疫必然以防传染与护理为主。这正契合了英科医疗的主营业务。

英科医疗 2017 年上市，2017 年至 2019 年的净利润分别为 1.45 亿元、1.79

亿元、1.78亿元。2020年1月6日时，也只能看到2019年的三季报，英科医疗2019年前三季净利润1.26亿。虽然英科医疗的净利润呈上涨趋势，但2019年与2018年持平，并未显示出强劲的利润增长。所以可以确定的是2020年1月6给出的交易性机会，并不是由当前利润所推动。

本次上涨是由突发事件引发。事件来得突然，所以在技术上表现为快速巨量突破，不给普通投资者反应时间。这也是它与投资性机会的技术表现的区别所在。投资性机会有长远的目标，要经过较漫长的道路，可以从容建仓。

对投资性机会，还要分析该公司的业界地位，如果仅仅是沾了一点点概念，而没有护城河，也不能成为投资性机会。但突发性动因就要具体情况具体分析了。由于事发突然，对于手套、防护服的需求突然增大，那就要打开所有可能的供给。不论该公司在业界的地位如何，只要有产能就全部打开。

这就是说，需求量突然增大的情况下，可以放宽对于公司护城河的考察条件。不过英科医疗也是我国较大的医用级手套、防护服生产公司，2019年PVC手套生产线和丁腈手套生产线分别达到了90条和34条（以单线计算），手套总产能约190亿只，其中PVC手套产能140亿只，丁腈手套产能50亿只，全球市场份额占比2.89%。

国内最大医用级手套生产公司是蓝帆医疗，蓝帆医疗也是全球最大的PVC手套生产商，全球市场份额占比4%，目前已实现PVC手套175亿只/年的产能。

医用手套的市场比较特殊，美国、欧盟、日本等发达国家是医用手套的主要消费市场，这些国家的医疗护理、食品、清洁等行业的从业人员，基于使用习惯和法律规范要求，将医用手套作为一种低值、一次性的卫生用品使用，需求极普遍，需求量极大，美国的医用手套几乎全部依赖进口。

2019年全球医用手套人均用量为33只，荷兰为276只，美国为250只，日本为108只。再看英科医疗2019年年报数据（虽然2019年年报是在2020年公布的，但2019年年报记录的是2019年经营的情况，此时疫情并未暴发）：境外营收与境内营收分别占总营收的94.55%和5.45%。可见，英科医疗的产品主要面向海外客户。

蓝帆医疗董秘在一次回答投资者的提问时说，蓝帆医疗的医用手套在全国市场占有率第一。所以再次强调即便错过了英科医疗，也不能错过蓝帆医疗。蓝帆医疗 2019 年境内营收占总营收的 69.42%。

既然是突发事件带来的交易性机会，就是短期内会快速上涨的机会，机会稍纵即逝。

（三）交易性机会转变为投资性机会

疫情的严重性超出我们的想象，所以短期事件变成至少影响 2020 年上半年行情的事件；防护耗材的需求量在短期内不会减少，所以短期逻辑至少变成了中期逻辑。我们可以根据交易性机会建仓，在投资性机会中加仓。

我们先来看下蓝帆医疗的情况。图 3-6 为蓝帆医疗 2019 年 12 月至 2020 年 9 月日线走势图。图中左下角处股价先上涨后缩量回调，此时移动平均线呈现多头排列，股价回踩 MA60，至少在 MA60 之上提供了连续几个交易日的支撑，给出止跌企稳信号，在此处可以买进建仓，以有效跌破回调低点 14.9 元为止损位。

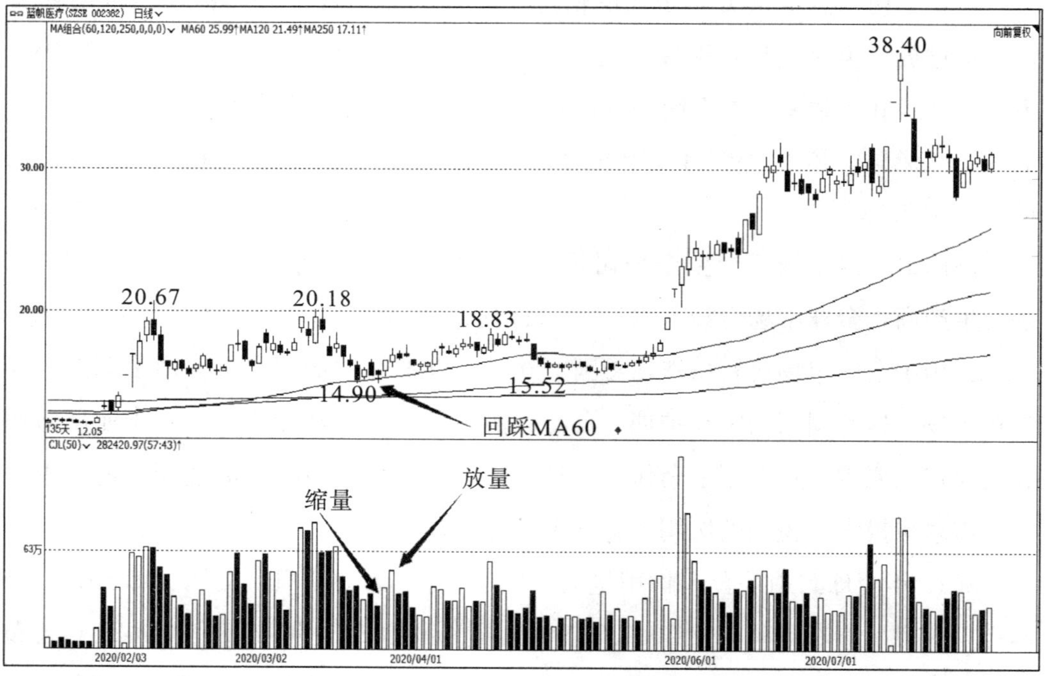

图 3-6　蓝帆医疗 2019 年 12 月至 2020 年 9 月日线走势图

不过同期英科医疗投资性机会的技术落点几乎没有出现，每次回调都离 MA60 较远。图 3-7 为英科医疗 2019 年 12 月至 2020 年 8 月日线走势图。

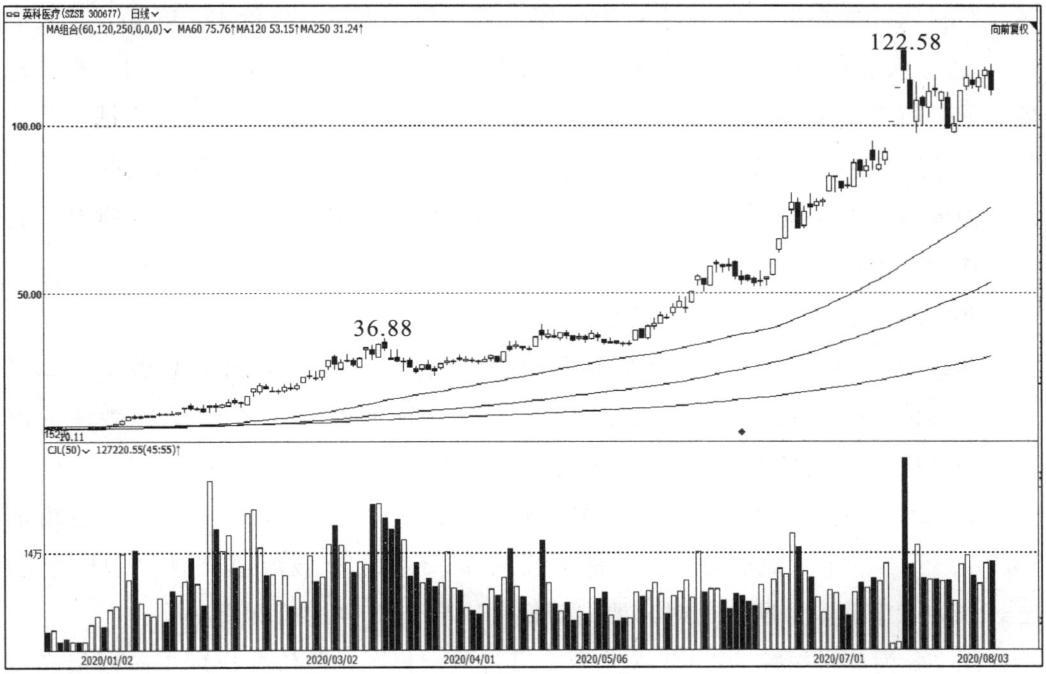

图 3-7 英科医疗 2019 年 12 月至 2020 年 8 月日线走势图

什么时候卖出呢？因为此次机会是由暴发新冠肺炎疫情带来的，所以当此疫情出现拐点时就是卖出之际。因为我们本系列的复盘，主要是对过往投资逻辑的复盘，并不以技术复盘为主，所以只能简单说一下技术的问题，并不作为重点讨论。

我们要引入一种计算方法，即如何区分大市值股还是小市值股。与传统意义上的简单根据市值来计算的方法不同，我们要把总市值中前十大流通股东排除掉。因为前十大流通股东的流动性较差，在前十之外的流通股的流动性更强，我们称之为“有效流通股”。

将有效流通股的市值 50 亿元作为分水岭，高于 50 亿元为大市值股，小于 50 亿元为小市值股。大市值股的换手率超过 10％卖出平仓，小市值股的换手率超过 20％卖出平仓。

必须说明的是：卖出的方法很多，本章中给出的方法只是其中之一，它并不是万能的，也不是唯一的。换手率法是长期持仓的一种衡量方法，在长期持仓中，股价可能出现低换手率的中级回调行情，这就需要大家使用一些更加灵活的方法加以规避了。

英科医疗的买进信号出现在 2020 年 1 月 6 日，当日收盘价 12.39 元，总股本 1.98 亿，总市值 24.53 亿元，是一只小市值股。所以我们从 2020 年 1 月 6 日买进后，就一直等它出现换手率大于 20%的情况找到卖出机会。有意思的是，直到 2021 年初，英科医疗都没有给出平仓机会，而股价已经上涨至 190 元左右。

但要注意的是屠龙少年终会成长为巨龙，随着英科医疗股价的不断攀升，它会变成大市值股。

2020 年初总市值只有 24.53 亿元。

2020 年 3 月 12 日，英科医疗达到阶段性高点 36.88 元，此时总股本为 2 亿元，总市值 73.76 亿元。前十大流通股东持股占流通股的 45.74%，有效流通市值 40.02 亿元，根据我们的定义，还是小市值股。

2020 年 5 月 18 日，英科医疗最高价 42.82 元，总股本 2.19 亿元，总市值 93.78 亿元。前十大流通股东持股流通股的 36.35%，有效流通市值 59.41 亿元，已经成为大市值股。所以此时只要出现换手率高于 10%的情况便平仓。

图 3-8 为英科医疗 2020 年 3 月至 9 月日线走势图，股价在出现本阶段最高点当日，换手率达到 13.7%，当日收盘价 118.52 元，即使按照收盘价平仓，也基本算是平在最高位区域了。

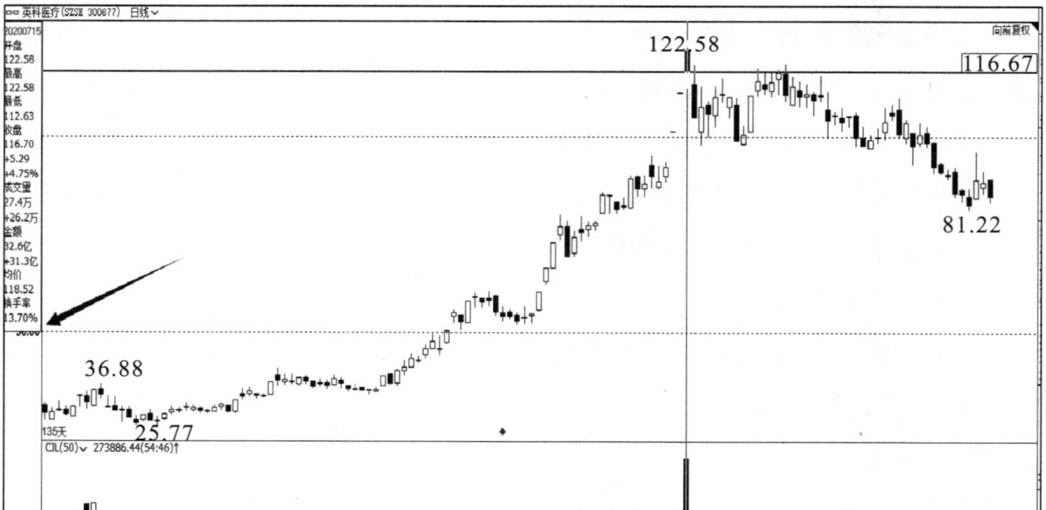

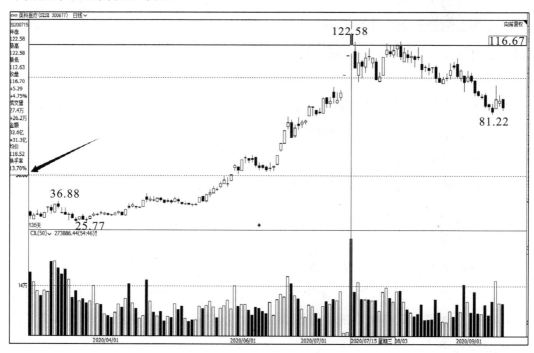

图 3-8 英科医疗 2020 年 3 月至 9 月日线走势图

英科医疗启动上涨完全是因为新冠肺炎疫情，只要疫情不结束，它的上涨逻辑就不会结束。所以平仓后，还可以继续寻找买点。如图 3-9 为英科医疗的二次买点，在前一次平仓后，股价回调，穿过 MA60，遥踩 MA120。在回调的过程中，成交量中的阳量不断萎缩，直到 2020 年 9 月 10 日阳量再次放量，第二次买点出现。2020 年 11 月 10 日，换手率达到 10.41%，卖出平仓。

以 2020 年 9 月 10 日的收盘价 88.73 元买进，以 2020 年 11 月 10 日的收盘价 123.5 元卖出，再次盈利 50%左右。

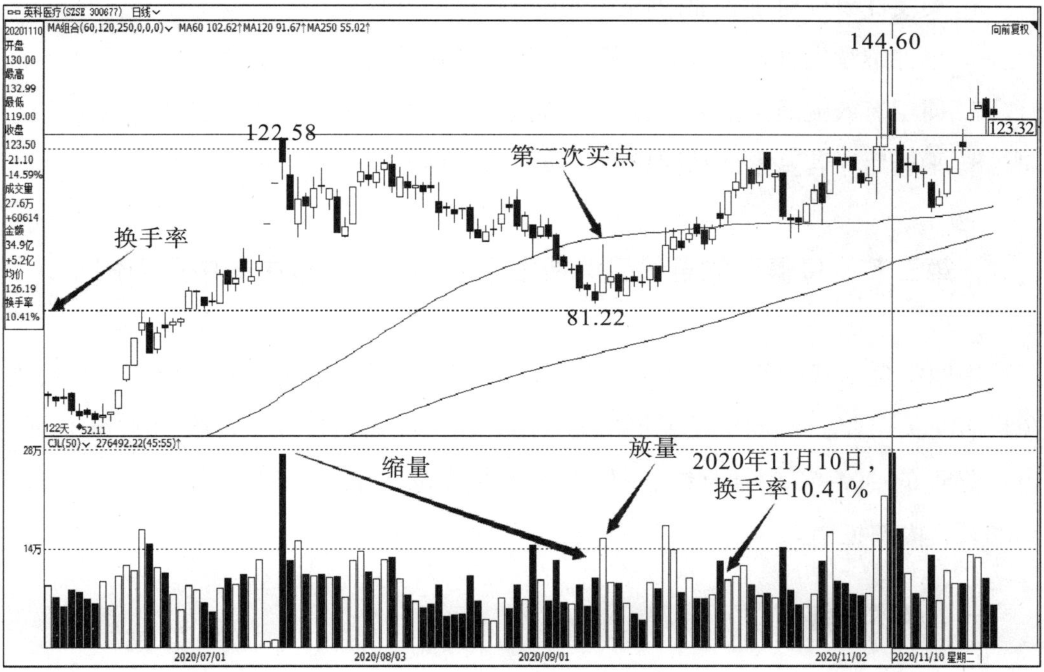

图 3-9　英科医疗二次买点

我们仔细看，2020 年 11 月 10 日之前那根 K 线，是达到 20%的涨幅，后来为什么突破平台区间、强势涨停后反而下跌呢？那是因为 2020 年 11 月 10 日辉瑞宣布疫苗研发成功。因为疫情上涨，也因为疫情的变化而出现股价的波动，可见英科医疗全年的上涨逻辑基本没有发生变化。

小结

1. 先从走势图中发现交易性机会。
2. 对比同类企业是否同样给出信号。
3. 交易性机会多由突发性事件引发，在新闻中寻找基本面动因。
4. 错失第一个买进信号，如果事件有持续性，在其他同概念个股建仓。
5. 突发性事件对于企业的估值和财务状况要求较低。
6. 事件继续发酵，且没有改善的迹象，寻找投资性交易机会加仓。
7. 使用有效流通市值来区分大小市值，再根据换手率等待长线平仓机会。
8. 平仓后，若基本面动因仍在，技术给出落点，继续买进。

第三节　疫情下的奢侈品消费概念股行情——以中国中免为例

中国中免主营业务：免税商品销售，是全球第四大免税业务运营商，是我国免税店龙头企业。2020 年上半年年报数据显示：商品销售业务营收 192.71 亿元，占总营收的 99.8%；商业综合体投资开发业务营收 2.05 亿元，占总营收的 1.06%；内部抵销 0.87%。

一、技术买点

图 3-10 为中国中免（601888）2020 年 3 月至 11 月日线走势图。从图中可以看到，均线多头排列之后，一直没有回踩均线的买点出现。所以按照兜底法，无法参与中国中免这一大波的上涨。

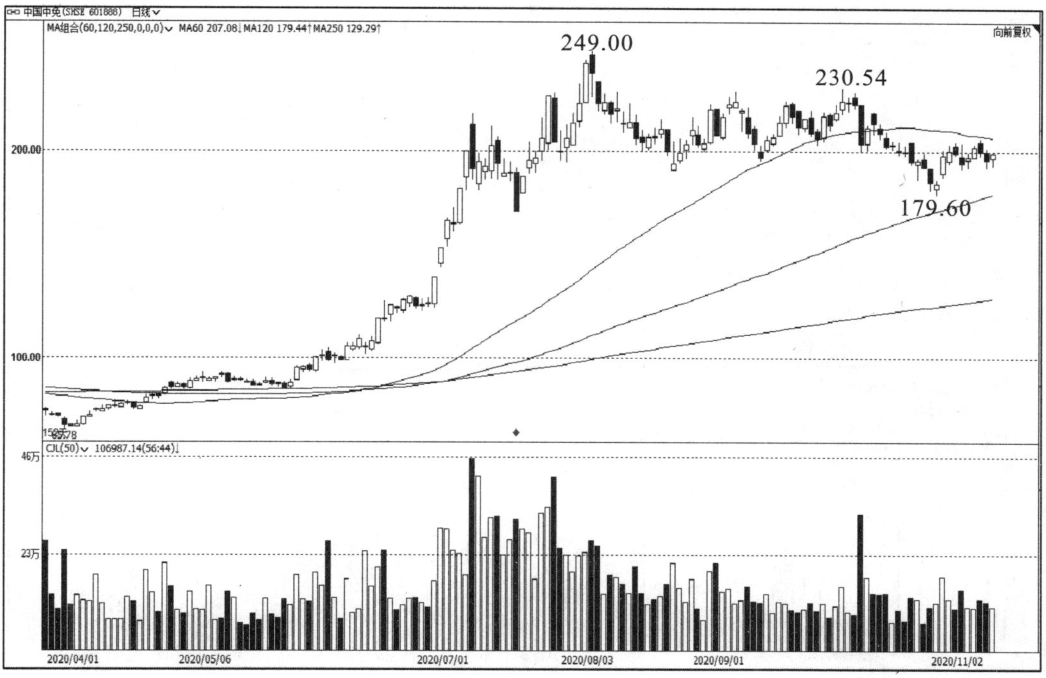

图 3-10 中国中免 2020 年 3 月至 11 月日线走势图

这时要多多关注我们在前文所说的第三种买点，即根据经典技术分析方法发现的买点。中国中免股价下跌至 65.78 元后，形成了经典技术分析方法中的头肩底形态，这是价格形态法中，甚至是整个技术分析体系中，成功率最高的方法之一。

如图 3-11，可以清晰地看到左肩、头和右肩，在构建头肩底的过程中，头部与右肩对应的成交量，也配合给出了上涨增量、下跌缩量。当股价突破颈线后，又教科书般地回踩颈线，这是最佳买点。

图 3-12 为中国中免头肩底细节图。

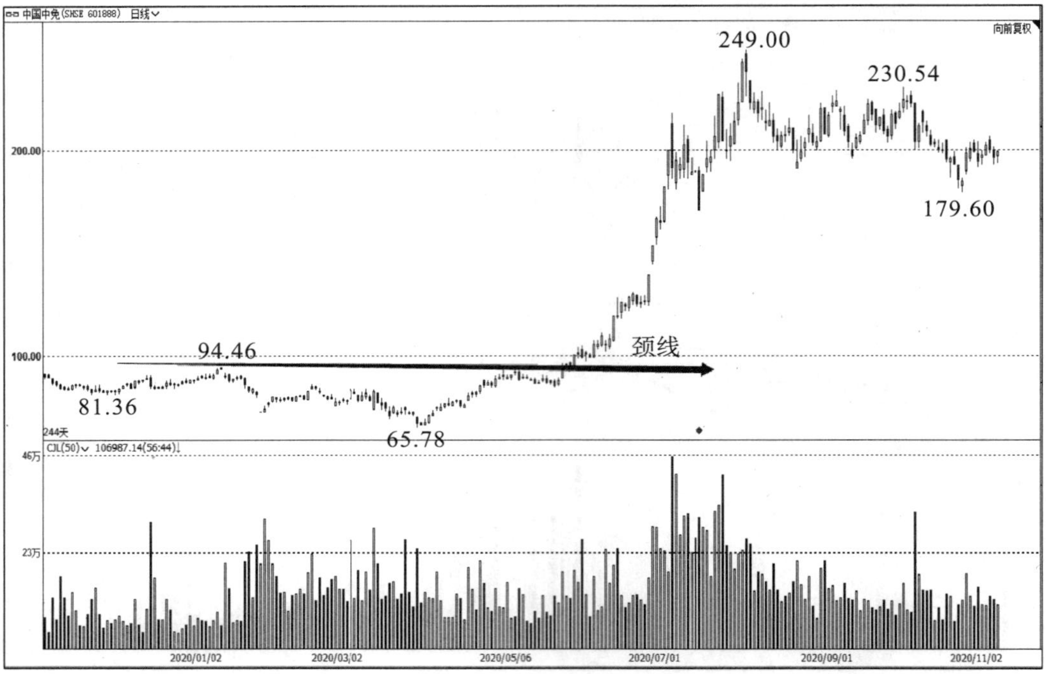

图 3-11　中国中免头肩底

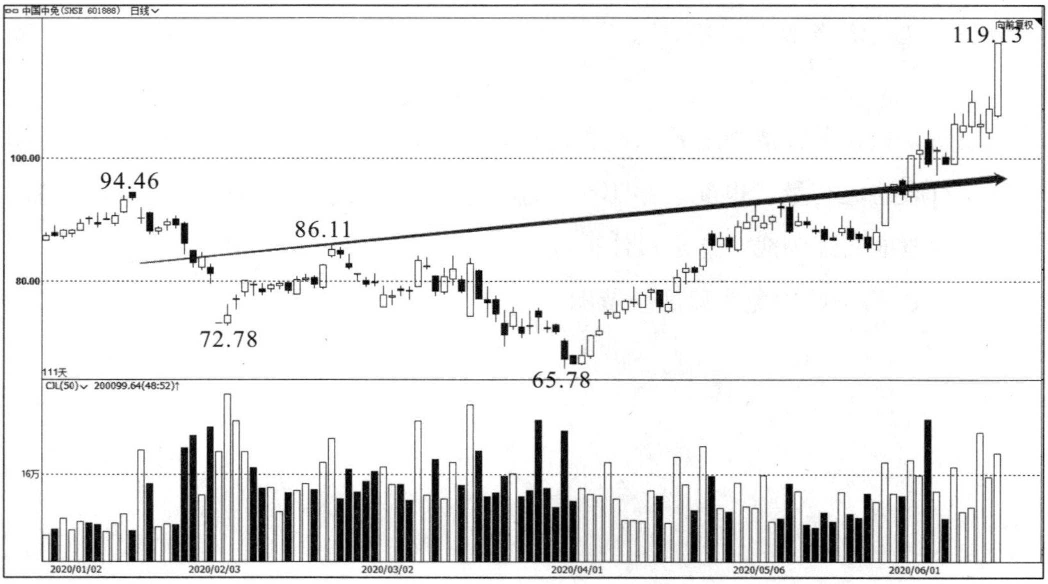

图 3-12　中国中免头肩底细节图

既然头肩底是成功率超高的方法之一，是不是见到头肩底就可以买进呢？也不是。市场需要故事，故事需要兑现。有的股票图形走出了头肩底形态，如果没有故事可讲，上涨的幅度也不会很高。在股票市场中，不论哪种技术分析方法，都需要背后的基本面动因来支撑。

二、免税业务

中国中免的主营业务是免税商品销售。免税商品可不是谁都能够经营的，必须有国家发放的销售牌照。

免税店：是指经海关总署批准，由经营单位在中华人民共和国国务院或其授权部门批准的地点设立符合海关监管要求的销售场所和存放免税品的监管仓库，向规定的对象销售、供应免税品的商店。我国境内的免税店主要有口岸免税店、运输工具免税店、市内免税店、外交人员免税店、供船免税店及我国出国人员外汇免税店。

经由海关总署批准，即谁拥有牌照，谁就有特许经营权。我国当前拥有免税牌照的企业有：中国中免、海南海免、珠海珠免、深圳深免等。

免税店里都卖什么？包括但不限于：与全球同步上市的香水化妆品，不同风格、款式各异的旅游商品，服装、服饰、皮具、钟表、首饰、眼镜、笔、电器、箱包、玩具等时尚精品，中外知名的卷烟、雪茄、烟丝、白兰地、威士忌、红酒、巧克力、糖果、饼干等。

免税店不是卖萝卜白菜，而是卖奢侈品或者说轻奢品。我们先来看需求端，我国每年有多少奢侈品消费需求呢？

据统计，2018 年中国人在境内外的奢侈品消费额达到 7700 亿元人民币，占全球奢侈品消费总额的 1/3；其次是美国，占全球的 22%；再次是欧洲，占全球的 18%；第四是日本，占全球的 10%。

我国平均每户消费奢侈品的支出近 8 万元。当然平均数是没有意义的，能进行奢侈品消费的一定是具有结构性的少数人。

而在这些少数人当中，又有 70%的人选择在境外购买奢侈品。全球货物流通，为什么要到境外消费呢？原因有二：一是出境旅游越来越方便，也越来越寻常；二是我国进口税制以及品牌定价策略，导致价格差异明显。

如果70%的人群将70%的消费带到境外，即2018年大约有5390亿元人民币的境外奢侈品消费。这是一个什么概念？2018年名义GDP为91.93万亿元，境外奢侈品消费占名义GDP的0.59%。

世界著名的全球管理咨询公司麦肯锡在2019年4月26日发布《2019年中国奢侈品消费报告》称：至2025年，中国消费者消费额将占全球奢侈品消费额的40%，并将成为未来6年该行业增长的主要贡献者。预计2020年消费总额达到9210亿元，2025年达到12270亿元。

以上数据表明了奢侈品需求端旺盛，我们再看奢侈品供给端。

2020年上半年新冠肺炎疫情肆虐，特别是5月份以后，国外疫情失控。那些常常出国购买奢侈品的结构性人群，失去了购买奢侈品的供给端，所以境外奢侈品消费就会转向国内。而国内哪里能购买到价格差异较小的国外奢侈品呢？免税店！

假设境外70%的销售额全部转回国内，加之国外供给端的收紧，将会导致我国免税店营收达到2倍以上的增幅。

需要旺盛不变，供给收紧，供不应求，这绝对有故事可讲，并且故事也可以兑现。这就是为什么5月份后，各大免税店概念股上涨的基本面动因。

三、中国中免基本面详解

第一，行业龙头中国中免的经营模式：统一向供应商采购免税商品后，通过配送中心向中免系统下属免税店批发各类免税商品，再由中免系统下属免税店销售给出入境或海南离岛旅客。部分距离配送中心地理位置较远的免税店，考虑到运输成本等原因，由供应商直接向这些免税店发货，再由中免系统下属免税店销售给出入境或海南离岛旅客。

2017年8月30日，中国中免收购日上免税行（中国）有限公司51%的股权；2018年8月30日，中国中免收购日上免税行（上海）有限公司51%的股权；2020年6月9日，中国中免收购海南省免税品有限公司51%的股权。三次收购完成之后，中国中免已是我国免税店行业的垄断寡头。据统计，2019年我国免税行业销售额约为500亿元，其中中国中免就占了450亿元。

买股买龙头，如果我们预计到奢侈品消费的供给端与需求端存在的矛盾，就会立刻关注到中国中免。再说当时也有很多研报给出了免税店概念的故事，故事可以兑现。结合我们看到的消息与关联，再结合研报指出的方向，直接找到龙头，等待技术给出信号即可。技术是在所有交易体系占权重最轻的一部分，因为它是可复制的，可学习的。找不到熟悉的技术方法，也可以用传统的、经典的技术方法。只要基本面动因分析得对，都会对技术分析的准确率给出背书。

在整个交易体系中，权重最高的是基本面动因的分析。在价值投资中，寻找价值洼地、资金安全的避风港。在热点交易中，基本面动因的分析就是要寻找故事、寻找增量，寻找市场共识。

中国中免在全国 33 个省、市、自治区（包括香港和澳门地区）、柬埔寨设立涵盖机场、机上、边境、外轮供应、客运站、火车站、外交人员、邮轮和市内九大类型 200 多家免税店，已发展成为世界上免税店类型最全、单一国家零售网点最多的免税运营商，拥有全球最大的免税商业综合体，并建立起全国唯一的免税物流配送体系。

第二，中国中免最大的护城河，就是特许经营权。在有特许经营权的基础上，遇到了供给端收紧的事件，营收有了增量空间，利润提升，各种资金看好，股价上涨，顺理成章。

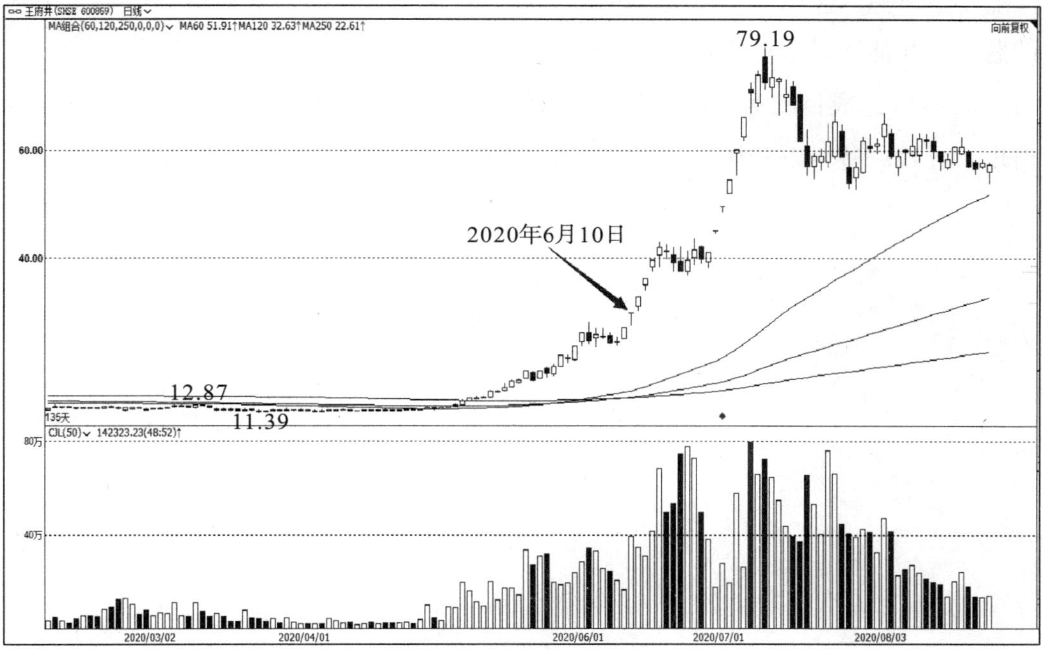

图 3-13　王府井 2020 年 2 月至 8 月日线走势图

再看王府井（600859），它也是免税店概念，并且涨幅极高，但我们很难抓到它。需要注意的是，王府井在2020年之前并没有免税商品销售牌照，近十几年中，2018年净利润最高，达到12.01亿元，2019年下降为9.61亿元。由于王府井的主营业务是零售，所以2020年新冠肺炎疫情对它的业绩打击极大。2020年1季度亏损2.02亿元，上半年扭亏盈利470万元，前三季度盈利2.12亿元。

图3-13为王府井2020年2月至8月日线走势图。股价几乎是无征兆上涨，由低位上涨至2020年6月10日的29.74元时，王府井发布公告称已具备免税商品销售权。这就是王府井大幅上涨的基本面动因。

如果我们用突破半年量、半年价的技术分析法，可以在它刚刚突破的时候买进。但彼时并没有基本面动因的支撑，突破震荡区间是在2020年5月左右，王府井刚刚公布了1季报，业绩严重受损，且未拿到免税牌照。业绩受损，没有新的增量概念，即便突破了，也不“敢”买。

小结

1. 资讯发达，每天都有无数的消息涌入，要学会关联。想想这些信息之于我的意义。我能通过这件事，做些什么?

2. 技术达成目的的手段，并不是目的本身。所以当发现有故事可讲，有增量出现，寻找一些可以利用的手段，不要拘泥。

第四章

政策推动的案例分析

第一节　ETC短程专用设备的投资机会——以万集科技为例

万集科技主营业务：为公路交通和城市交通客户提供动态称重、专用短程通信两大系列产品的研发和生产，以及相关的方案设计、施工安装、软件开发以及维保等相关服务。万集科技在智能交通信息采集与处理行业中，处于市场领先地位。截至2020年上半年，短程通信营收6.58亿元，约占总营收的85.42%；动态称重营收7900万元，约占总营收的10.38%；激光检测营收2100万元，约占总营收的2.81%；系统集成业务营收13.11万元，约占比总营收的0.02%；其他业务营收300万元，占总营收的0.38%。

一、技术买点

图4-1为万集科技（300552）2019年1月至2020年1月日线走势图。万集科技股价先上涨至17.74元，随后缩量调整，回踩MA60线。此后一路依托MA60日缓慢上涨，在此过程中，出现两次放量，第一次是相对于逐渐萎缩的成交量放出的高于平均成交量的坑后量1，第二次的坑后巨量2，这两处可分别作为激进型买点和保守型买点。

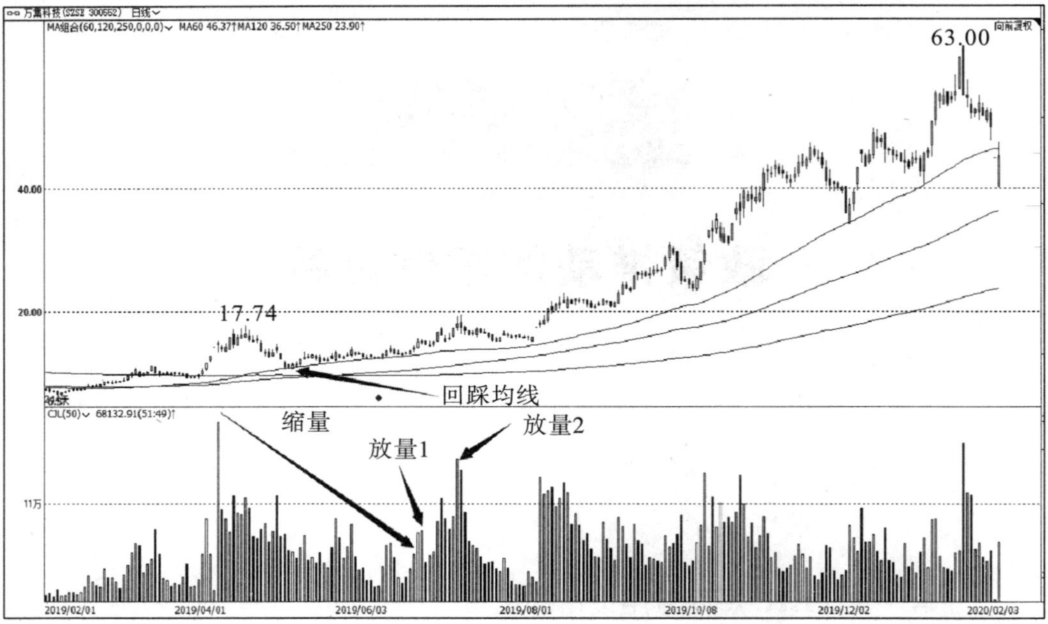

图 4-1　万集科技 2019 年 2 月至 2020 年 1 月日线走势图

其实在万集科技后续的走势中，还给了一次建仓机会，如图 4-2 所示，本次的缩量特征更加明显。

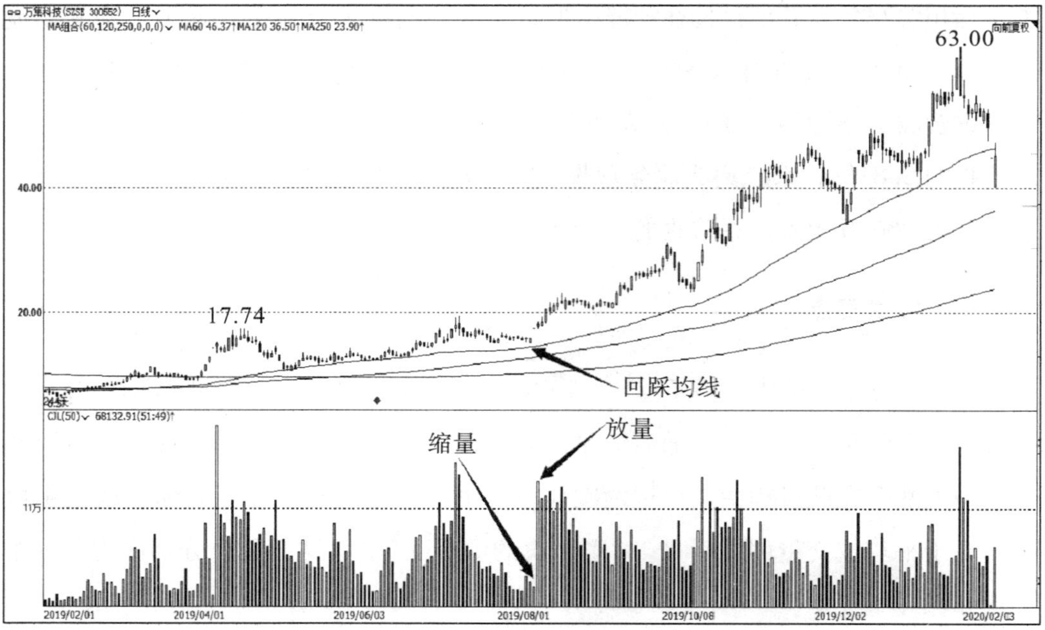

图 4-2　万集科技二次缩量

二、行情详解

万集科技的技术买点出现的时间分别是 2019 年 6 月中旬、7 月上旬和 8 月上旬，此时万集科技 3 季报还未公布。从 2019 年 1 季报和半年报来看，1 季度净利润亏 1600 万元，上半年亏损 1100 万元。并且从历年的盈利情况来看，2013 年至 2018 年净利润分别为 5900 万元、1400 万元、6400 万元、6900 万元、3800 万元和 700 万元，并没有亮点，从 2016 年开始净利润下降，2019 年上半年到达亏损的边缘。

为什么万集科技 2019 年开始会出现如此惊人的涨幅呢？基本面动因在哪里？我们认为就在它的主营业务短程通信上。

万集科技的短程通信是指什么？根据万信科技财报：短程通信，主要应用于电子不停车收费系统（ETC）。系统通过路侧天线与车载单元之间的专用短程通信，在不需要停车的情况下自动完成收费处理全过程，实现无人值守，降低管理成本，提高车辆通行效率。万集科技的短程通信指的就是 ETC，即一种不需要停车即可完成收费的设备。

2019 年 3 月发布的《政府工作报告》提出：两年内基本取消高速路省界收费站，实现不停车快捷收费。（截止日期 2021 年 3 月）

2019 年 5 月，国务院办公厅印发《深化收费公路制度改革　取消高速公路省界收费站实施方案》，提出：加快建设和完善调整公路收费体系。加快电子不停车收费系统推广应用。鼓励 ETC 在停车场等涉车场所应用，加快现有车辆免费安装 ETC，推动汽车预置安装。（可理解为不要等到 2021 年底再说，现在就干起来）

2019 年 5 月，发改委、交通运输部会同有关部门研究制定《加快推进高速公路电子不停车快捷收费应用服务实施方案》，要求：至 2019 年 12 月底，全国 ETC 用户数量突破 1.8 亿，高速公路收费站 ETC 全覆盖，高速公路 ETC 收费率达 90%以上。（调整了截止日期，并且给出了用户数量硬性要求）

2019 年 5 月，交通运输部办公厅印发《关于大力推动高速公路 ETC 发展应用工作的通知》，要求：到 2019 年底，各省（区、市）汽车 ETC 安装率达到 80%以上，高速公路 ETC 使用率达到 90%以上。（再次强调）

不但如此，为配合推动 ETC 普及，各银行也给出了相应的优惠政策。

工商银行：高速通行费95折，全国通用，浙江省不包括宁波68折。

建设银行：高速通行费95折。

中国银行：高速通行费95折基础上再享75折。

农业银行：农行信用卡通行费专享9折。使用农行掌上银行，每月可使用1000积分领取ETC通行费月票。

华夏银行：首次办理送30天通行费8折优惠。资产达标，可享受全免优惠。

邮储银行：高速通行费95折。

光大银行：高速通行费95折，预存3万元享受9.2折，5万元享受9折，100万元享受5折优惠。

中信银行、交通银行、广发银行：高速通行费95折。

不但行政力度大，办理ETC还有优惠，并且最终将取消人工收费。若一直拖着不办，最终将导致无法出行。

2018年底时，安装ETC车辆总数达7656万辆。此时全国汽车保有量约为2.4亿辆。ETC用户只占全部汽车保有量的29.17%。至2019年5月底ETC用户总量为8367辆，保守来看最少还有65%的市场。这还只是计算的存量，如果计算增量，至2019年底，我国汽车保有量达到2.7亿辆，增长了3000万辆。可见一旦推行ETC，会给ETC生产商带来多么巨大的增量市场。

ETC仅仅是不停车收费吗？那就想简单了。北京、江苏、河北、广东、重庆、上海、甘肃、浙江等多个省市，已经开始限行管理、提升路网通行效率以及安全类的应用。ETC作为一个交费载体，可以衍生出更多的应用。这又涉及智慧交通的概念。

如此大的增量市场，自然带动了以ETC设备为主营业务的万集科技股价的大幅上涨。

三、万集科技2019—2020年行情的基本面分析

我们在问财中搜索“主营业务ETC”，会显示三个结果：万集科技、中远海科、恒宝股份。

中远海科（002401）主营业务：按行业为软件和信息技术服务，按产品为智慧交通、智慧物流、智慧航运。据2018年年报，中远海科显然涉及了ETC业务：“在世界瞩目的港珠澳大桥工程中，首创同一车道兼容不同制式的不停车收费系

统，兼容了香港快易通和国标ETC标准，配置的牌照识别系统具备识别内地、香港、澳门三地牌照功能。”但需要注意的是，中远海科并不是设备提供商，而是系统提供商，也就是说它是做软件的。而在当时，我们需要的是硬件，是设备。中远海科基本可以排除。

恒宝股份（002104）主营业务：密码卡、银行磁条卡、IC卡、模块封装、安全产品等的生产销售。在2018年和2019年的年报中，都没有找到关键词ETC。

如此看来，符合条件的只有万集科技一家了吗？如果我们搜ETC概念股，会看到一大堆相关的股票，如图4-3所示。

ETC板块_龙头股一览表_股票频道_同花顺金融网

板块涨幅：↓-0.50%　成交量：479.85万手　板块涨幅排名：154/258

涨跌家数：↑10　↓27　成交额：66.45亿元　资金净流入：-6.95亿元

龙头股	当前价	涨跌幅	资金净流入(万)	换手率	综合评级
博通集成[603068]	63.25	↑6.61%	-5443.59	6.86%	暂无
江海股份[002484]	11.12	↑2.3%	2715.23	2.61%	卖出
皖通科技[002331]	11.42	↑1.6%	236.67	0.71%	暂无
宇瞳光学[300790]	24.13	↑1.6%	776.11	4.12%	暂无
万集科技[300552]	38.7	↑1.18%	-1431.75	3.32%	卖出
万润科技[002654]	4.34	↑1.17%	482.63	1.11%	暂无

图4-3　百度“ETC概念股”搜索结果

其中：

博通集成，次新股不考虑；

江海股份在年报中未找到ETC关键词；

皖通科技年报显示，它的主营业务是高速公路信息化，并不是硬件设备；

宇瞳光学，次新股不考虑；

万润科技在年报中未找到ETC关键词。

我并没有信息优势，我知道的，别人肯定知道。并且我能搜集到的信息别人也能搜集到。更有可能的是别人知道的，我不知道。所以我给大家举例一直都使用的是免费版同花顺、东方财富或是百度等工具，把自己放到最低，看能发现什么。

至少从当前的搜索来看，符合条件的也就只有万集科技了。只有万集科技的主营业务里写明了生产ETC设备。

万集科技一直处于盈亏平衡线上，并且在2019年上半年一条腿已经踏入了亏损。我们所期盼的是，在如此大的政策推进力度与银行优惠政策之下，2.4亿辆汽车保有量中有至少65%的用户需要使用ETC设备。这是未来清晰的、可兑现利润的途径。

再来分析一下万集科技的财务状况。2019年上半年的资产负债表显示：总资产13.59亿元，净资产7.51亿元，负债6.09亿元，资产负债率44.81%。

总资产中流动资产11亿元，主要以5.6亿元的应收账款和2.79亿元的存货构成。非流动资产2.59亿元，主要以1.25亿元的固定资产和7600万元的长期股权投资为主。无商誉。负债中流动负债5.61亿元，流动比率1.96；非流动负债4700万元。

万集科技有着发育不良类公司都有的通病，应收账款高、存货高。但它没有商誉减值的风险，资产负债率适中，流动比率尚可，没有长短期偿债压力。资产结构虽然不够完美，但也没有暴雷的风险。

万集科技2019年5月收盘价25.45元，总股本1.08亿，市值27.5亿元。市值小，有利于拉升。

2019年净利润8.72亿元，是2018年净利润的12.55倍。股价由2018年10月的最低价6.38元上涨至2020年1月的最高价63元，是2018年股价的10倍。如果说2018年股价6.38元的定价是合理的，那么股价和利润的同比上涨也是合理的。

据交通运输部数据，截至2019年底，全国ETC用户累计达到1.92亿，同时汽车保有量为2.7亿辆。2019年下半年，ETC用户增长了1亿多。以2020年年初的眼光来看，市场存量中，还有约8000万用户。如果2020年全年汽车的所有增量和存量都成为ETC用户，万集科技也就走完了最大最快的增量阶段，那么，它的利润还会维持在8.72亿元左右吗？如果不能，它的股价是不是在完成9倍涨幅之后就要回落？我们拭目以待吧。

有意思的是，2020年前三季度万集科技的净利润约为4.7亿元，为2019年净利润的56.1%。至2020年11月4日，万集科技收盘价38.7元，是63元最高价的61.43%。图4-4为万集科技2019年9月至2020年11月日线走势图。

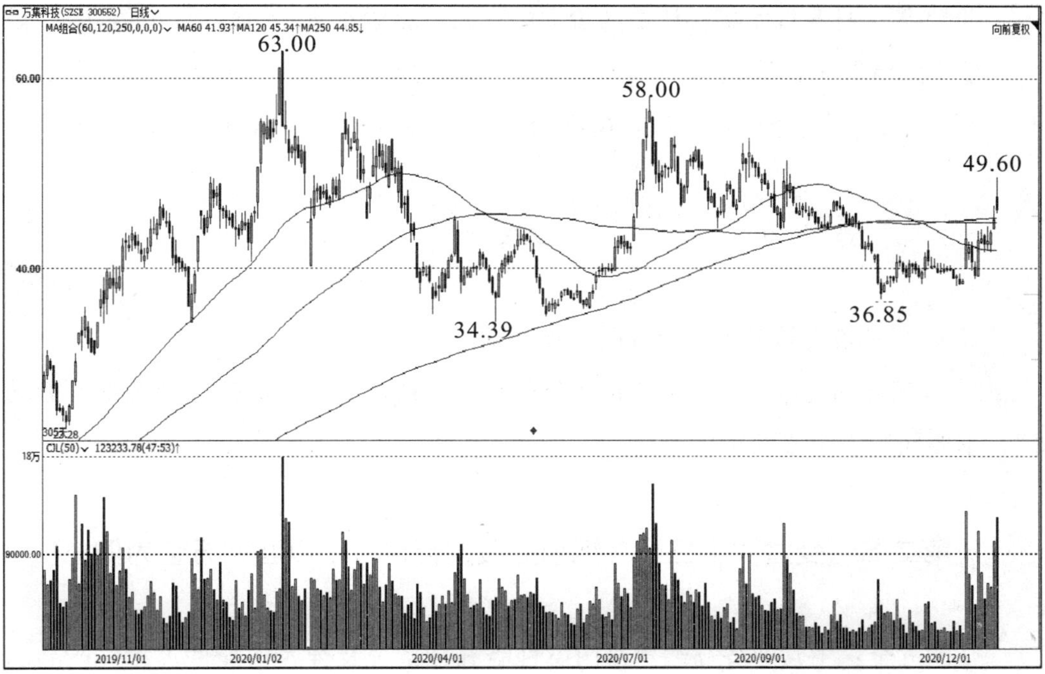

图 4-4　万集科技 2019 年 11 月至 2020 年 11 月日线走势图

2019 年 5 月 23 日万集科技给出买进信号，当日收盘价 13.37 元，总股本 1.08 亿，总市值 14.44 亿元。换手率超过 20%时即平仓。

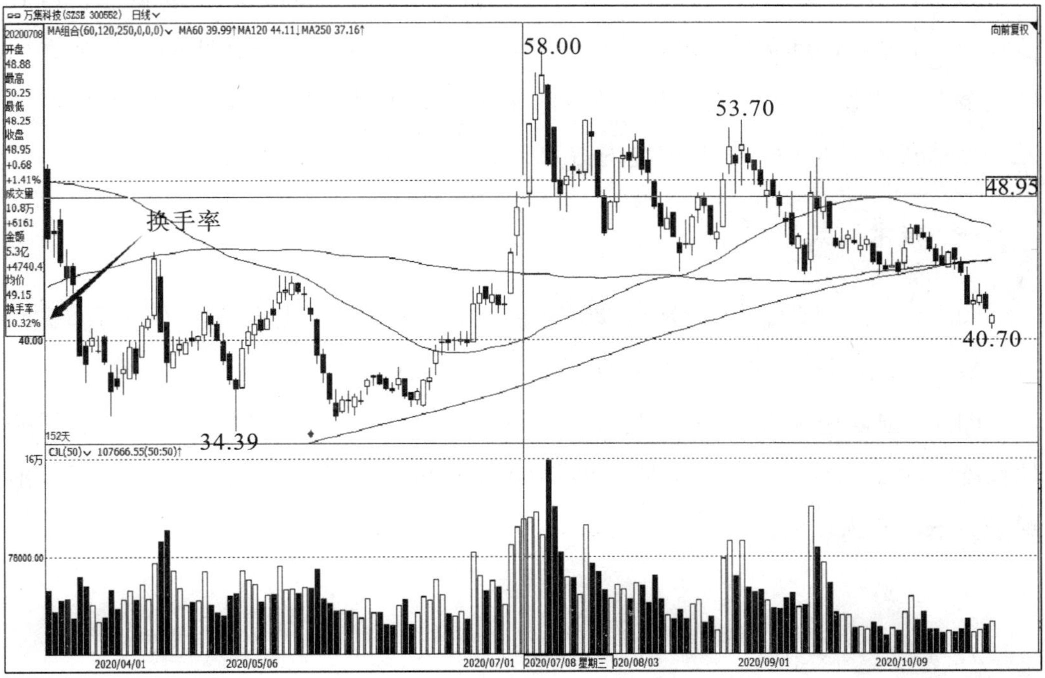

图 4-5　万集科技 2020 年 3 月至 10 月日线走势图

2020年7月8日万集科技最高价50.25元，总股本1.98亿，总市值99.5亿元。前十大流股东持股占流股本40.5%，有效流通市值59.2亿元。当日换手率10.32%，触发平仓条件，当日收盘价48.95元（见图4-5），盈利约2.67倍。

小结

1. 政策是最直接最容易获取的基本面动因。

2. 政策导向使未来利润兑现的可能性更大，所以一旦有政策导向的基本面动因，不要纠结于个股的历史数据。

第二节　受益“十三五”规划的股票行情——以坚朗五金为例

坚朗五金：主营业务高端建筑门窗幕墙五金系统及金属构配件等相关产品的研发、生产和销售，是国内规模最大的门窗幕墙五金生产企业之一。2020年半年报数据显示：门窗五金系统营收14.50亿元，占总营收的55.82%；其他建筑五金产品营收4.05亿元，占总营收的15.59%；家居类产品营收3.53亿元，占总营收的13.59%；点支承玻璃幕墙构配件营收1.53亿元，占总营收的5.89%；门控五金系统营收1.29亿元，占总营收的4.95%；不锈钢护栏构配件营收8900万元，占总营收的3.41%。其中境内占89.41%，境外占10.59%。

一、技术买点

图4-6为坚朗五金（002791）2019年1月至8月日线走势图。2019年8月6日一根锤子线回踩MA120，前期有超过30%的上涨。

图4-7显示坚朗五金后续加仓位置。在其后又给了四次加仓机会，不过回踩的幅度一次比一次浅。第一次是K线接触到了MA60，第二、第三次只是遥遥地踩了一下，并未接触。

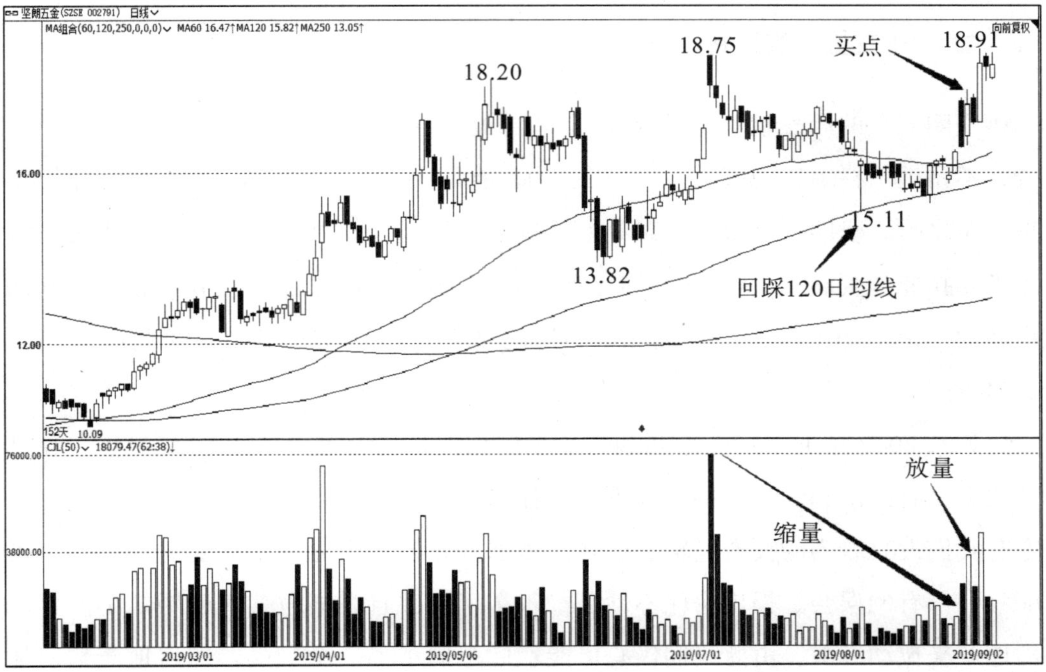

图 4-6　坚朗五金 2019 年 1 月至 8 月日线走势图

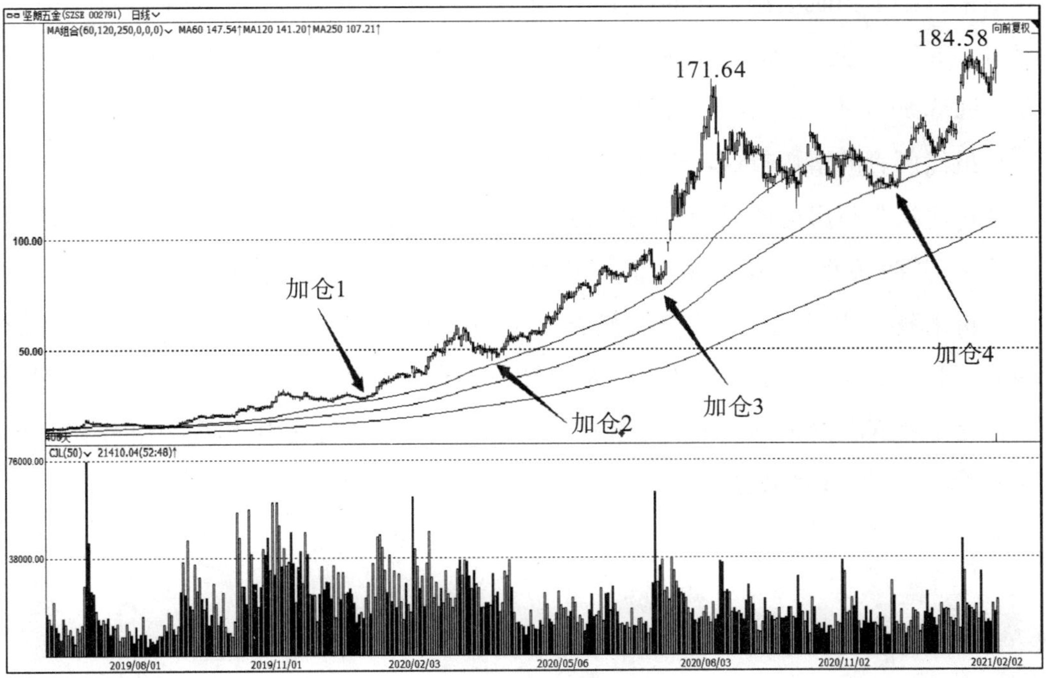

图 4-7　坚朗五金后续加仓位置

二、“十三五”规划利好

坚朗五金的产品包括门窗五金、家居类、点支承玻璃幕墙构配件、门控五金、不锈钢护栏等。兜底买进信号在2019年8月6日（左右），正是2019年半年报公布之时。坚朗五金2019年1季度扣非净利润495万元，同比增长1.15倍；上半年扣非净利润1.19亿元，同比增长3.45倍。在此之前坚朗五金扣非净利润最高的年份是2016年2.42亿元，随后的2017年和2018年扣非净利润分别为1.74亿元和1.57亿元。

如果2019年下半年的净利润与上半年相同，也无法达到2016年高点。在已知数据没有给出利润大增的前提下，为什么坚朗五金会选择在此时起涨？其中一定有我们没有看到的投资逻辑。但在详细展开投资逻辑之前，需要先澄清一个可能我们都有的误会。提出房住不炒已经很久了，并且我们也普遍认为，不能再以房地产来拉动经济。由此我们极有可能就此走向了另一个极端，即房地产与房地产周边行业不会再有发展了，股价也不会再涨了。

但不炒与不发展完全是两个概念。坚朗五金给出买进信号是在2019年8月，我们来看一下当时已经公布的2019年上半年GDP统计数据。据国家统计局数据显示，2019年上半年，建筑业GDP2.75万亿元，较上年同期上涨5.5%；房地产业GDP3.11万亿元，较上年同期上涨2.5%。

虽然两者的增幅较低，但并没有停止增长。2019年上半年GDP绝对额45.09万亿，建筑业与房地产业的GDP之和占我国GDP的13%。唯一与之可比的是制造业（13.29万亿），其他服务业7.47亿元，金融业3.79万亿元。

再来看与坚朗五金同一类别的不同分支江山欧派。图4-8为江山欧派（603208）2019年2月至9月日线走势图。回踩MA250的时间是2019年5月6日，比坚朗五金给出的买进信号提前了3个月。图4-9为江山欧派2019年4月至2020年10月日线走势图。

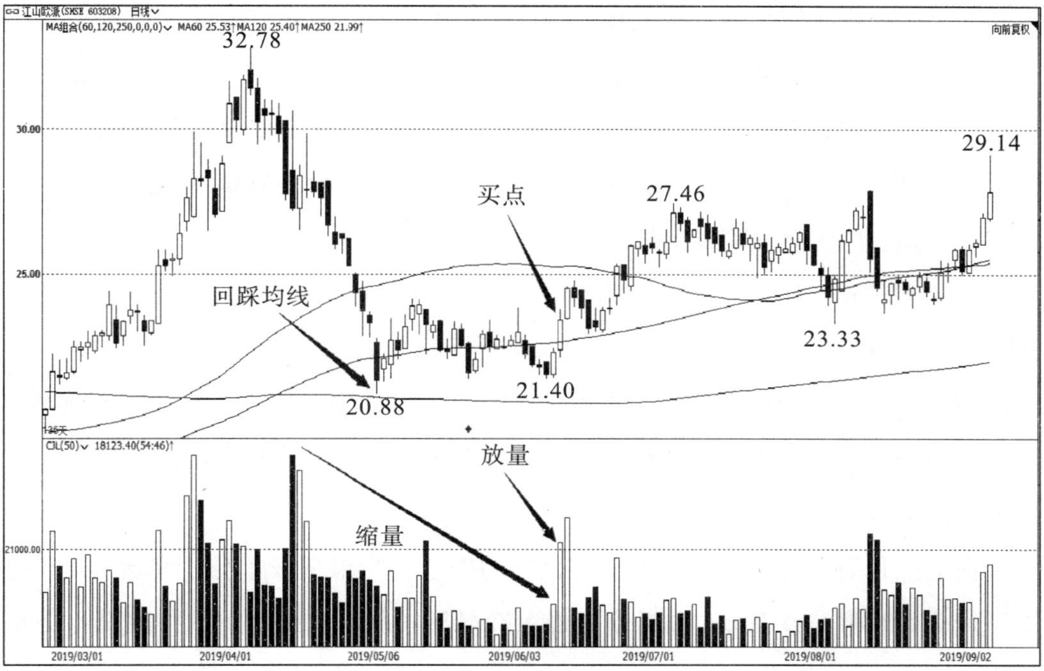

图 4-8 江山欧派 2019 年 2 月至 9 月日线走势图

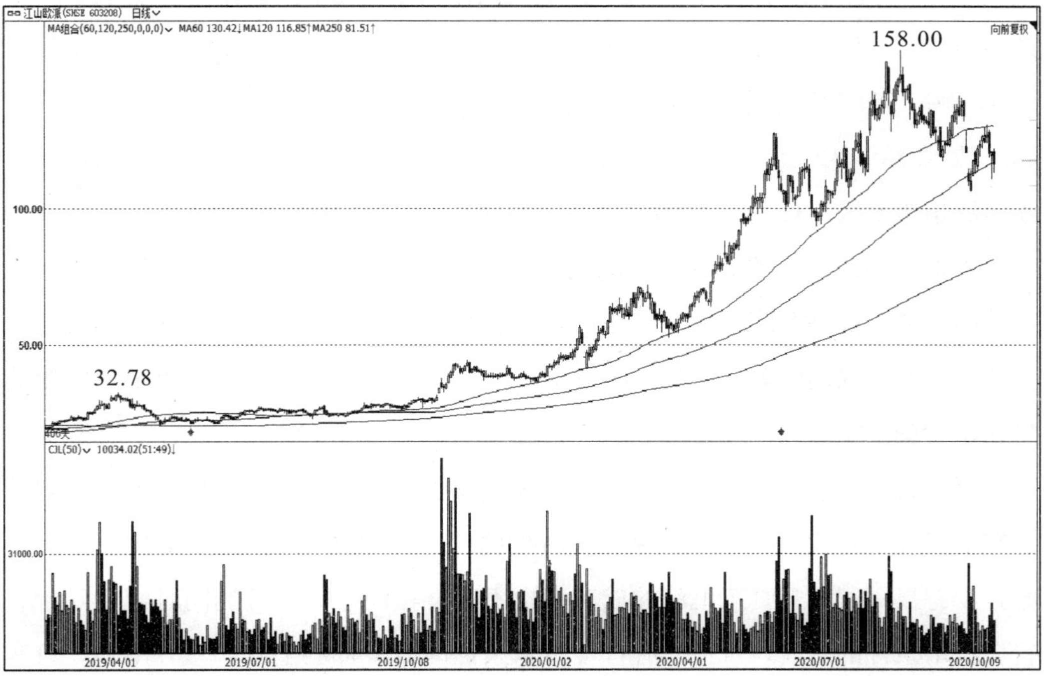

图 4-9 江山欧派 2019 年 4 月至 2020 年 10 月日线走势图

如果5月份我们看到了江山欧派的技术买进信号，但没有确实的投资逻辑作为后盾而观望，到8月份，江山欧派在上涨了一段时间后处于横盘阶段，此时坚朗五金给出技术买进信号。一个门、一个门窗五金，同为装修材料的两家公司分别给出信号，我们是不是应该想到些什么？如果在8月份去查资料找逻辑，也不一定能找到，因为时间跨度太长了。

据“十三五”规划：“至2020年，新开工全装修成品住宅面积达到30%。”“十三五”规划的提出时间是哪一年？2016年。第十三个五年规划即2016年至2020年，即2016年规划了2020年的目标任务。2019年8月，距离2020年还有4个月。而坚朗五金在业绩并没有大幅向上出现跳空缺口的情况下，以及没有内驱力的前提下股价却大幅上涨。

在这里我们需要引入“提出＋催化”的概念。如果从技术分析来解释，“提出”是筑底兼第一波上涨，随后市场进入冷静期，再看“提出”的力度是不是足够大。够大，回调后继续上涨，不够大就算了。再次“提出”，即是“催化”，此时经过冷静期的缩量回调后，开启后续上涨。

“十三五”规划发布是在2016年，全装修成品住宅面积达到30%的最后时限是2020年。可见“提出”是2016年，“催化”是2020年。为什么选择在距离2020年还有四五个月的时候起涨？因为装修周期为3—4个月，坚朗五金第一波起涨结束时间是2019年7月3日，前复权最高价为18.75元。至8月中旬缩量下跌回踩半年均线。再过四五个月即为2020年。也恰好在这段时间内，公布2019年半年报，2019年上半年净利润同比大幅上升，从而开启一波巨大的升势。坚朗五金的上涨，由一个跨越了五年的行政计划推动。即使我们在2016年真的关注到了“十三五”规划中关于建筑业的消息，到2020年可能已经忘了。谁能对一个消息保持持续五年的关注呢？

但没关系，通常情况下，我们寻找这类股票时，都是先从走势图中发现它可能存在买进的机会。然后再寻找对应的投资逻辑。我们说过，即便技术图形符合，没有投资逻辑，真正上涨的成功率也不高。在同一天，可能同时给出几十只符合技术条件的个股，难道所有符合技术条件的股票都会上涨吗？并不会。只有具有投资逻辑支撑的股票才会上涨。

三、坚朗五金行情详解

建筑五金入行门槛低、客户零散、生产厂家多、质量差异大，所以在这一细分行业中，几乎没有护城河可言。那为什么坚朗五金上涨呢？坚朗五金的业务主要是 ToB，针对的是数量更少的大客户。坚朗五金主编或参编国家或行业标准 200 项，是目前国内最大的窗幕墙五金企业，市场占有率高，解决了供给端多的问题。以上种种构筑了坚朗五金的护城河，使它可以轻松把产品质量不高的小企业甩在身后，成为建筑五金行业的细分龙头。

2019 年半年报数据显示：总资产 46.17 亿元，负债 17.85 亿元，所有者权益 28.32 亿元，资产负债率 38.66%。流动资产 35.56 亿元，非流动资产 10.61 亿元。流动资产中以应收账款（15.59 亿元）、应收票据（3.28 亿元）、现金（3.26 亿元）为主。

应收账款占比较大，占净资产的 55.05%，且增速较高。流动负债 17.72 亿元，非流动负债 0.13 亿元，流动比率 2.01，速动比率 1.3。ToB 的模式在一定程度上会导致应收账款升高，随着业务规模不断扩大，应收账款也会相应升高。在顺境情况下，通常不会因为财务短板而爆雷，即便出现了一笔坏账，后面还有两笔收入补充。

之所以我们一再强调投资逻辑，就是怕在逆境中购买的股票，再出现财务爆雷。我们在前面说过，每一轮牛市都有它的底色、特点。以房地产及其周边产业为热点的牛市已经过去了，并且房住不炒不但在政策上施行，也成为房地产利润空间减少的原因，业界对此已达成共识。但在本篇也说过，房住不炒与完全不发展是两个不同的概念。这矛盾吗？并不矛盾。

小结

1. 发现技术买点后，寻找投资逻辑。暂时找不到，尽可能长期观察同类个股是否会给出技术买点。

2. 多个同类个股先后出现技术买点，大概率背后一定隐含着投资逻辑，没找到不等于没有。

3. 尽可能了解、熟知各类文件，跨期较长的政策，一定要做好记录。

4. 选择个股时，不一定必须选择最先发现有技术信号的个股。同类股票中，选择有护城河的个股。

第五章

欧奈尔的 CANSLIM 交易法则

著名的系统化的股票筛选方法，我们可以直接拿来使用。这样可以省去我们筛选的时间，也保证了筛选的质量。拿来主义并不是照搬照抄，比如本章所讲的欧奈尔的 CANSLIM 法的七个条件，可能在国外的市场中，对于条件 C、条件 A 的重视程度比较高。但据我个人观察，在我国条件 I 的作用更大。

第一节　CANSLIM 七步选股法

欧奈尔的投资策略体系缩写为 CANSLIM，共分七步：

C＝Current quarterly earnings per share

A＝Annual earning increases

N＝New products，New management，New highs

S＝Supply and demand

L＝Leader or laggard

I＝Institutional sponsorship

M＝Market direction

简称 CANSLIM 七步选股法。

一、C：可观或者加速增长的当季每股收益和每股销售收入

C 至少达到 30％以上。

欧奈尔认为，股价暴涨与每股收益之间为正相关，只要每股收益暴涨，股价随后也会跟随暴涨。欧奈尔给出的数据为：通过研究 1952－2001 年表现靠后的 600 只股票，发现在其大涨之前，约有 75％的股票最新季报的每股季度收益比之前平均上涨 70％以上，其余当季收益并没有较大涨幅的股票，其下一季度的收益却平均上涨 90％。

据此，欧奈尔的结论是：你所选择的股票，其当季每股收益（最近季度报表数据）应该同比大幅上涨。对于选股而言，每股收益的变动百分比是唯一关键的要素，每股收益的涨幅越大越好。

虽然欧奈尔选股使用了财务指标，并且注重企业的盈利能力，但欧奈尔绝对不是一位价值投资者，他甚至鄙视价值投资者。我们可以把欧奈尔看成是一名技术分析中的**趋势交易者**，只不过股票千千万，哪种股票出现趋势信号后，股价会涨更多呢？需要一个过滤器，这个过滤器就是 CANSLIM。

欧奈尔说：在 20 世纪 90 年代后期疯狂的网络股出现泡沫，一些人空怀梦想，以为网络公司的股票收益今后必会大涨，单凭这一点就买进相关股票。结果，大部分网络公司即使到现在仍然处于亏损状态。既然美国在线和雅虎这样的公司当时确实在盈利，那么，完全没有必要把辛苦赚来的钱冒险投进未能证明其有盈利实力的股票。

注意这段话的几个关键词：空怀、以为、单凭、未能证明。我们前文引用欧奈尔的原话："在其大涨之前，约有 75％的股票最新季报的每股季度收益比之前平均上涨了 70％以上……"注意这段话的**关键词：在其大涨之前**。

这两段文字合起来，你会发现欧奈尔并不预测，他秉承着事件变好后再做决策的原则。

二、A：年度收益增长率

C 要求至少最近两个季度的增长率达到 30％以上，复合增长率达到 25％以上，越高越好。但又怕昙花一现，所以加了补丁，要我们注意突然高涨的收益增速中，是否扣除了非经常性收益。但这还没完，突然高涨的增速，必然不是空穴来风，它应该在前几年已经有了征兆。所以欧奈尔在季度收益增长率的后面加入了年度收益增长率。

欧奈尔对于年度每股收益的规定为，至少有25%—50%的增长率，时间为最近的3—5年。而且每股收益，必须要前期稳、后期强。如果把时间拉长至五年，也允许其中的一两年出现收益下降，但最后一年的收益，必须达到近五年的新高。这与吉姆·斯莱特所著《祖鲁法则》（祖鲁法则以PEG法——市盈率相对盈利增长比率法为主）中的规定相似。

欧奈尔在年度、季度收益增长幅度的基础之上，还给出另外两个条件：

第一，净资产收益率（ROE）要高。据欧奈尔统计的美国股市，近50年中几乎所有最牛的成长股，其ROE至少达到17%，超级成长股可达25%—50%。

第二，每股现金流至少比每股收益高出20%。

ROE的数据直接可查，但每股现金流具体指什么，并未做出确切说明。

按照现金流量表，至少可以分为：每股经营现金流、每股投资现金流、每股筹资现金流和每股自由现金流。

投资现金流与筹资现金流与企业的经营是间接关系，所以基本可以排除。欧奈尔认为："为了确定真实的现金流量，应该加上公司年度的折旧金额。"如果欧奈尔所说的是每股自由现金流（每股经营现金流＋每股投资现金流），再加回折旧，这与巴菲特的股东盈余公式几乎如出一辙。

比较两个公式：

欧奈尔的每股现金流＝每股经营现金流＋每股投资现金流＋每股折旧；

巴菲特的每股股东盈余＝每股净利润－每股资本支出＋每股折旧。

资本支出可以用投资现金流中的"购买固定资产、无形资产和其他长期资产支付的现金"项来替代。并且该项几乎是投资现金流中占比最高的科目，如果我们近似地把此二者等同看待的话，两个公式中的每股折旧可视为相等。

再看两公式的第一项，分别是每股经营现金流与每股净利润。正常情况下，现金盈余保障倍数应大于等于1，且从权责发生制与收付实现制的无限长期表现来看，现金与利润应相等。所以，我们认为，如果欧奈尔所说的每股现金流，指的是每股自由现金流，再加上折旧的话，那就是巴菲特所说的股东盈余。

两位大师得出的结论是一样的？

如果真是如此，可信度会更高。

但根据我们多年使用股东盈余折现法估值的经验，通常情况下，当期股东盈余要比当期净利润要少很多。也就不可能出现欧奈尔所说的，每股现金流要比每股收益高出20%的情况。

我们用巴菲特来佐证欧奈尔，得出的结论很多时候与欧奈尔自身所给的原则相悖。那么我们可以得出推论：欧奈尔所说的每股现金流，应该不是每股自由现金流。

于是只剩下一种可能性了，每股现金流应为每股经营现金流。

再看欧奈尔补充的那句话："为了确定真实的现金流量，应该加上公司年度的折旧金额。"

根据我国会计制度，在财务报表中，有"经营现金流补充资料"一项，该项列出所有关于调整经营现金流的细节，其中就包含了加回当期折旧。所以我们不必再特意地加回折旧，直接用每股经营现金流即可。

欧奈尔所说每股现金流比每股收益高出20%，其实就是现金盈余保障倍数，即经营现金流/净利润，也即可以理解为现金盈余保障倍数大于1.2。

至此，我们认为欧奈尔对年度收益增长率的要求有三：

1. 近3到5年间，年度每股收益增长率应在25%以上。如果时间拉长，允许中间几年出现收益下降的情况，但最后一年必须为近年最高值。

2. ROE高于17%以上（基于美国股市的统计）。

3. 盈余现金保障倍数大于1.2。

需要思考的是，欧奈尔所要求的年度每股收益的增长率超过25%，是必须每年都要达到25%以上，还是平均复合增长率达到25%即可？

欧奈尔说："我们研究的所有表现优异的股票，其早期发展阶段的平均年度收益增长率为36%，其中，3/4的强势股在股价飙升前的3年或5年中都有较为可观的年度收益增长率。"这里所说的平均增长率，并非指单只股票的平均年复合收益率，而是全样本数据的平均值。综合来看，欧奈尔并未严格规定每年的每股收益必须达到25%以上的增长率，只要复合增长率达到25%以上即可。甚至我们还可以再放宽一些，在连续5年中，除了中间有一年下降外，其他年份的达到25%的增速也可以。

三、N：新公司、新产品、新管理层、股价新高

欧奈尔在前面两条给出的选股条件非常严苛，他说："应该关注这样的股票，在过去 3 年中，每年的收益增长都很显著，而且近期的季度收益又大幅地提升。切记，这是选股的最低标准。"不但年度收益要增长 25％以上，还要季度增长 30％以上（最低限度）。不但要求收益增长，还要求 ROE 与现金达到标准。

这样的股票到哪里去找？4000 多只股票中恐怕也没有几只符合这个标准。就连我们的茅台也未能全部符合条件。

不过由此可以看出欧奈尔的指向非常明显，他要的是成长股。而南方基金管理有限公司投资总监邱国鹭说，事实证明最后 90％的成长股都是伪成长股。如果成长股随处可见，也不能称之为成长股了。

欧奈尔说过，最好的股票在美国。我一度因为民族主义而气愤，邓普顿也投资过日本并且看好中国，巴菲特也投资中国公司，凭什么说只有美国的股票是最好的？

如果我们能更好地理解欧奈尔说的交易体系，就能体会得到这句话的深意。他的话应该完整地表述为：在我的寻找成长股的交易体系中发现，最好的成长股股票在美国。

邓普顿和巴菲特是价值投资者，都在寻求价值低估地，而几十年前的日本和最近十年的中国，符合邓、巴的投资体系，但这并不符合欧氏的投资体系。

再深入探讨，为什么成长股会在美国扎堆上市呢？因为"新"。

新，不是历久弥新之新，而是创新的"新"。

我们读塔勒布的《黑天鹅》，知道黑天鹅事件就是不经常发生的，但一旦发生就会产生极大的影响。比如留声机的发明对于歌剧演员来说，就是黑天鹅。比如无人驾驶对于司机来说，就是黑天鹅。

留声机、无人驾驶，都是创新。

黑天鹅是跨界创新对于传统行业的降维打击，它会收割原本认为与它不相关的行业的利润。并且蛋糕不再大致平均分配，而是赢者通吃。

所以创新一旦被市场所接受，并且成为主流产品、主流生活方式、主流赢利模式，可想而知它的利润会有多么丰厚，传统行业完全无法与之媲美。

在经济背景不好的情况下，创新公司不如传统公司。资金流向也会在此时流向防御型的传统行业。比如经济再不景气，也离不开衣食住行。

一旦经济复苏，进入繁荣期，人们对于更舒适、快捷、方便的生活的追求力就更高。资金流入创新公司，所以在繁荣期，创新公司股票的涨幅一定会超过传统行业公司的股票。

我们会问，为什么巴菲特不投资创新公司？根据他自己的说法，他无法给创新公司估值，因为未来不确定。估值是巴菲特交易体系中重要的部分。

那为什么欧奈尔要买创新公司？因为欧奈尔的交易体系中根本没有估值的概念。回避了问题，也解决了问题。

传统公司作为防御型投资可选标的，创新公司作为进攻型投资可选标的。

传统公司虽然在繁荣期的涨幅不如创新公司，但它可以穿越牛熊，在长达十数年甚至数十年的时间里，保持稳定增长。而创新公司会在有“新”的技术或产品几年内保持上涨劲头。

所以巴菲特会长期持股，而欧奈尔不但利用技术分析择时建仓，也利用技术分析择时离场。如果企业不再赢家通吃，收益不再劲头十足连创新高的时候，也就是欧奈尔离场之时了。

巴菲特几十年如一日钟情于所选股票，欧奈尔则像一个情场浪子，收割每一段最好的时光后离开。

想要成为成长股，必然要有“新”。

都有哪些“新”？

欧奈尔认为“新”就是：新公司、新产品、新管理层、股价新高。

新公司、新产品、新管理层自不必说，皆属于科技创新的产物。

欧奈尔给了15个案例，分别是：

1. 北太平洋公司，率先取得横穿铁路的经营权，不到一年上涨40倍。

2. 1914年通用汽车（别克），不到2年上涨13.68倍。

3. 美国无线电公司，1929年前上涨11倍。

4. 锡奥科尔化工公司靠新型导弹燃料，2年上涨近10倍。

5. 先达公司发明口服避孕药，半年上涨5倍。

6. 休斯顿石油及天然气公司发现新油田，半年上涨9.68倍，3年后再涨

3.67倍。

7. Computer Vision公司引进新自动化设备，2年上涨12倍。

8. 王安电脑发明新文字处理设备，2年上涨13.5倍。

9. 思科系统开发路由器和网络设备，3年上涨20倍，6年后上涨750倍。

10. IGT公司，生产新的处理器，2年上涨16倍。

11. 微软，6年上涨18倍。

12. 戴尔，凭按单定制，2年上涨17.8倍。

13. 美国在线和雅虎，凭门户网站，2年上涨5倍。

14. 甲骨文凭新数据库和电子商务软件，29周上涨4.5倍。

15. 汉森天然饮料公司推出新产品，2年上涨12倍。

最重要的是这里的股价新高，并非单指历史新高。即便是业绩增长幅度非常大的企业，或因熊市或因某一消息，都会出现一定幅度甚至是大幅度下跌。当股价结束下跌过程，再次上涨——调整后，再破前期上涨高点时，即是建仓点。

欧奈尔说，很多交易者认为相对位置低的股票涨幅，会高于相对位置高的股票涨幅，这是超级大悖论。他认为，强者恒强，弱者恒弱。这就是马太效应。他对使用低市盈率来筛选股票不以为然，他认为，高市盈的股票配得上高市盈率，市盈率高，自有高的道理。

日本期货交易实盘大赛冠军所谓1000%的男人费里（Fairy），在讲解其交易的理由时，举了汽油与燃油的例子。两者比较，谁更强，做多谁；谁更弱，做空谁。同样的道理。

破高不敢买，破低不愿卖。这是交易者的通病，这么高了，还会再高吗？这么低了还会更低吗？

因为欧奈尔在具体交易时使用的是技术分析，所以他根本不在乎价格与内在价值的关系。他认为在技术分析中，破高（不论是绝对高点，还是相对高点），才符合上涨趋势的基本定义，才能给出买进的信号。

欧奈尔说："股价的大幅上涨往往是从这些有效的突破点开始的，而这时股票也最有可能显著上扬。而之前合理的调整，或者说价格形态形成阶段可能会长达7周或8周到15个月不等。"

这里的"从有效的突破点开始"，Livermore利弗莫尔在他的《股票大作手操盘术》中给出了佐证。不论哪种趋势类技术分析方法，最终几乎都归结为破高买、破低卖。趋势交易者必须要追涨、杀跌。也只有追涨、杀跌才能证明自己是一名趋势交易者。

另外，欧奈尔选择的是成长股，收割的是最美好的时光。他要的是阿尔法，不是贝塔。所以在他的体系中，根本不要想均值回归的问题，这根本不是问题。

四、S：供给与需求

欧奈尔所说的供给与需求，并不是某个商品的供给与需求，例如我们分析贵州茅台时，不是分析茅台酒的供给与需求。欧奈尔所指的供给与需求，是指股票本身。卖出量即为供给，买进量即为需求。这与威科夫操盘法的定义一样。欧奈尔的方法完全是定量分析，几乎不含有定性分析的成分。

有人提问关于“倍量柱”的问题。我给的解读是随机倍量柱没有任何意义，若想有意义，必然是关键点位的关键量，即在前一章欧奈尔所说的关键点突破时，有没有倍量柱。我们甚至可以在利弗莫尔的操盘法中加入这一点。

在欧奈尔看来，股票突破价格调整区时，成交量应该比正常水平提高至少40%或50%。在很多情况下，成交量在一天之内会比上一交易日增加100%或更多，说明该股票需求旺盛并且股价有可能进一步上涨。

注意关键词：突破价格调整区，提高40%或50%，增加100%。

在某一价位的需求相对供给增加，即在该价位买量大于卖量，一对一成交后，还剩下大量的需求没有兑现。所以没有买到的人，会提高需求价，向更高的位置寻求供给。

威科夫操盘法具体是：

1. 出现一根长阳K线，且成交量放大，说明需求大于供给，并且需求方做出了妥协，向更高的位置寻求供给，从而推高了价位。长阳、巨量，我称之为吃饭干活。

2. 出现一根实体并不长的K线，但也放了巨量。需求方不需要做出妥协向上寻求需求，就能够满足，说明此处的供给量很大。短K线、巨量，我称之为只吃饭不干活。

所以作为修正，我们可以在欧奈尔的关键价的关键量之上，加入威科夫的方法。当突然到达关键位，并出现了巨量的情况下，再看一下阳K线实体的长度。K线不长，说明供给量大，有下行的风险。

欧奈尔说：当某只股票价格回落时，你应该希望成交量在某一时点有所萎缩，进而说明不再有太多抛售压力。而当股价上涨时，大多数情况下应该希望成交量上升，因为这通常代表机构投资者而非公众的买入。

威科夫认为：当股价暴跌、自动反弹后，在低位震荡区出现极度缩小的K线实体（不论阴阳），并且成交量也极度萎缩的情况下，见底的概率非常大。

根据供给与需求的原理表述为：主力资金想要拉起一波行情，必须把浮筹吸走。在顶部从筑顶下跌，到暴跌引发的恐慌抛售，再到低位区反复震荡，都是想把浮筹震走。浮筹卖出，即为卖量，即为供给量。

底位无量、无价格差，若主力资金持有大量仓位不卖的话，则市场上几乎再没有人提供供给了，说明浮筹基本上被洗干净了。洗完了，干什么？伺机拉升。

当然威科夫还认为，有些控盘严重的主力资金，非常没有安全感。在经历恐慌抛售、自动反弹、低位反复拉锯震荡出现无量无价差的情况后，再一次向下探底，击穿前期震荡区间。这种情况下，下跌破位，无人接盘，诱使那些坚定的浮筹无法承受巨大的压力，最终缴枪投降。至此算是彻底洗盘洗干净了。特征为：长阴线或小阴线带长下影线，无量。

再看欧奈尔所说：震荡区间，最好希望成交量萎缩，我们再加上威科夫法中的一条，K线高低价差越小越好，震荡结束。

寻找成长股，目的是要购买，我们是需求方，所以我们希望需求方越强大越好，供给方越虚弱越好。股本越小的股票，相对供给量就越小。欧奈尔认为，在其他因素相同的情况下，发行量较少的股票往往会有更好的表现。也就是我们常说的，盘子越小涨得越高。欧奈尔给的例子是，其他因素都相同的两只股票，一只总股本50亿股，一只0.5亿股，毫无疑问要选择后者。

盘子大了拉不动。我们或许有些疑惑，如果市值相同，5万股与0.5股没什么区别，不过是平均后的股价差别而已。其实不然，股本越大，收集筹码越困难。举个例子，如果要买1000顶帽子，直接找批发商比从零售店买更容易。

新股与次新股的盘子基本上都非常小，且还未经过拆分。反过来，经过多次拆分的公司，说明已经上市很长时间了，无疑已经成了“相对老公司”。欧奈尔认为，越是老公司、大公司，创新能力越差，想象力越弱。

如果没有创新，就无法产生黑天鹅，就无法赢家通吃，就无法提高年度、季度收益，就不是成长股，就无法处于欧奈尔体系的股票池中。

所以这样反推回来，盘子大的股票应是经过了多次拆分，经过多次拆分应是老公司，老公司就是创新能力差，创新能力差代表着年度、季度收益不高。

但是，老公司就不会创新吗？老公司也会拿出新产品啊。确实如此，我们不能如此低看老公司。

但问题的根本不在于老公司无创新，而在于老公司的创新收益再高，相对于它的总营收和总收益来说，微不足道。

老公司既然已经在市场中生存下来了，有所恃即有所恐，不会拿全部身家来赌创新。新公司是新生婴儿，无所畏惧，就像马克思所说的“无产阶级失去的只是枷锁，赢得的是整个世界”。

建议读一读塔勒布的《黑天鹅》中关于平均斯坦与极端斯坦的论述。

很多老公司前身就是创新公司，并且经过多次拆分后还在持续创新。我们不能因为盘子大就放弃吧。大多实力强大的持续创新公司会在恰当的时机停止拆分，并且回购股票。

在《巴菲特之道》一书中，上市公司是否回购股票基本算是一条是否购入的硬性条件。

所以，我们并不是说盘子大了就要全盘放弃，我们再看一遍欧奈尔的话：“在其他因素相同的情况下，发行量较少的股票往往会有更好的表现。”

关键词：因素相同，发行量较少，表现好。

即如果两家公司都符合欧奈尔的标准，我们完全可以优中选优。如果盘子大的股票其他方面优于盘子小的股票，还是要选择前者。

如果我们遇到 1 拆 3、1 拆 5 的大比例拆分，最好先走为好。

欧奈尔在讲述创新时插入了与供给、需求无关的负债率。

欧奈尔认为，好公司的负债率都不高。负债率高的公司，一旦遇到利率提高或是更为严重的经济衰退，其每股收益就会受到重创。

欧奈尔选择的是成长股，所有一切都为年度、季度收益服务。就像维德所说：前进！不择手段地前进！

我们说他过于关注收益，其实不然。他的投资之道除了建仓方法不同之外，与价值投资并无二致。

欧奈尔之剑，以收益为刃，以增长为峰，以现金为脊，以低负债为柄。

五、L：领军股或拖油瓶

在欧奈尔的体系中，股票下跌时，肯定不会建仓。股价创新高时，才会考虑出手。但可能同时有很多股票都创新高，且都符合杯柄形态，选谁更合适呢？

（一）用相对强弱指标选股

选最强的。谁最强？使用相对强度指标（RSI）。

欧奈尔说，一只股票 RSI 值为 99，说明它比 99％的股票强度都要高；如果 RSI 值为 37，说明它的强度只强过 37％的股票。

欧奈尔总结道：从 20 世纪 50 年代早期到 2008 年，表现最好的股票在其股价大涨前的平均 RSI 值为 87％。换句话说，最出众的股票在开始其最具爆炸性的股价上扬以前，就已经比其他近 90％的股票更优秀了。

到底什么是相对强度？

假设全样本 100 只股票，其他 99 只股票在 52 周内下跌 10％，只有一只下跌 9％，这只股票的强度最强，强过其他 99 只（99％），所以它的 RSI 值即为 99。

如果在规定时间内，它比其他股票涨得多，跌得少，我们就说它很强。关于相对强度指标的编写，会在下面的章节中谈到。

欧奈尔说，如果价格形态合适的话，至少选择 RSI 值在 80 以上的股票。并且特别强调，在弱势中寻找强势股。

（二）祖鲁法则与 CANLISM 选股比较

如果市场整体上涨，很难找到刚刚突破的位置，从头做起。如果是大盘下跌，而有个股异军突起，极有可能买在这些股票的相对低位。

我们把祖鲁法则拿来与 CANLISM 对比一下。

1. 现金流方面

祖鲁法则：盈余现金保障倍数大于 1。对于负债率低的企业可以放宽标准。自由现金流为正。

欧奈尔：盈余现金保障倍数大于 1.2。

2. 资产负债率方面

祖鲁法则：资产负债率小于50%。如果现金流充裕，可以放宽标准。

欧奈尔：资产负债率要小。

3. 相对强度方面

祖鲁法则：近一个月内的相对强度为正值；近一年内的相对强度为正值；一年内相对强度要高于一月内的相对强度。

欧奈尔：使用RSI指标来量化相对强度，RSI值大于80。

4. 供给方面

祖鲁法则：大股东不能大规模出售股票，最好回购股票。

欧奈尔：其他因素相同的情况下，股本越小越好，最好回购股票。

5. 盈利方面

祖鲁法则：过去5年不亏损；过去5年中业绩有所退步，在随后的几年增长，最近一年收益必须最高；必须有机构预测未来收益；可选周期性行业，但必须从未出现过收益下降。

欧奈尔：过去5年不亏损；过去5年中业绩有所退步，在随后的几年增长，最近一年收益必须最高；年度每股收益复合增长率超过25%，季度每股收益复合增长率不能低于30%。

祖鲁法则在选股后，根据PEG法来买进，即预期增长率必须小于等于滚动/或动态市盈率的50%，即PEG≤0.5。

欧奈尔在选股后，根据杯柄技术分析来买进。

除了最后买点不同以外，选股条件大同小异。奇怪吗？丝毫不足为奇。

股票不是大宗商品，股票背后是企业。所以要对企业进行评估，评估什么？

首先看它能不能活下去。能否活下去，还看**资产负债表**。资产负债率要小，资产配置不能偏，无形资产要少，预付账款、应收账款、长期摊销费用、存货等项目是否存在不合理现象。

其次看**利润表**。营收是否增长、成本是否提高、费用是否降低。利润从何处来，是经常性收益，还是非经常性收益，是否可持续。相声大师单田芳先生说：盐打哪儿咸、醋打哪儿酸。我们看利润表，就是看公司的钱从何处来，下次还来不来。

最后看**现金流量表**。它是从收付实现制来给权责发生制打补丁。利润是不是镜花水月，全看是否收回了现金。即使全部收回了现金，还要看维持经营还需要再投入多少现金。企业不是永动机，也需要投食后才有产出。那么真正赚到的钱在哪里？有多少？不在利润表，还在现金流量表。

了解了三大报表的指向，我们就能理解为什么包括雷厄姆多、多德、巴菲特、芒格、欧奈尔、吉姆·斯莱特等大师，他们的投资决策都离不开这几项：对收益、现金、负债率的分析。

值得一提的是相对强度，它并不是针对企业的定性分析，但欧奈尔与斯莱特两位大师同时将它作为选股条件之一，可见其重要性。

在大盘（综合指数、代表性强的成分指数、总样本股票）下跌时，某股久盘不跌，待大盘走好，通常情况下它都会一飞冲天。

强者恒强，必然有恒强的道理。

为什么其他因素都相同的情况下，某股先涨、某股后涨？某股涨多、某股涨少？欧奈尔不给你解释为什么，先涨的企业必然有先涨的理由。脱颖而出者，先拔头筹。

六、I：机构认同度

即便所有条件都符合，也不要先进去。要等大部队先发起冲锋后，我们再跟着捡战利品。橡树资本创史人霍华德·马克斯曾问道，怎样才能确保在自己没有破产前股价还在上涨呢？如果我们作为一名价值投资者，只要产业、企业、行业的分析结果没有那么糟，且价格合适，即可买进。剩下的交给时间。这确实很容易（相对不想慢慢变富的人来说，又很难）。

拿浙江龙盛来作例子，当时我们分析的结果是行业集中度高，但下游纺织业刺激不足，价格相对便宜，触发定投条件。

但我们复盘一下。浙江龙盛最大的涨幅发生在 2019 年 3 月，并不是产业、行业促使它回归内在价值，而是响水爆炸的事件刺激。如果响水没爆炸呢？估计它还会在低位盘整。

世间有几人是巴菲特，更多人还是一些散碎银两的投资，根本没有任何影响力。所以给自己的定位，绝不是主力部队，只能是跟着捡战利品的散兵游勇。

收割最美好的时光后离开，才是我们明智的选择。

怎样收割?

车开了，再上车。虽然要跑一段，但我们知道它的方向确定了。

坐在车上等车开，即使车行驶的方向是正确的，但什么时候开车，我们不知道。时间越长，机会成本越高。

股价上涨，需要买量的推进。买量是什么?是钱，是现金。只有集中大量的现金，才能推动股价的大幅上涨。谁有大量的现金?机构。

欧奈尔认为:“机构投资者的合理最小数量可能为20。”

我们读外国人写的书，一定要注意。欧奈尔统计的是美国的数据。不仅仅是机构认同的数量，包括前面几章所有关于量化的数据，都是以美国市场为统计样本，所以拿来用的时候，还要根据中国国情，有些量化标准还需要重新统计。

虽然机构认同的数量很重要，5家机构认同总比3家机构认同要好得多。但我们还需要考虑另外两个因素:机构的质量和过剩的数量。机构的质量优于数量。机构的质量怎么判断?可查看近3年来的基金排名。如果某股票，有排名前5%的基金入驻，说明该股得到了质量上乘的基金认可。

认同的机构数量过多，也会对股票造成不好的影响。机构持有量过多，一旦出货时，会提供巨量的供给，并且争相出货，从而出现多杀多的踩踏事件。

总之，当有质量的机构开始已经持有我们筛选出的股票时买进，当机构认同数量过多时要及时卖出。关于卖出信号，欧奈尔也有详细阐述。机构认同数量过多，只是卖出逻辑的一种。

另外，机构认同也有时效性要求。如果机构认同并持有两年，与当季认同并持有，哪个更好一些呢?当然是时效性较长者优先。

我们要时刻记住欧奈尔要收割最美好的时光，车刚启动的时候，他就上车。不能过早，也不能太迟。

七、M:大盘位置

分两种情况来讨论大盘的位置:如果大盘处于下跌过程，而个股抗跌，且技术符合欧奈尔的杯柄特征，则是买进个股的最佳时机。当大盘震荡上行或快速上行时，符合条件的个股顺势买入。

我们聊了欧奈尔的 CANSLIM，但我们不是一定要用欧奈尔的技术分析方法。因为杯柄技术设定比较复杂，也很难量化。所以我们可以使用欧奈尔 CANSLIM 的选股条件，再用我们自己的兜底技术来操作。

第二节　CANSLIM 选股条件的运用案例

一、健帆生物

健帆生物（300529）主营业务：血液灌流相关产品的研发、生产与销售，是血液净化全面解决方案的专业提供商。健帆生物 2020 年半年报数据显示，一次性使用血液灌流器营收 7.89 亿元，占总营收的 100%。

（一）技术买点

健帆生物的技术买点有很多，但我们谈论的技术买点是有效的技术买点，即在有**基本面动因的情况下出现的技术买点**。图 5-1 为健帆生物 2017 年 8 月至 2020 年 11 月日线走势图。在方框中长达 8 个月的震荡区间内，股价多次回踩均线，并且伴随着缩量和暴量，但我没能在这段时间内找到基本面动因，直到健帆生物股价跳出震荡区间后，再回踩均线时，我才发现了它的基本面动因。

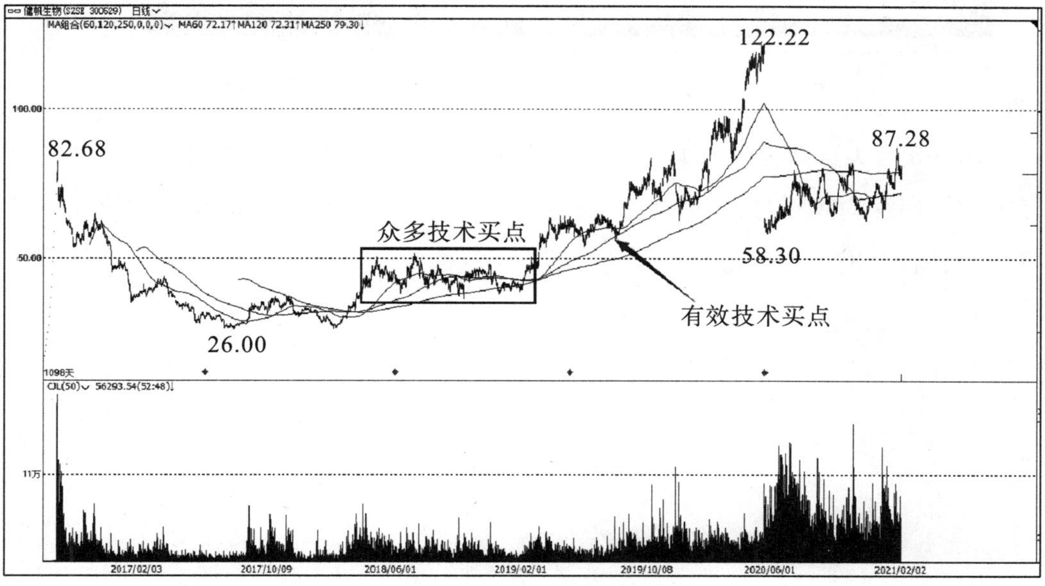

图 5-1　健帆生物 2017 年 2 月至 2021 年 1 月日线走势图

我们借健帆生物的案例解释一下技术买点的有效性。如果按你的逻辑可以在震荡的 8 个月中找到坚实的基本面动因，那么在其间多次出现的技术买点就是有效的。所以是否有效，是相对的概念，是因人而异的概念。

健帆生物在 2020 年 5 月 20 日，每 10 股派发 9 元股息，且每 10 股送转 9 股。图 5-2 为上图同期前复权的日线走势图。当我们在讲到具体的技术买点时，采用除权走势图，如图 5-1。

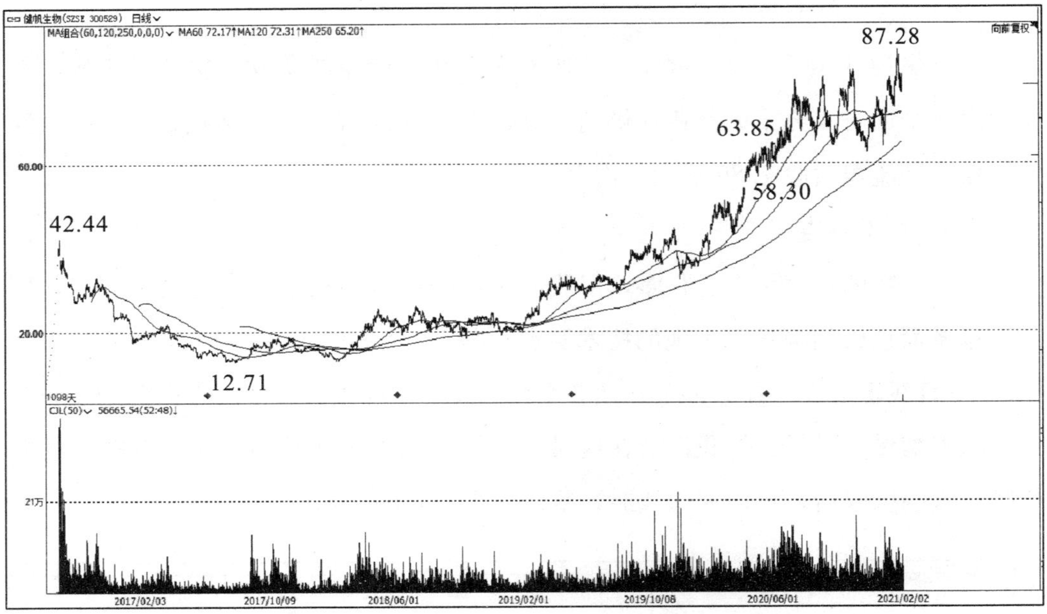

图 5-2　健帆生物 2017 年 2 月至 2021 年 1 月前复权日线走势图

图 5-3 为买点部分的放大图，三均线多头排列下，股价回踩均线，其间成交量萎缩，回踩均线同时（或其后）出现坑后放量，为买点。时间为 2019 年 8 月 2 日，当日收盘价 30.97 元。

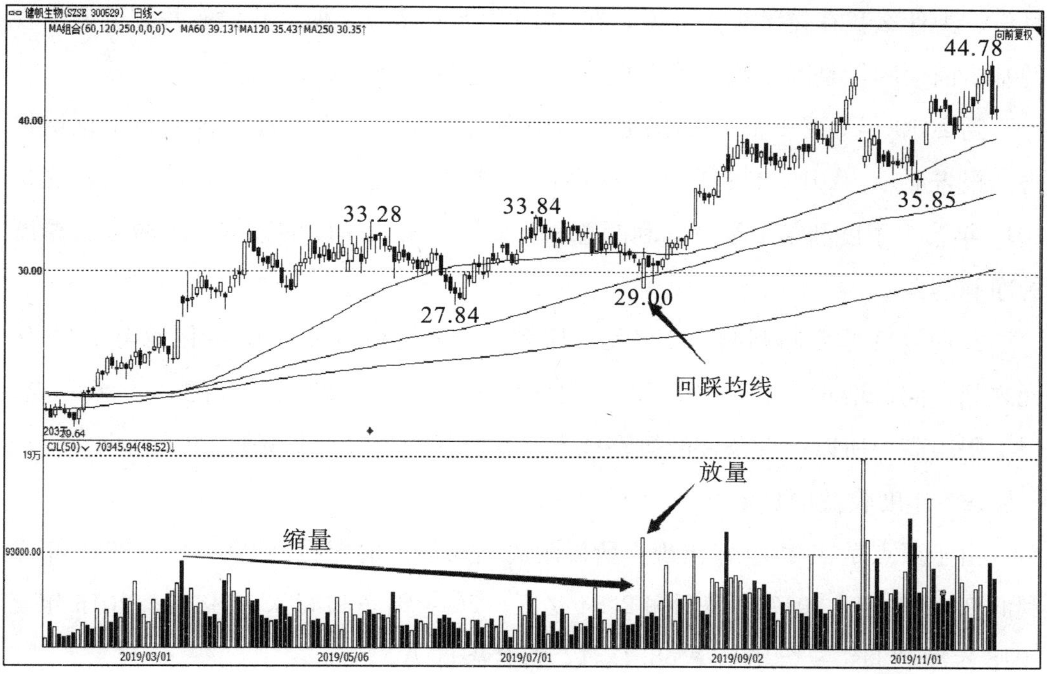

图 5-3　健帆生物 2019 年 1 月至 10 月日线走势图

（二）健帆生物的 CANSLIM 条件

如果我们找不到特别清晰、明显的基本面动因，不妨利用欧奈尔这套经过市场验证过的、成熟的 CANSLIM 选股系统。

如果一家公司，年度收益在增长，季度收益增长更快，且有各种新产品、新措施，不扩张股本，比市场上其他 80%以上的公司表现得更强势，各大基金也看好它，还有大环境配合，那么，它不涨还有谁会涨呢？

我们把市场中机构资金称为“聪明钱”，“聪明钱”替我们选好了个股，如果我们自认自己不会比“聪明钱”更聪明，那直接利用它们筛选出来的股票就好。下面我们逐一把各种条件验证一遍。

C＝可观或者加速增长的当季每股收益和每股销售收入

2018 年第 4 季度，每股收益 0.2303 元，同比增长 18.53%，不符合条件。

2019 年第 1 季度，每股收益 0.31 元，同比增长 40.9%，符合条件，但由于 2018 年第 4 季度不符合连续两个季度的条件，所以还要再等一个季度。

2019 年第 2 季度，每股收益 0.4207 元，同比增长 46.43%，符合条件。

2019 年第 2 季度的数据由 2019 年中报公布，通常中报公布时间为当年的 8

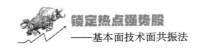

月份。为什么我在技术买点中说，在 2019 年 8 月 2 日之前，我没有找到健帆生物的基本面动因，是因为我在等中报数据，看它是否符合 C 条件。

到 2019 年 8 月 2 日，健帆生物的中报还未发布，但 7 月 9 日发布了预增报告。报告显示：2019 年上半年，净利润预增 2.83 亿元至 3.25 亿元。注意这是 2019 年第 1 季度和第 2 季度的利润总和。要计算第 2 季度的数据，要减去 1 季度的净利润。

2019 年 1 季度净利润 1.3 亿元，那么 2 季度的利润应在 1.53 亿元至 1.95 亿元之间。同比增长 27.5％至 62.5％之间。下限 27.5％距离要求的 30％差一点，但上限很高，所以符合条件的概率极大。我们默认为符合 C 条件。

A＝年度收益增长率

由于买点是在 2019 年出现，所以距离当时最近的年报是 2018 年。2016 年净利润 2.02 亿元，2017 年净利润 2.84 亿元，2018 年净利润 5.71 亿元。2016 年至 2018 年净利润年复合增长率 68.13％，符合条件 A。

N＝新公司、新产品、新管理层、股价新高

健帆生物的一次性血液灌流器采用 HA 树脂，全球领先。

S＝供给与需求

彼时总股本 4.19 亿，且很长时间未出现股权变动。

L＝领军股或拖油瓶

前面讲过，可借助相对强度指标（RSI）来选择股票。为此我们需要建立 PRS 指标，来评判每只股票的 RSI。我现在给大家示范一个简易教程，我们利用免费的通达信即可完成。

1. 新建一个条件为上市一年以上的股票板块。

按 Control＋F，如图 5-4。选择“条件选股公式”中的“其他”类型，再点击右上角“新建”，进入新建界面。

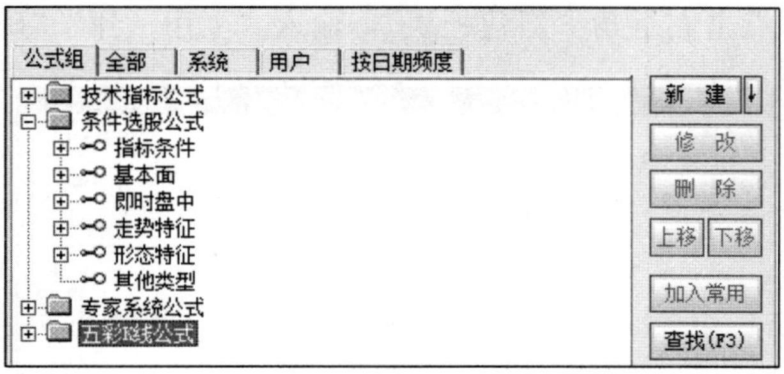

图 5-4　条件选股公式＋其他类型＋新建

如图 5-5，在公式名称中输入“一年以上”，在下方最大的空白处输入“barscount（c）＞250；”注意不要忘记分号。再点击右上角的“确定”。

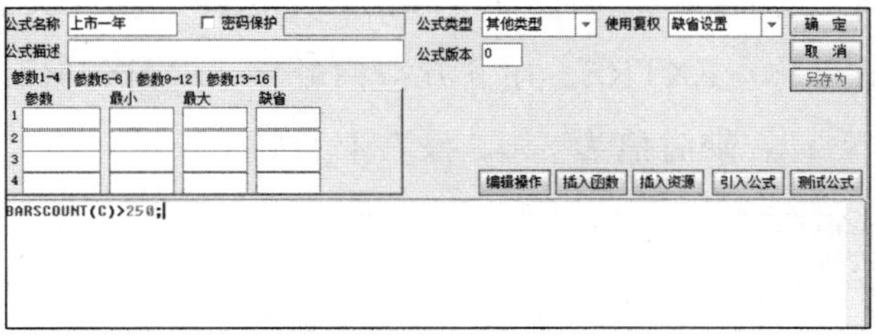

图 5-5　公式名称＋公式＋确定

按 Control＋T，进入“条件选股”界面，在“条件选股公式”的下拉菜单中，选中“上市一年”，如图 5-6，再点击“加入条件”“执行选股”“选股入板块”。

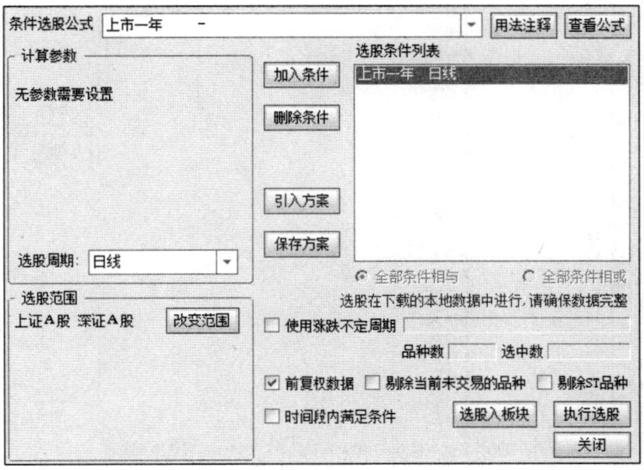

图 5-6　条件选股公式＋上市一年＋加入条件＋执行选股

显示图 5-7，点击右上角“新建板块”，输入“上市一年”“确定”。

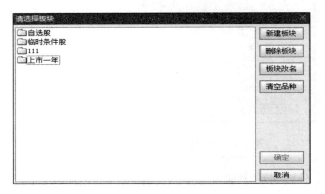

图 5-7　选入板块

按 Control+F，如图 5-8，在技术指标公式中选择“其他类型”，点击右上角“新建”。输入公式名称：EXTRS。在下方空白处输入“EXTRS：[C－REF（C，N)] /REF（C，N)；”，缺省值为 250。按右上角确定。

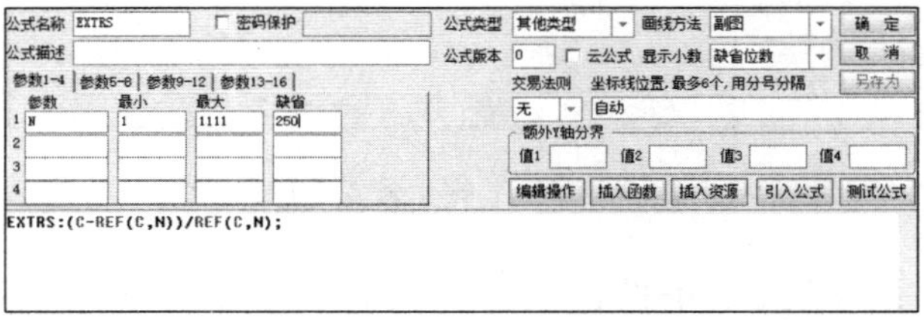

图 5-8　建立 EXTRS 指标

在通达信界面输入“. 902”，进入扩展数据管理器。如图 5-9。

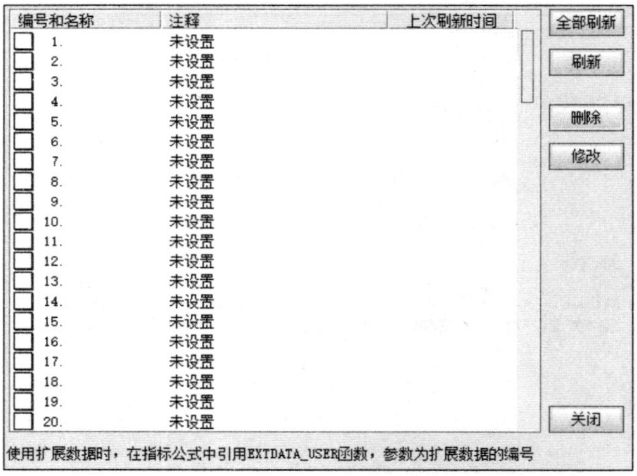

图 5-9　扩展数据管理器

选择“1. 未设置”，点击右侧“修改”。进入扩展数据属性，如图 5-9。左侧选择 EXTRS，参数为 120，左下方选择本地所有数据，右下方选择“自定义板块”“上市一年”“精确复权”“生成横向排名数据”、0—1000 归一化顺序、确定。

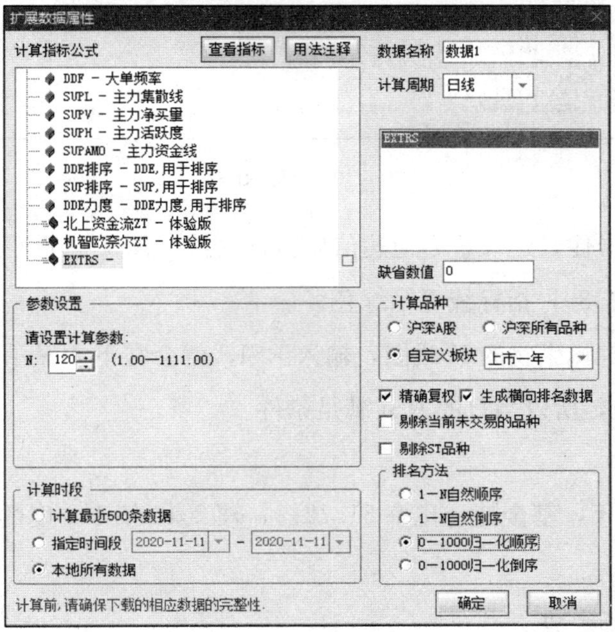

图 5-9　扩展数据属性

再重复上一步骤，将参数改为 250。按 Control＋F，选择技术指标公式、其他类型、新建。如图 5-10。公式名称输入：RPS。M 缺省值为 80。下方空白处输入：

X：＝EXTDATA _ USER（1，0）；

RPS120：X/10，LINETHICK2，COLORGREEN；

IF（RPS120＞＝M，RPS120，DRAWNULL），LINETHICK2，COLORRED；

Y：＝EXTDATA _ USER（2，0）；

RPS250：Y/10，LINETHICK2，COLORWHITE；

IF（RPS250＞＝M，RPS250，DRAWNULL），LINETHICK2，COLORRED；

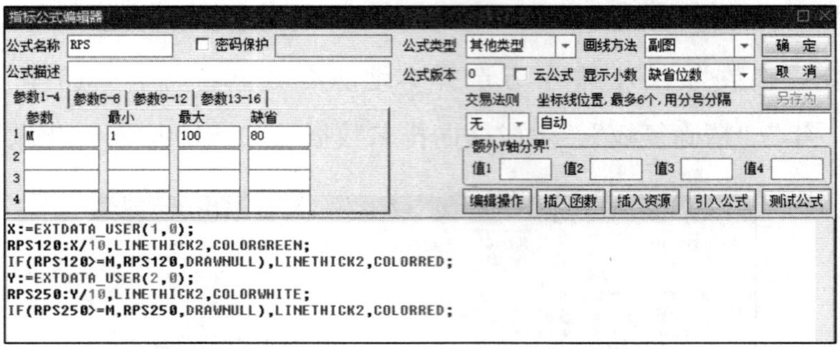

图 5-10 创建 RPS

无论哪一步卡住，建议重启通达信后再试一次。RSI 大于等于 80，指标线显示红色。RSI 小于 80，指标线显示绿色。

我们再打开健帆生物的 K 线图，输入 RSI，就会在下方显示 RSI 指标线。两条线都在 80 以上，所以当日的 RSI 满足条件。

I＝机构认同

2019 年上半年，基金持仓比率 51.72%，较 2019 年 1 季度的 31.45%增长 20 多个百分点。

M＝判断市场走势

我们判断 2018 年末、2019 年初时大盘 2440 点附近为底部区域，上下给出 200 点的修正。至于如何判断，我们会在后续的关于价值投资的书中详细解读。既然 2019 年初我们认为上证指数已经见底，那么在 2440 点以上的所有上涨，都看成是上涨推进；在 2440 点以下的所有下跌，都看成是回调。指数回调时，个股给出买点。符合条件。

我们通过欧奈尔的 CANLISM 法，找出了健帆生物的“基本面动因”。到这里会衍生出两个问题：用欧奈尔法选股，是否还要用欧奈尔的技术分析交易机会？如果 CANSLIM 可以选股，我们为什么还要主动寻找基本面动因？

欧奈尔在用 CANSLIM 完成选股后，会等待市场出现杯柄形态，这是欧奈尔的技术方法。如果你对杯柄形态很了解，可以直接用。但这杯柄法条件过多，我个人认为应用起来没有均线兜底法来得方便。当然如果你有更好的技术分析方法，也可以不用均线兜底法。重要的是基本面动因，而不是技术。

CANSLIM 经过市场验证很方便，但 CANSLIM 条件非常苛刻，很难找到符合所有条件的个股。在 CANSLIM 中，欧奈尔除了重视条件 N 以外，还很重视条件 C 和条件 A。但我们回头看万集科技、晶方科技、坚朗五金等股票，都不符合 CANLSIM 条件。所以 CANSLIM 可用时则用，不要拿它当成唯一的选股标准。

2019 年 7 月 9 日，用 CANSLIM 找到健帆生物上涨的基本面动因，8 月 2 日出现技术买点，一切就绪。按前复权计算，8 月 2 日收盘价 30.97 元，2021 年 1 月 8 日最高涨至 80.17 元。15 个月涨幅 158.86%。

（三）健帆生物的基本面

为什么健帆生物会符合 CANSLIM 标准，它有什么特别之处吗？观察、操作一只股票要尽可能采用多种方法分析、判断。以下数据分析为 2019 年 8 月初的视角。

健帆生物的主营业务为血液净化领域，一般肾病晚期、重型肝病患者需要血液净化治疗。把血液从人体中抽出，经过血灌器中的吸附材料将有毒物质吸出，再注射回人体中。

一般情况的肾病或肝病患者，只需要血液透析治疗即可，但重症患者必须使用血灌治疗。医学界普遍认为：血液透析＋血液灌流优于血液透析滤过，优于血液滤过，优于血液透析。血透治疗基本上只能吸附小分子毒素，对大分子毒素无能为力。血灌不论对大、小分子毒素都有极好的作用。参见图 5-11。

血液净化方式	水分	清除方式	小分子毒素	中大分子毒素	蛋白结合毒素
低通量透析	超滤	弥散	高	低至无	无
高通量透析	超滤	弥散	中-高	低	低
血液滤过	超滤	对流	中-高	低	低
血液透析+滤过	超滤	弥散、对流	高	稍高	低
血液灌流	-	吸附	不一	高	高
透析+灌流	超滤	弥散、对流	高	高	高
生物人工肾	超滤	弥散、对流、代谢	高	高	待研究

图 5-11　血液净化方式对比（资料来源于《中国血液净化》编辑部：《中国血液净化》）

我国慢性肾脏病（CKD）患病率高达 10.8%，全国约有 1.2 亿人患有轻重不同的肾病。3 期以上患者超过 1900 万，终末期患者人数约有 200 万，且每年国内登记血透人数以年复合 14%的速度增长。（数据来源：国金证券研究所）

灌流器直接接触血液，其可靠性对患者的生命安全至关重要，所以生产此类医疗用品具有极高的技术门槛。血透设备严重依赖进口，国外企业占我国血透市场的50%以上。血灌可以同时解决血透的问题，最关键的是，健帆生物的一次性树脂血灌器可以直接在血透设备上使用，不必再另外进口血灌全套设备。所以血灌是比血透更有前景的市场。

我国血灌设备主要进口商有三家：瑞典金宝医疗用品有限公司、日本旭化成可乐丽医疗株式会社、日本钟渊化学公司。

瑞典金宝使用的吸附材料是活性炭，可支持全血灌流。健帆生物采用的吸附材料是HA树脂，这两者有什么区别呢？健帆生物在2000年初自主研发的HA树脂吸附材料，全球领先，国外基本还在使用活性炭作为吸附材料。但活性炭在操作中，容易掉落碳分子，如果长期使用活性炭，会造成不同程度的栓塞。HA级树脂则没有这方面的问题。

两家日本公司的技术并不支持全血灌流，仅支持血浆灌流。这样就需要再搭配血浆分离器等设备，技术复杂，且使用成本很高。

健帆生物的一次性血灌器，不但可以直接在血透仪器上使用，且不担心掉落分子形成栓塞，还支持全血灌流，基本上解决了上述所有问题。

从价值投资的角度看一家公司，或者可以不断复制滚雪球，或者能提供别人提供不了的服务。即我们常说的成本领先或产品差异。健帆生物给出的模式是产品差异。健帆生物在血灌器市场中占有80%以上的市场。

HA树脂当前只健帆生物可以生产，这就是技术壁垒。邱国鹭先生在《投资中简单的事》中说，面对有门槛且增长慢的企业和无门槛但增长快的企业，最好还是选择有门槛的。健帆生物的HA树脂技术，就是该行业最好的门槛。

2019年8月2日收盘价59.74元，总股本4.19亿，总市值250.31亿元。前十大股东持股占流通股的36.2%，有效流通市值159.7亿元。等待换手率达到10%以上平仓。至2021年初都未触发平仓条件。

小结

1. 基本面动因可以自己找，也可以利用经过市场验证、成熟的方法来找。方法不一而足，不要拘泥。

2. 技术也不一定只用兜底法，方法是次要的，逻辑是重要的。

3. 基本面动因+技术买点，是一套指导思想，而不是强制公式。

二、三一重工（600031）

三一重工主营业务：工程机械装备的研发、制造、销售和服务，是国内工程机械龙头企业。2020 年上半年，挖掘机械营收 186.49 亿元，占总营收的 38.73%；混凝土机械营收 135.06 亿元，占总营收的 28.05%；起重机械营收 94.27 亿元，占总营收的 19.58%；桩工机械营收 37.52 亿元，占总营收的 7.79%；路面机械营收 15.01 亿元，占总营收的 3.12%；其他业务营收 13.11 亿元，占总营收的 2.72%。其中内销 86.72%，外销 13.28%。

（一）技术买点

图 5-12 为三一重工 2019 年 1 月至 11 月日线走势图，三一重工由 3.67 元开始上涨，截至 2020 年 11 月 11 日，三一重工还在创新高。三均线多头排列、回调、缩量、踩均线、缩量坑后暴量，买点在 2019 年 8 月 23 日出现，当日前复权收盘价 14.11 元。

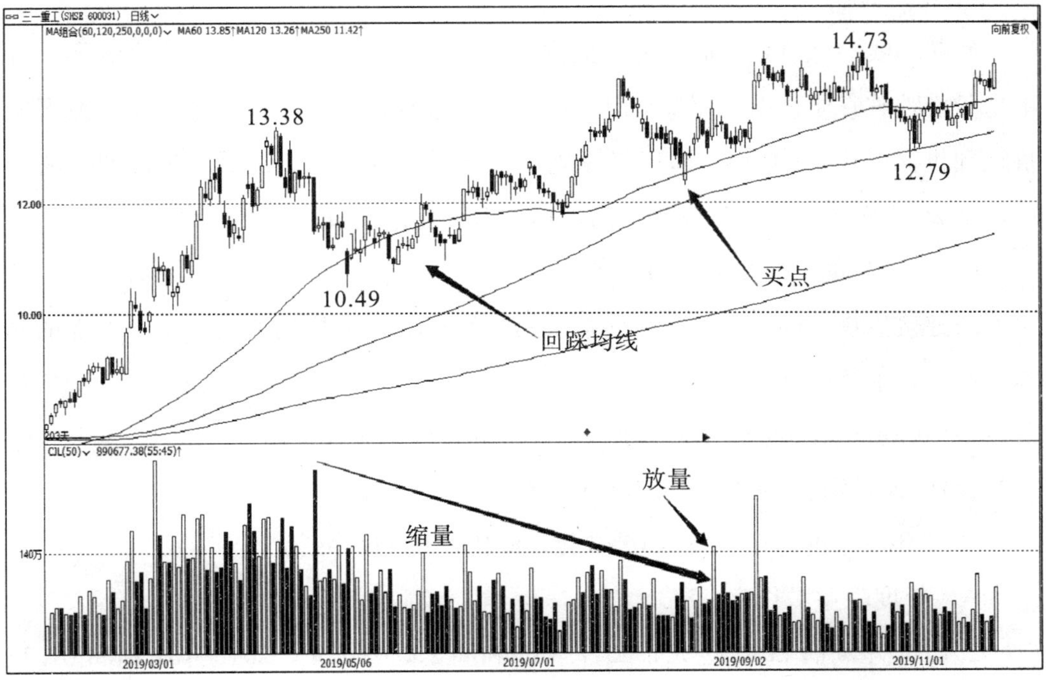

图 5-12 三一重工 2019 年 1 月至 11 月日线走势图

图 5-13 为三一重工月线图，2019 年 8 月买点出现后，一路上扬。

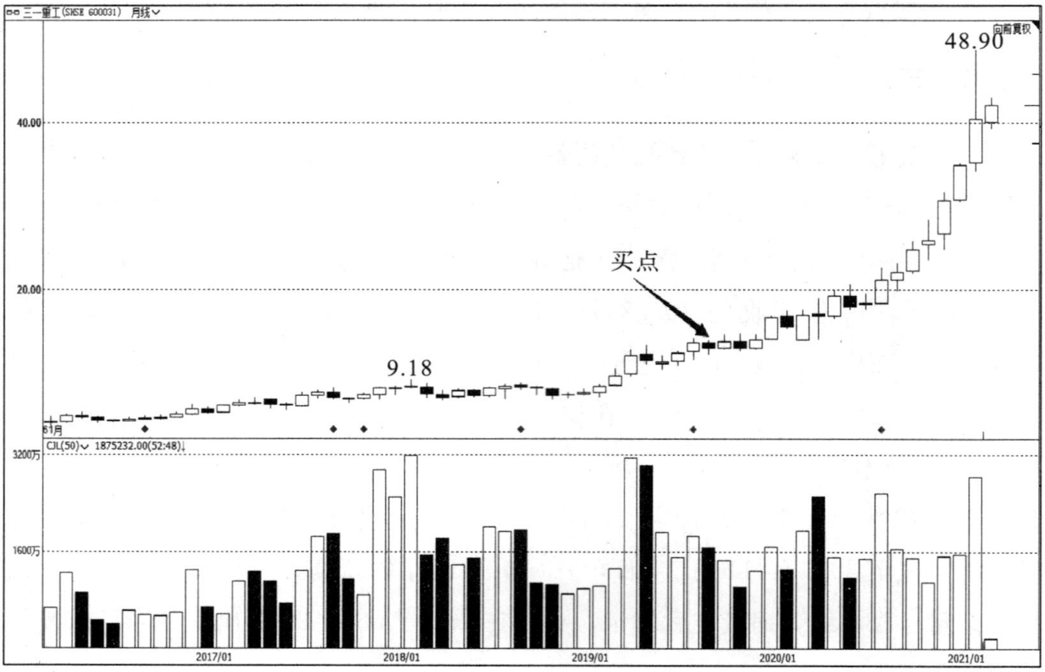

图 5-13　三一重工月线走势图

回踩均线的低点处，通常为止损位，虽然叫止损位，但它只是一个参照，并不是股价跌破它便止损，而是当股价连续三天收盘价低于止损位才止损，或者股价跌到止损位 3%时止损，即三三原则。在坑后量的买点买进后，虽然股价有震荡，至 2020 年 11 月 11 日连创新高，一直未触发止损条件。

（二）三一重工的 CANSLIM 条件

与健帆生物一样，我还是在欧奈尔的 CANSLIM 中找到了三一重工上涨的基本面动因，条件如下：

C＝可观或者加速增长的当季每股收益和每股销售收入。

2018 年 4 季度每股收益 0.158 元，同比增长 317.99%。

2019 年 1 季度每股收益 0.0378 元，同比增长 110.99%。

A＝年度收益增长率

2016 年净利润 2.03 亿元，2017 年净利润 20.92 亿元，2018 年净利润 61.16 亿元。2016 年至 2018 年每股收益年复合增长率 444.19%。

N＝新公司、新产品、新管理层、股价新高

2018 年推出 H 系列“矿立方”挖掘机，矿山环境使用寿命超 2.5 万小时，具备美系挖掘机坚固耐久出力大的优点，再次成为行业标杆，2018 年下半年以来，H 系列挖掘机已明显抢占海外对手市场份额。

S＝供给与需求

总股本 83.75 亿，流通股 83.38 亿。流通市值仅为 1090.61 亿元。2011 年后股本再未扩张，已历时 8 年。

L＝领军股或拖油瓶

三一重工 2019 年 8 月 23 日时的 RSI 数据，两条 RSI 指标皆在 80 以上，符合条件。

I＝机构认同

三一重工 2019 年 2 季度基金持仓比率 16.12％，比 2019 年 1 季度的 10.11％高出近 6 个百分点。

M＝市场走势判断

三一重工的买点与健帆生物的买点时间相近，请参看对健帆生物的分析。

需要提醒大家注意的是，2019 年 4 月，三一重工的 1 季报即已公布，所以在 2019 年 4 月时，我们便通过 CANSLIM 选股法找到三一重工的基本面动因，并将三一重工纳入我们的股票池，等待技术上给出买进信号。值得注意的是基本面动因与技术买点的时间差，请大家一定记牢，基本面动因在前，技术买点在后。没有基本面动因，则技术买点无效。

（三）三一重工的基本面

为什么三一重工的情况符合欧奈尔 CANSLIM 条件呢？打铁还需自身硬。我们来看看 2019 年 7 月之前三一重工的基本面。

刺激经济增长的三驾马车投资、消费、出口。我们来分析一下。

我国是世界储蓄第一大国，且我国的文化并不鼓励超前消费，所以消费在刺激经济上的作用并不大。2018 年以来，受中美贸易摩擦影响，对外贸易预期不佳，所以仅剩的一条出路就是投资。

我国被称为基建狂魔。而基建又无法绕开工程机械。邱国鹭先生说：“2010 年买工程机械时，我心里想着：机械替代人工、保障房、城镇化、产业升级、产业转移、产能扩张、中西部大开发、进口替代、国际化、走出去战略，哪一条能实现对工程机械都是利好，这就是东方不亮西方亮的安全边际。”

我国基建从未停止过，并且一年比一年高。如图 5-14，2018 年年初，基建投资还保持着 16.1%的增长速度，虽然整个 2018 年至 2019 年上半年，基建速度放缓。不过，不论增量如何下降，总体投资量是在不断增加的。

图 5-14　2014—2019 年基建增速

2018 年 10 月 31 日，国务院办公厅印发《关于保持基础设施领域补短板力度的指导意见》，明确了脱贫攻坚、铁路、公路和水运、机场、水利、能源、农业农村、生态环保、社会民生等九大领域补短板的重点任务。该指导意见强调，保持基础设施领域补短板力度。

从基建投资总量的增长与工程机械企业的销售对比来看，两者并不同步。工程机械类企业，表面上看起来呈现非常明显的周期性，但并不是它的原有特征。重工类企业之所以在 2009 年至 2011 年出现了跳跃性的增长，突破了天花板，是受益于 2008 年四万亿计划，而不是行业自身发展的规律所致。

有人认为，2011 年后，四万亿计划的后遗症显现，重工业企业大规模回落，后劲疲软。2015 年后，重工业企业才渐渐消化了大起大落的诱因，走上正常发展的道路。

我们认为，重工业企业周期性的命题到现在并不能下定论，极有可能是伪命题。

基建任何时候都不可或缺，繁荣时需要它为经济增长提供基础；萧条时用它来提振、刺激经济。不论哪种经济体制国家，只要出现经济危机，必然以基础建设为手段，刺激经济复苏。

在各种固定资产投资中，工程机械的需求在房地产行业中占比最高，其次是公路铁路、水利水电、煤炭矿山，共占固定资产投资总额的75%。如图5-15。

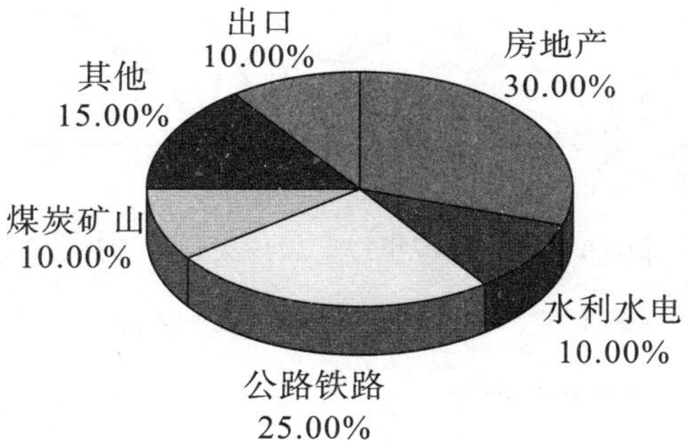

图5-15　固定资产投资中的工程机械需求数据

其中铁路、公路、机场、水利、能源几项，都是工程机械需求的大户。下游市场的需求量增大，将会使工程机械保有量之上，再增加新的增量。在所有工程机械的需求量中，挖掘机又是重之中重，见图5-16。

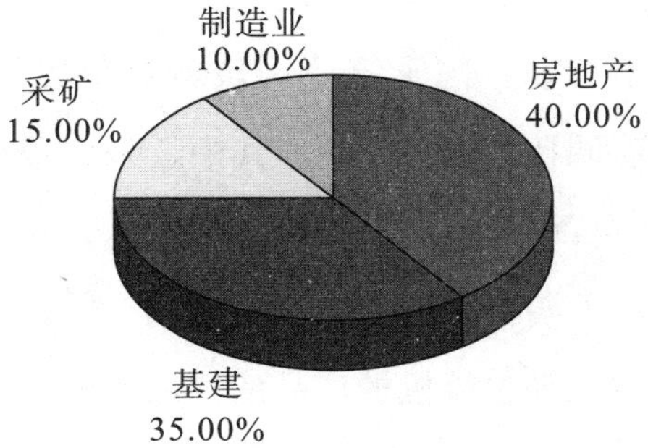

图5-16　挖掘机在各行业中的需求数据

工程机械下游的房地产行业，2019年1月统计数据显示，全国房地产投资开始回升。2018年上半年各线城市的土地成交较快增长，支撑当前各线城市的投资均处于阶段性高位。如图5-17。

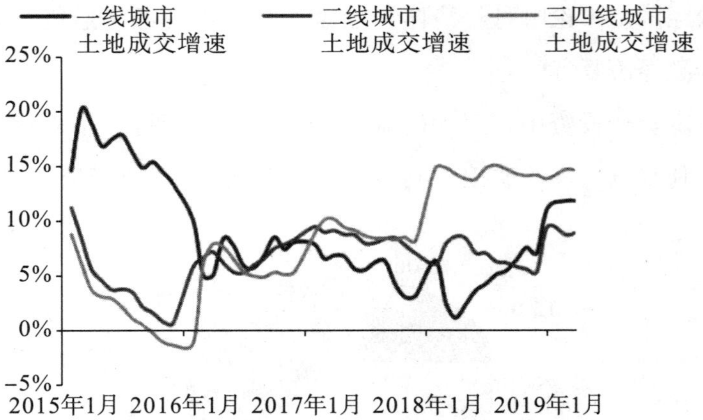

图 5-17 2015—2019 年各线城市拿地增速

来源：国家统计局、恒大研究院。

工程机械下游的铁路、公路、水运、水利。2019 年政府工作报告称：2019 年要完成铁路投资 8000 亿元、公路水运投资 1.8 万亿元，再开工一批重大水利工程，加快川藏铁路规划建设，加大城际交通、物流、市政、灾害防治、民用和通用航空等基础设施投资力度，加强新一代信息基础设施建设。2019 年中央预算内投资安排 5776 亿元，比 2018 年增加 400 亿元。

工程机械下游的采矿行业。国家统计局最新发布的数据显示，2019 年 1—4 月，规模以上工业增加值同比增长 6.2%。其中，采矿业增加值同比增长 2.4%，增速较 1—3 月扩大 0.2 个百分点。

从上述工程机械三大下游行业来看，增速抬高，需求增大。

另外，挖掘机、装载机等主流机械产品的使用年限为 10 年左右，上一轮工程机械销售高峰是 2008 年至 2011 年。2018 年至 2021 年工程机械将陆续进入淘汰期，2019 年 1 月的第一周，即淘汰挖掘机 50 多万台，全年数据之大可想而知。

2018 年生态环境部发布《非道路移动机械污染防治技术政策》，要求柴油动力的非道路移动机械在 2020 年达到国四排放水平。现行的工程机械国三排放标准是自 2016 年 4 月 1 日开始强制实施的，工程机械销售自 2016 年开始反弹就有环保政策驱动的因素，而自 2020 年起实施国四排放标准，将带来更大规模的工程机械更新换代需求。从而工程机械产业上基建每年投资总额都在增加，行业上下游需求稳健。加之重型机械更新周期已到，环保法案规定的任务迫在眉睫等条件，都有可能形成工程机械新的增量空间。

邱国鹭先生在《投资中最简单的事》中说，差异化的第五个标志是服务网络。工程机械在全世界每个国家都只有1—3家，都是赢家通吃，很重要的一点就在于服务网络。比如，如果一辆泵车坏了，工地停工一天就要浪费几十万的成本，所以必须在几小时之内修好，修不好的话就要赶快拉一台新的来换。这种情况下服务网络就很重要，规模效应就很明显，龙头企业在服务布点上的优势就让后来者很难赶超。

三一重工的核心竞争力之一便是服务网络。三一重工成为业界标杆的服务是“旧机损坏免费换新”，并且该服务是在公司挖掘机、起重机推出的早期便已制定的标准。三一重工在全球拥有700多个服务中心，7000多名技术人员，可以实现365天、24小时服务，且在2小时内到达现场，1天之内排除故障，完全解决了顾客的后顾之忧。

可见，服务网络成为三一重工的护城河。仅此一条就可成就三一重工在行业中的寡头地位。不仅如此，三一重工还拥有2个国家级企业技术中心、3个国家级博士后科研工作站、3个院士专家工作站等组成的强大研发体系。截至2018年6月，公司累计申请专利7609项，授权专利6253项，申请及授权数均居国内行业第一。公司产品线绝大部分为自主研发，相较于见效快的收购模式，自主研发对产品核心技术掌控更深，并能根据市场需求变化快速开发新产品，从而迅速抢占市场。

2011年9月，三一重工86米臂架式混凝土泵车，刷新了三一重工2009年创下的72米世界最长臂架泵车的纪录。三一重工86米泵车实现了关键零部件百分之百自制，共申请国家专利180余项。

2018年推出H系列“矿立方”挖掘机，矿山环境使用寿命超2.5万小时，具备美系挖掘机坚固耐久出力大的优点，再次成为行业标杆。

2012—2018年自由现金流之和为166.54亿元，平均每年23.79亿元。详见表5-1。

三一重工近7年平均净利润20.05亿元。由表5-1可知，自由现金流多于净利润，说明三一重工已经度过了资产投入的时期，转入收割现金的阶段。每年的

表 5-1　2012—2018 年三一重工现金流量表（单位：亿元）

年份	经营现金流	投资现金流	自由现金流
2018 年	105.27	−107.65	−2.38
2017 年	85.65	12.18	97.83
2016 年	32.49	22.62	55.11
2015 年	26.97	−2.19	24.78
2014 年	12.32	−22.55	−10.23
2013 年	27.69	−18.26	9.43
2012 年	56.82	−64.82	−8

平均资本支出为 13.13 亿元，平均折旧 15.18 亿元。折旧高于资本支出，再次说明当前“基建”阶段已经过去。

三一重工杜邦分析[①]见表 5-2。

表 5-2　2013—2018 年三一重工杜邦分析数据（单位：亿元）

	2018	2017	2016	2015	2014	2013
净利润	61.16	20.92	2.03	0.05	7.09	29.04
营业收入	558.22	383.35	232.80	234.70	303.65	373.28
总资产	737.75	582.38	615.55	625.89	630.09	638.68
净资产	325.02	263.73	234.53	243.99	247.41	250.09
销售净利率	10.96%	5.46%	0.87%	0.02%	2.33%	7.78%
总资产周转率	75.67%	65.82%	37.82%	37.50%	48.19%	58.45%
权益乘数	2.27	2.21	2.62	2.57	2.55	2.55
净资产收益率	18.82%	7.93%	0.87%	0.02%	2.87%	11.61%

权益乘数振荡走低的情况下，销售净利率与周转率同时走高。ROE 由低谷升高，驱动因素为单品利润率走高，同时又卖得足够快，即成本、费用管控、产品

---

① 是利用几种主要的财务比率之间的关系来综合地分析企业财务状况。这种方法最早由美国杜邦公司使用，故而得名。

附加值高的情况下，走货量大。资产负债表资产项见表 5-3。

表 5-3　2014—2018 年三一重工资产负债表（单位：亿元）

	2018		2017		2016		2015		2014	
货币资金	119.85	16.25%	41.04	7.05%	74.42	12.09%	68.71	10.98%	60.49	9.60%
金融资产	15.57	2.11%	0.4	0.07%	0.3	0.05%	0.31	0.05%	0.36	0.06%
应收票据	6.69	0.91%	8.74	1.50%	2.83	0.46%	5.41	0.86%	12.15	1.93%
应收账款	201.33	27.29%	183.66	31.54%	180.85	29.38%	210.44	33.62%	198.51	31.51%
预付账款	9.82	1.33%	6.97	1.20%	3.37	0.55%	2.56	0.41%	2.88	0.46%
其他应收款	17.04	2.31%	17.89	3.07%	47.85	7.77%	22.7	3.63%	24.06	3.82%
存货	115.95	15.72%	76.42	13.12%	62.2	10.10%	56.3	9.00%	72.69	11.54%
一年内到期的非流动资产	2.33	0.32%	2.1	0.36%	1.6	0.26%	1.82	0.29%	0.88	0.14%
其他流动资产	24.8	3.36%	14.73	2.53%	5.99	0.97%	4.27	0.68%	8.9	1.41%
可出售金融资产	11.21	1.52%	6.81	1.17%	6.53	1.06%	3.96	0.63%	5.2	0.83%
长期股权投资	23.28	3.16%	14.04	2.41%	15.28	2.48%	10.26	1.64%	10.17	1.61%
投资性房地产	0.5	0.07%	0.37	0.06%						
固定资产	118.67	16.09%	128.05	21.99%	140.14	22.77%	160.57	25.65%	160.82	25.52%
在建工程	7.91	1.07%	8.33	1.43%	10.82	1.76%	12.01	1.92%	14.92	2.37%
无形资产	38.8	5.26%	40.92	7.03%	41.88	6.80%	45.61	7.29%	45.26	7.18%
商誉	0.51	0.07%	0.51	0.09%	0.36	0.06%	0.38	0.06%	0.37	0.06%
长期待摊费用	0.27	0.04%	0.16	0.03%	0.36	0.06%	0.15	0.02%	0.15	0.02%
递延所得税资产	11.52	1.56%	14.52	2.49%	11.66	1.89%	9.26	1.48%	4.35	0.69%
其他非流动资产	0.98	0.13%	0.86	0.15%	0.73	0.12%	0.81	0.13%	0.68	0.11%

资产配置的大项分别为货币资金、应收账款、存货与固定资产。三一重工为

重资产类企业，固定资产占总资产平均值的20%左右，在同行业中是非常低的。

因此，容易出问题的地方在于存货与应收账款。其中应收账款量虽然绝对值略高，但走势并未出现持续走高的迹象。2014年应收账款近200亿元，2018年应收账款201.33亿元，几乎未有增长，所以应收账款量并不存在资产配置问题。

存货量虽然由2014年的72.69亿元上涨至2018年的115.95亿元，但我们要看到，这一时期正值工程机械更新周期，且在满足了国内市场的情况下，出口量不断扩大，加之“一带一路”建设的需要，国内下游市场需求强劲，存货跌价的可能性非常小。

由上可见，不论从产业、行业还是企业来看，三一重工都符合条件更加苛刻的价值投资条件，并且近两年发展又符合欧奈尔的CANSLIM条件。如果用价值投资折现法估价，我们可以在8元以下定投。条条大路通罗马，方法有优劣，只不过适用的情况不同而已。

2019年7月26日三一重工收盘价14.23元，总股本83.75亿，总市值1191.76亿元，前十大股东持股占流通股50.64%，有效流通市值588.25亿元，等待换手率高于10%即可平仓。至2021年初，皆未触发平仓条件。

小结

1. 这是利用CANSLIM找股价上涨基本面动因的又一例子，由于条件苛刻，可遇不可求。在欧奈尔《笑傲江湖》中，相比于其他条件，他更加注重条件C和A，但以我国的情况，可能我们必须更加注重条件I。

2. 工程机械与财政政策息息相关，当经济走低时，需要扩张性的财政政策加大基建和固定资产投资，这必然拉动工程机械的利润增长。当刺激过后，工程机械的利润又会回落。所以我们除了应该多关注财政政策之外，应更加注重利用财政政策的周期性来进行交易决策。

第六章

顺理成章的投资逻辑

我们很难预测事件发展的方向和速度，但当它发生时，我们要高度关注。所以在证券市场中寻找投资逻辑，不苛求我们一定要预测到某些事会发生，就怕事情已经发生了，却不明白为什么发生。本书主要是复盘，就是把已经发生的事件的逻辑捋顺。

比如，2016 年初的供给侧结构性改革，往前可以追溯到 2008 年的美国次贷危机。由于那场危机，我国向市场投入了 4 万亿的流动性，这些资金流到了哪里？造成了什么影响？必然的结果是什么？其实供给侧结构性改革早在 2013 年就已经提出来了，为什么直到 2016 年才发挥作用，2014 年和 2015 年又发生了什么？关于这些，我们以海螺水泥为例加以解说。

比如，在 4 万亿流动性中，有一部分流入了光伏产业，对光伏产业造成了什么影响？为什么我国要大力发展光伏产业，它和传统能源之间的关系是什么？发展光伏产业又对我国经济发展和转型有什么影响？光伏能源对新能源汽车的影响又是什么？新能源汽车已经发展了很多年，为什么我国会在 2020 年加大力度刺激新能源汽车的消费？我们以阳光电源和比亚迪为例来予以说明。

比如，中美贸易战后，我国很多行业被“卡脖子”，我国是怎么应对的，对我国高科技产业、电子消费行业会产生什么影响？在电子消费和国产替代行业中，又会产生什么影响？我们以诚迈科技为例来探究。

再比如，科技越发展，对于安防和电子消费产品的需求越高，当市场释放出某一种需求信号的时候，相关行业是什么样的反应？我们以晶方科技为例给出答案。

第一节　供给侧结构性改革的股票投资——以海螺水泥为例

海螺水泥（600585）主营业务：水泥及商品熟料的生产、销售，是我国最大的水泥企业。2020 年上半年报数据显示：建材行业（自产品销售）42.5 级水泥营收 355.74 亿元，占总营收的 56.93%；建材行业（贸易业务）营收 153.59 亿元，占总营收的 24.58%；建材行业（自产品销售）32.5 级水泥营收 60.51 亿元，占总营收的 9.68%；建材行业（自产品销售）熟料营收 49.43 亿元，占总营收的 7.91%；建材行业（自产品销售）骨料及石子营收 4.77 亿元，占总营收的 0.76%；建材行业（自产品销售）商品混凝土营收 0.78 亿元，占总营收的 0.13%。其中内销 97.71%，外销 2.29%。

一、技术买点

海螺水泥 2016 年初最低价 6.96 元，至 2020 年 8 月最高价 63.56 元，累计上涨 9.13 倍，其间累计每股分红 5.82 元。图 6-1 为海螺水泥 2015 年 4 月至 2021 年 1 月月线走势图。实际操作中无法买在最低点，不论适配哪种方法，有效买点都在 10 元以上。

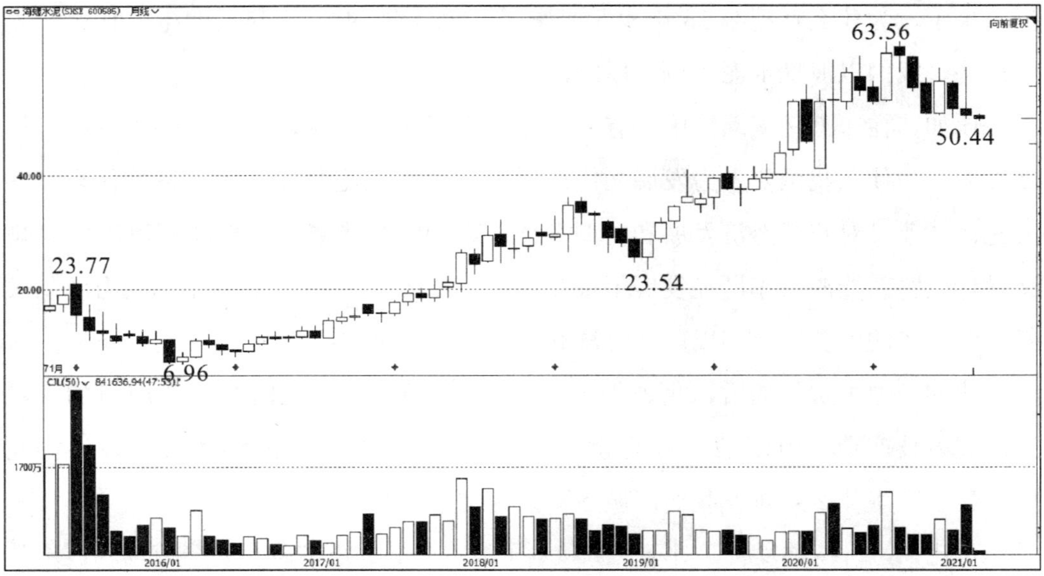

图 6-1　海螺水泥 2016 年 1 月至 2021 年 1 月月线走势图

图 6-2 为海螺水泥 2016 年 7 月至 2017 年 2 月日线走势图。其间股价上涨超过 30%，实际涨幅在 1 倍左右，随后回踩 MA120 线，形成缩量坑，股价受均线支撑，再次放量，2017 年 1 月 16 日，出现有效买点。当日收盘价 12.73 元（前复权）。

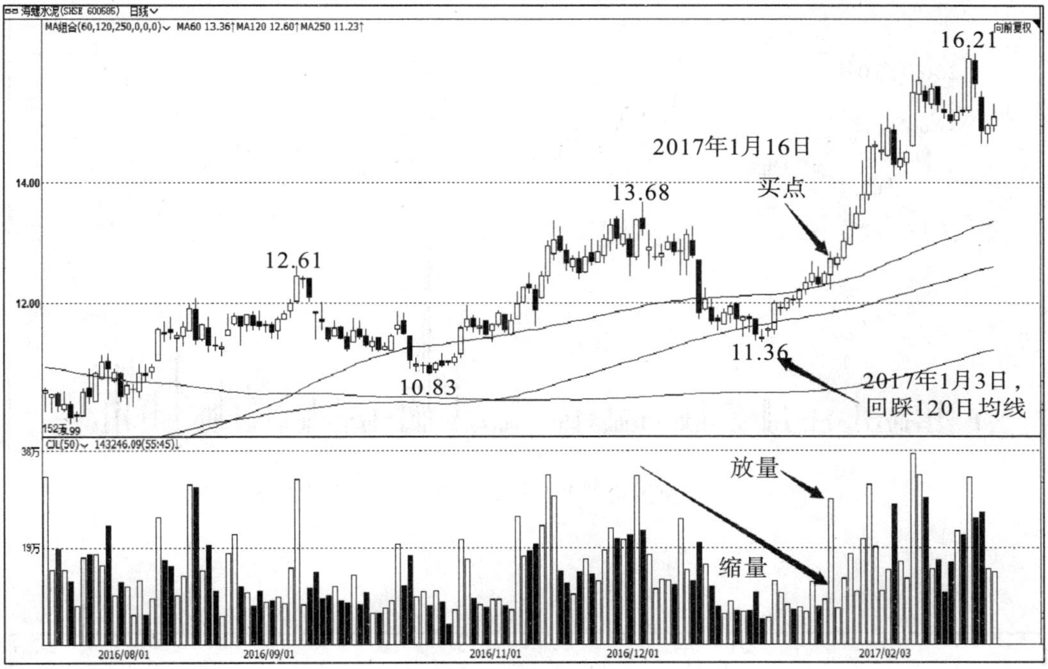

图 6-2　海螺水泥 2016 年 8 月至 2017 年 2 月日线走势图

得益于供给侧结构性改革的还有工程机械概念股。

图 6-3 为三一重工（600031）2006 年 9 月至 2021 年 1 月月线（前复权）走势图。图 6-4 为徐工机械（000425）2006 年 9 月至 2021 年 1 月月线（前复权）走势图。图 6-5 为柳工（000528）2007 年 1 月至 2021 年 1 月月线（前复权）走势图。

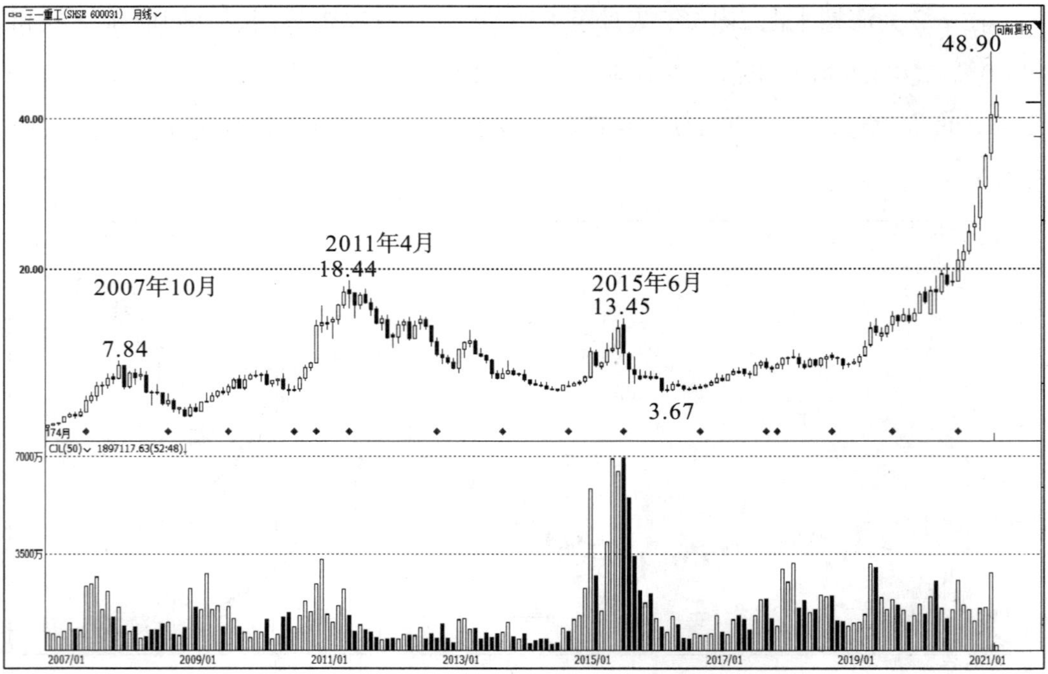

图 6-3　三一重工 2006 年 9 月至 2021 年 1 月月线走势图

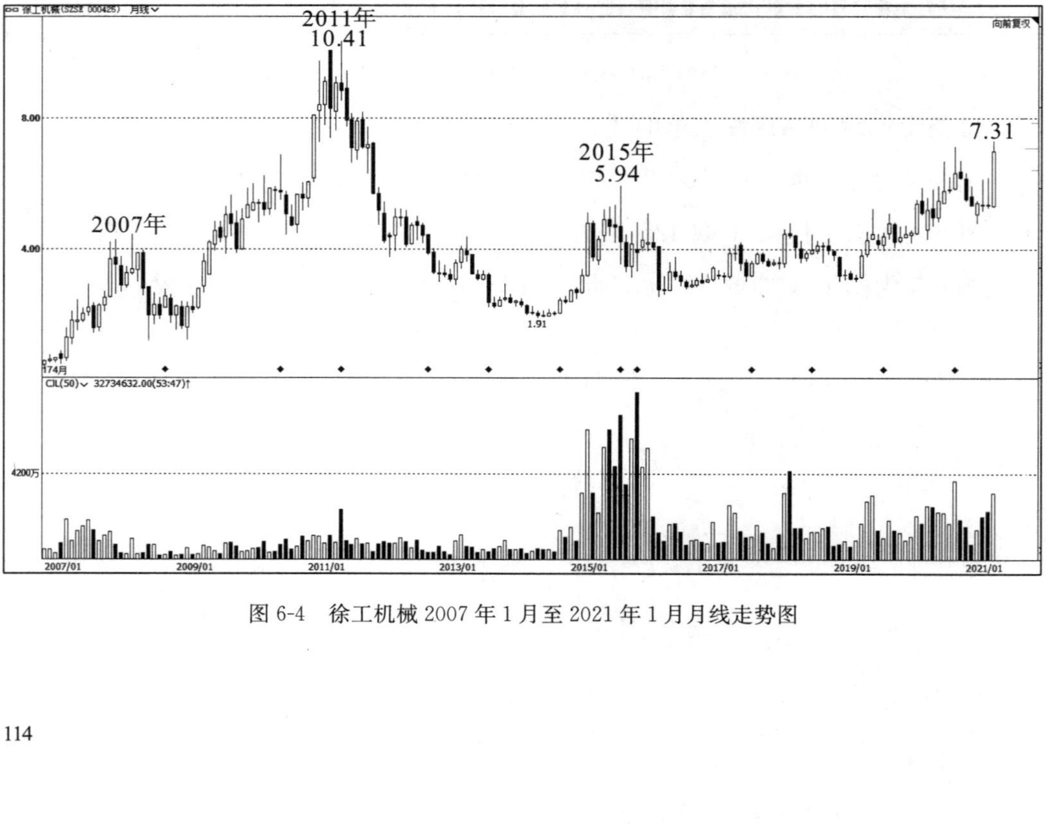

图 6-4　徐工机械 2007 年 1 月至 2021 年 1 月月线走势图

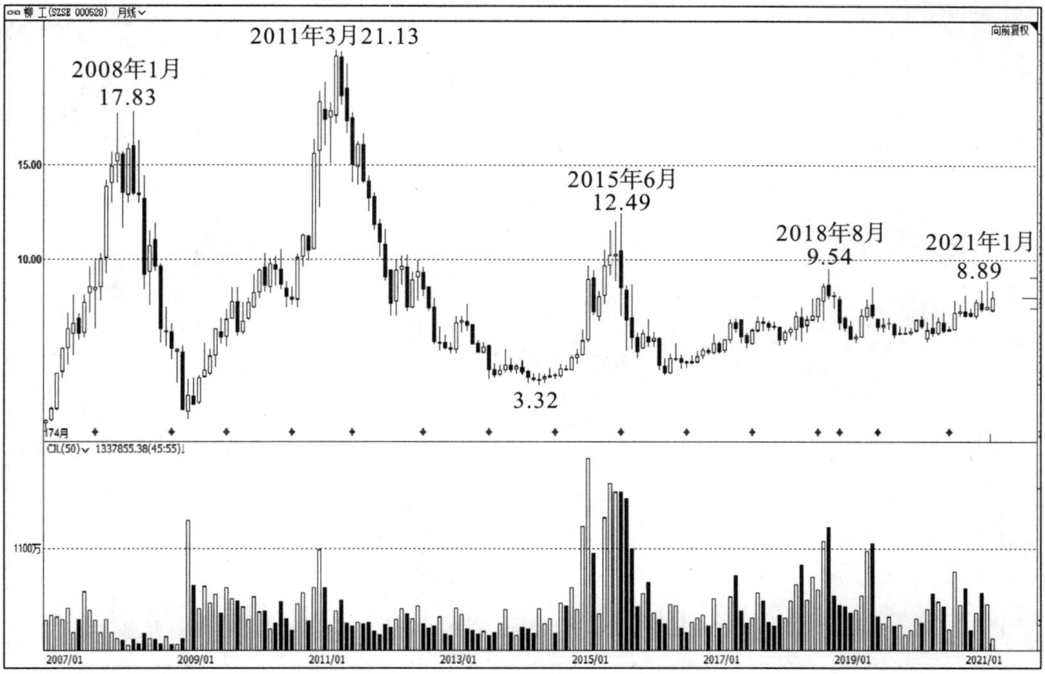

图 6-5　柳工 2007 年 1 月至 2021 年 1 月月线走势图

三大工程机械概念股无一不在 2011 年时突破了 2007 年至 2008 年期间的高点，从侧面也可以印证钢材、水泥等基础建材的需求有多高。高需求量，引爆了海螺水泥的股价，上证指数在 2008 年 10 月见底后开始反弹，上涨仅仅维持了 1 年，至 2009 年 10 月，指数一路阴跌至 2013 年 6 月份。而海螺水泥的股价则一直持续上涨至 2011 年，相对指数的涨幅非常高。

二、走势详解

图 6-6 为海螺水泥 2007 年至 2021 年月线走势图。从波段来看，海螺水泥出现了四次上涨，分别是 2007 年、2011 年和 2015 年。但真正形成上涨趋势的只有两次，即 2007 年和 2015 年。

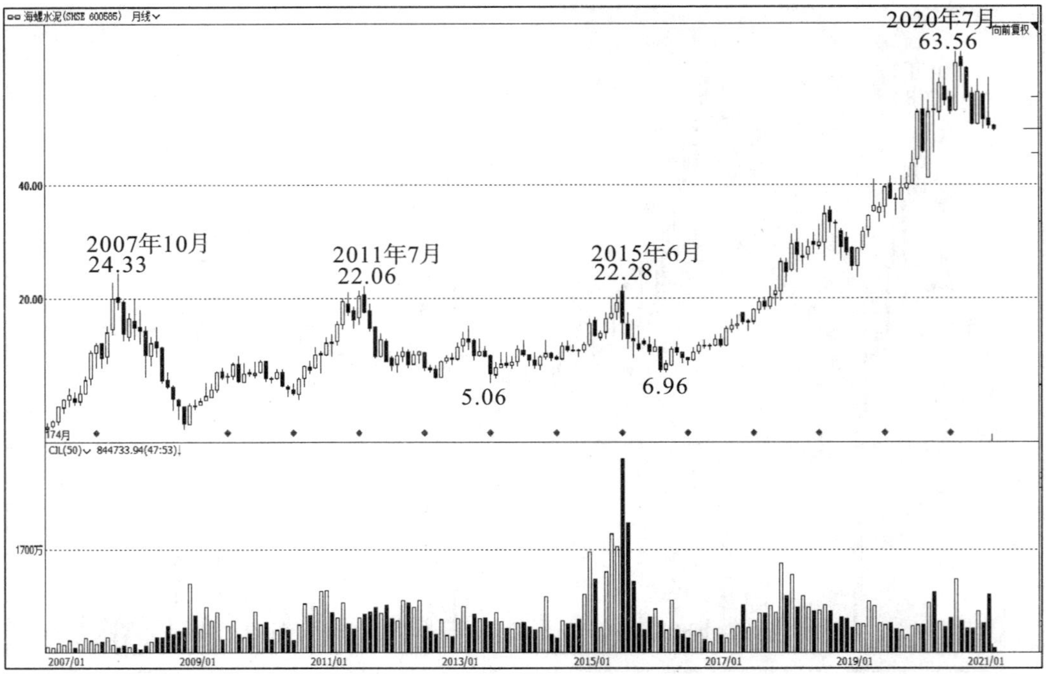

图 6-6　海螺水泥 2007 年至 2021 年月线走势图

海螺水泥 2007 年至 2015 年的上涨，是跟随大势的上涨。但需要注意的是，同样是在大级别牛市，但从涨幅来看，2015 年海螺水泥相对来说并没有上涨多少，而很多股票，在 2015 年时创出了比 2007 更高的高点。2011 年并未出现牛市，大盘的走势不过是 2008 年触底后的小阳春，但海螺水泥的高点却相当接近 2007 年的高点。

不是牛市的 2011 年，海螺水泥相对于大盘涨得多，大牛市的 2015 年，相对大盘涨得少，这是为什么？寻找原因还要追溯到 2007 年至 2008 年。

美国 2007 年开始的次贷危机波及全球。2008 年 11 月 9 日，中国政府宣布，将强力启动拉抬内需计划，两年内扩张投资 4 万亿元。2009 年 1 月 14 日，国务院常务会议通过钢铁产业的调整振兴规划，提出控制总量、淘汰落后产能、联合重组、技术改造、优化布局的战略。一个多月后，国务院完成了钢铁、汽车、船舶、石化、纺织、轻工、有色金属、装备制造、电子信息、物流等十个重点产业调整和振兴规划的编制工作，此即为十大产业振兴规划。

水泥属于地产的上游行业。2008 年，四万亿计划实施，无人问津的房产被疯抢。全国 30 个重点城市中有 24 个住宅成交面积环比上升，有 10 个城市环比增幅超过 50%。这就是海螺水泥受水泥需求增大而上涨的逻辑。

可问题是大规模的放水和人为提振产业，会在短时期内出现大量的产能，导致供大于求。图 6-7 为螺纹钢指数期货 2009 年 3 月至 2021 年 1 月月线走势图。2011 年就是供需矛盾的转折点，螺纹钢从 2011 年见顶，一直跌到 2015 年末。

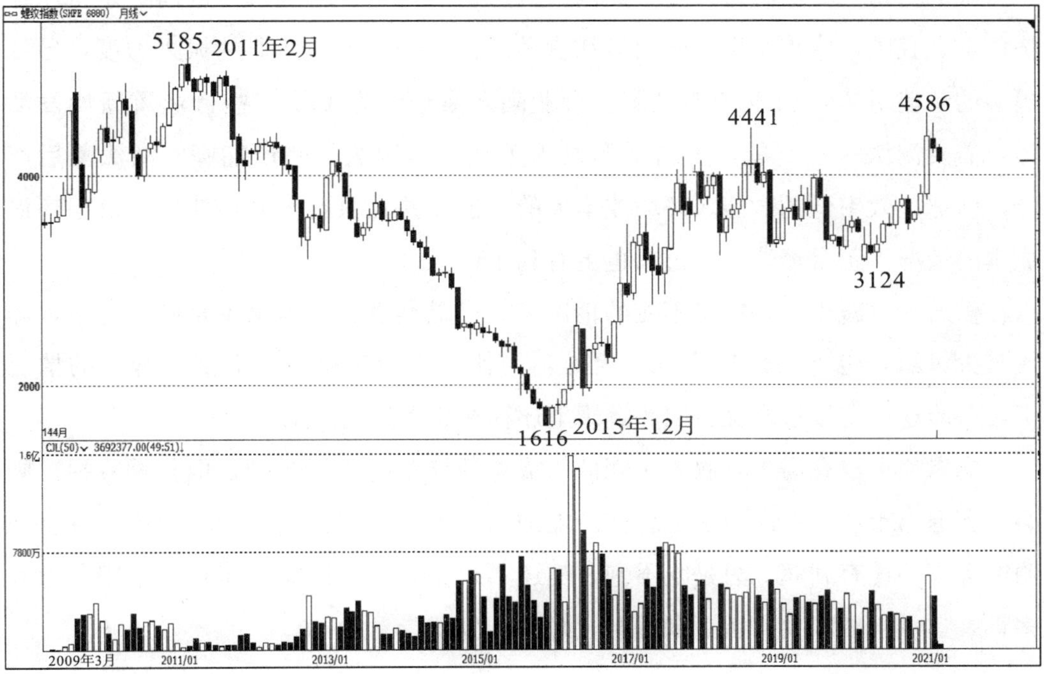

图 6-7　螺纹钢指数期货 2009 年 3 月至 2020 年 12 月月线走势图

为什么螺纹钢跌，而 2015 年海螺水泥的股价还在上涨呢？通常情况下，如果出现大牛市，会出现水涨船高的现象，只要不太差的公司，都有上涨的可能。相反，出现全盘下跌的大熊市，会出现泥沙俱下的现象，好的公司也会随市场情绪下跌，当然此时是抄底优质资产的最佳时机，也是价值投资者的买点。如果处于中间状态，既不是全盘上涨也不是全盘下跌的震荡走势中，则会出现板块轮动的情况。

2015 年是大级别牛市，即便水泥行业已经产能过剩，也被牛市裹挟着向上，但涨幅相对较小。2015 年后，大熊市再次降临，海螺水泥板块股价随之下跌。

2009 年后，直到 2012 年，产能过剩的问题并未得到解决，并且愈演愈烈。

问题被一直拖到2013年，国家出台三个对策：不出台刺激措施，去杠杆，供给侧结构性改革。但真正供给侧结构性改革的问题是在2015年再次被提起：提出在适度扩大需求的同时，着力加强供给侧结构性改革的新改革目标。

供给侧结构性改革从2013年提出，到2015年再次确立为改革目标，采取了具体的改革措施，在供给侧进行改革，解决产能过剩的问题。

我们再捋一下逻辑链：由于美国次贷危机引发了金融危机，进而引发全球经济危机。我国采取扩张性财政政策和货币政策，加大十大产业的振兴力度，导致更多的产能进入，引发产能过剩，行业陷入衰退。为了使这些行业重新焕发活力，需要淘汰一些产能，重新平衡供求关系。那淘汰哪些产能呢？淘汰落后产能，即那些效率低的产能、环境成本大的产能。并且只有大公司才能在负担环保成本的情况下正常经营，反过来也更有利于环保。

供给一旦减少，在需求不变的情况下，产品会涨价。需求不足的情况下，即使减少供给，也不会提振需求。但是，为什么产能过剩、大家都不赚钱的情况下，产能还会持续过剩呢？因为客观上还存在着大量的需求。

如果完全没有需求，收入短期低于成本还能坚持一段时间，但长期亏损，则必然会退出市场。退出市场也就使产能减了一部分。但大家都没有退出市场，说明留下来的还有利润，只是吃不饱，但还不致饿死。所以需求端我们不用考虑太多，一旦供给端减少，留下来的企业必然会盈利。

三、基本面分析

上市的水泥企业那么多，为什么我们要选择海螺水泥呢？因为海螺水泥是我国最大的水泥企业。我们都知道水泥存在销售半径的短板，长途运输的费用特别高。通常情况下，每一个地区都会有一个水泥厂，供应它所能覆盖半径的需求。比如上峰水泥的经营范围是华东地区，再看海螺水泥，它的经营范围在财务报表中写的是：中部区域、东部区域、西部区域、南部区域。

海螺水泥克服水泥行业销售半径的短板，在全国遍地开花。这是因为海螺水泥在全国各地设有分厂，到处画圆，到处都在它半径覆盖的范围内。

得益于供给侧结构性改革，水泥涨价，我肯定会买在这个行业内最有竞争力的公司的股票，即遍地开花的海螺水泥的股票，而不是选择只在某某区域有影响力的公司。你可能会说：反正都是涨价，虽然另外一家水泥公司的体量小，但它每股收益更多，或者说净资产收益率更高，买这家小公司，不是比买海螺水泥更划算吗？

并不是，原因还是销售半径的问题。小水泥公司的销售半径天然短，大水泥公司通过遍地开花的方法，使销售半径变大。半径变大有什么好处呢？半径大会降低机会成本。因为区域性的水泥公司的半径短，如果所覆盖的区域内恰好水泥用量很少就会错过供给侧改革的红利。但海螺水泥的半径非常长，东部区域的水泥用量少，还有西部区域。西部区域用量少，还有南部区域。总之，水泥用量有增量空间。

此外，我们通过格雷厄姆给出的简单估值方法来测算一下海螺水泥的内在价值。方法很简单，用10年的平均每股收益乘以10。如果此乘积与股价相近，便可买进。其中的道理，我会在讲价值投资的书中详细阐述。

买点出现在2016年初，当时我们手中最新的数据是2014年的年报。2005年至2014年10年间平均每股收益为1.462元，乘以10为14.62元。若股价低于14.62元便可买进。

2016年5月9日，股价最低为14.58元，低于14.62元，触发买进条件。其后在6月27日下跌至回调的最低位13.82元，账面亏损5.47%。随后便一路上涨。

需要注意的是，我们本章开头给出的是前复权走势图，因为寻找买点更依赖于技术。而技术看重的是形势，而不是价格。但我们用的是格雷厄姆给出的买入法，使用的是除权数据，因为这种方法的目的就是算账，与技术图形无关，所以必须重视即时的价格。

2017年1月16日海螺水泥收盘价12.73元，总股本52.99亿，总市值674.56亿元，前十大股东持股占流通股的76.2%，有效流通市值160.55亿元。等待换手率达到10%以上平仓。至2021年初，皆未触发平仓条件，迄今其最高价为63.56元。

小结

1. 要了解政策，如本节的供给侧结构性改革。梳理为什么要进行供给侧结构性改革，它能解决什么问题，问题解决后会出现什么结果。

2. 对行业特点要有所了解，或者说行业的痛点在哪点，谁解决了行业痛点，谁就可能成为行业龙头，而这就是我们要寻找的标的。

3. 如果可以用多方法交叉印证，共同给出买点，则该买点可信度更高。本章中，我们详细阐述的是基本面动因，技术是可复制的，并不高大上。我们穿插了格雷厄姆简单估值法，当然我们还可以用价投折现法。值得一提的是，价投折现法在 2016 年初也同时给出了有效买点。

第二节　长期发展光伏产业的几个案例

一、技术买点

图 6-8 为阳光电源（300274）2020 年 6 月至 2020 年 12 月日线走势图。三均线多头排列，回调缩量，回踩 MA60，再次放量，给出买点。买点信号出现时间为 2020 年 9 月 16 日，当日收盘价 26.29 元，截至 2020 年底，全年最高价 76.58 元。

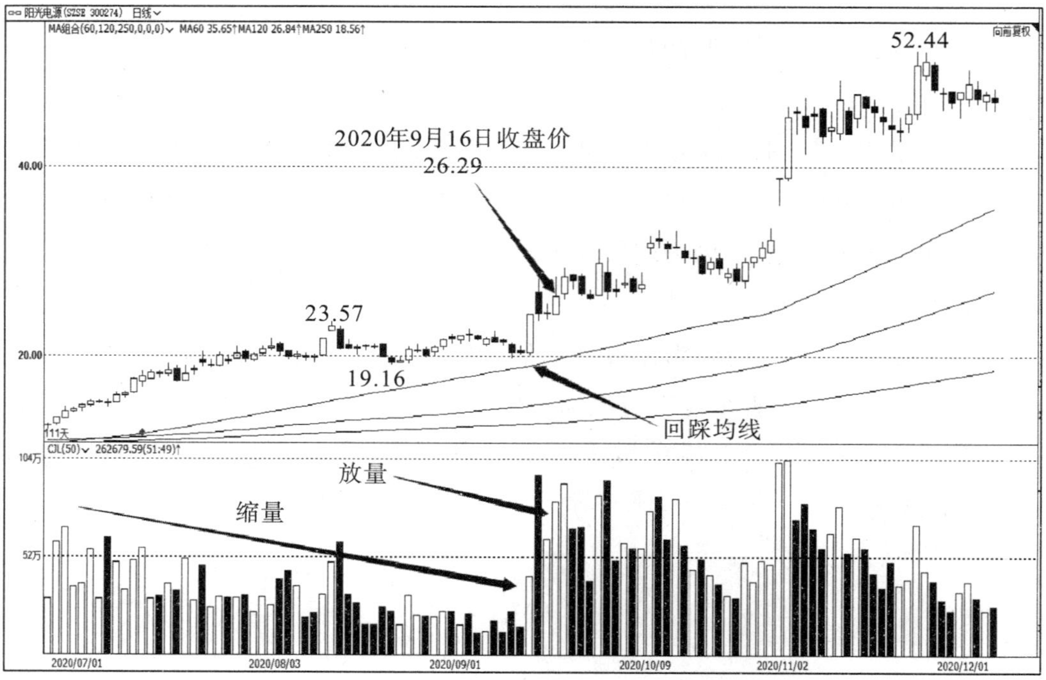

图 6-8　阳光电源 2020 年 6 月至 2020 年 12 月日线走势图

如果我们认为这个买点有点滞后，还有没有其他买点呢？还有，由于日线图表过长，我们用周线图来表述。图 6-9 为阳光电源 2018 年 9 月至 2021 年 1 月周线走势图。这是一个教科书式的、周期较长的上升三角形形态，突破上边线即是技术买点。

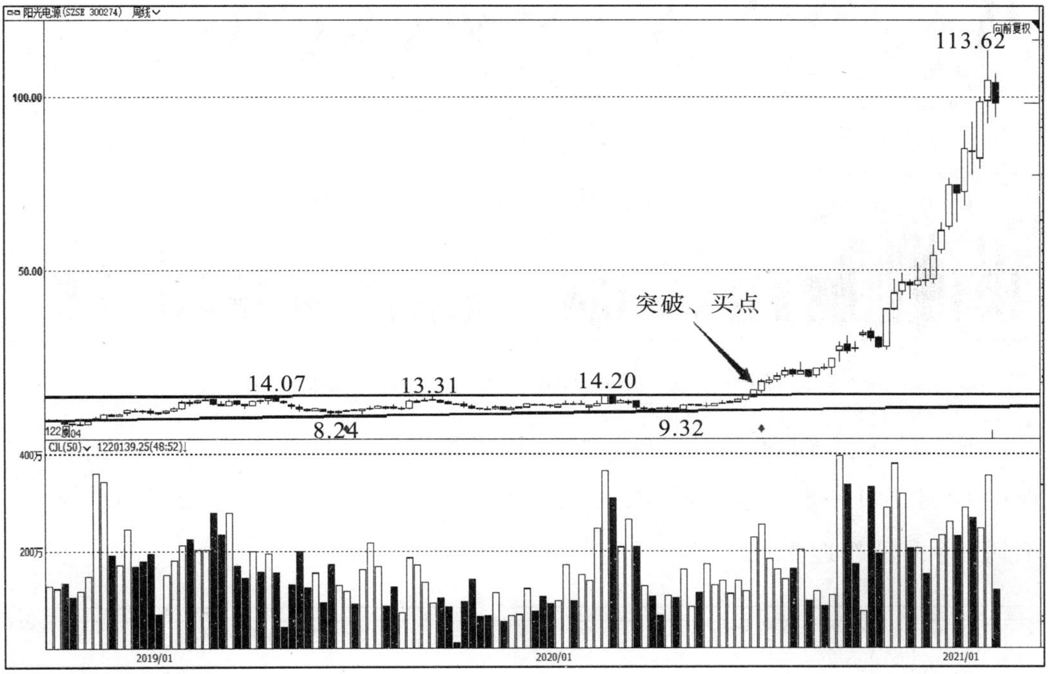

图 6-9　阳光电源 2018 年 9 月至 2021 年 1 月周线走势图

行文至此，基本本书内容已经过半。你可能会认为，我挑出的是一些已经大幅上涨的股票，来复盘以证明自己的观点是没有意义的。其实不然，我们在开篇就讲过复盘的意义，如果没有能力在已经上涨的股票中去归因，连涨跌的逻辑都不知道，何谈推演未来。

我们在解析阳光电源之前先来看几条有时效性的案例。图 6-10 为杭可科技（688006）2020 年 6 月至 12 月日线走势图。杭可科技的两次买点信号分别出现在 10 月 9 日、11 月 24 日，收盘价分别为 56.19 元和 59 元，截至 2020 年底，全年最高价 86 元。3 个月涨幅 50%以上。

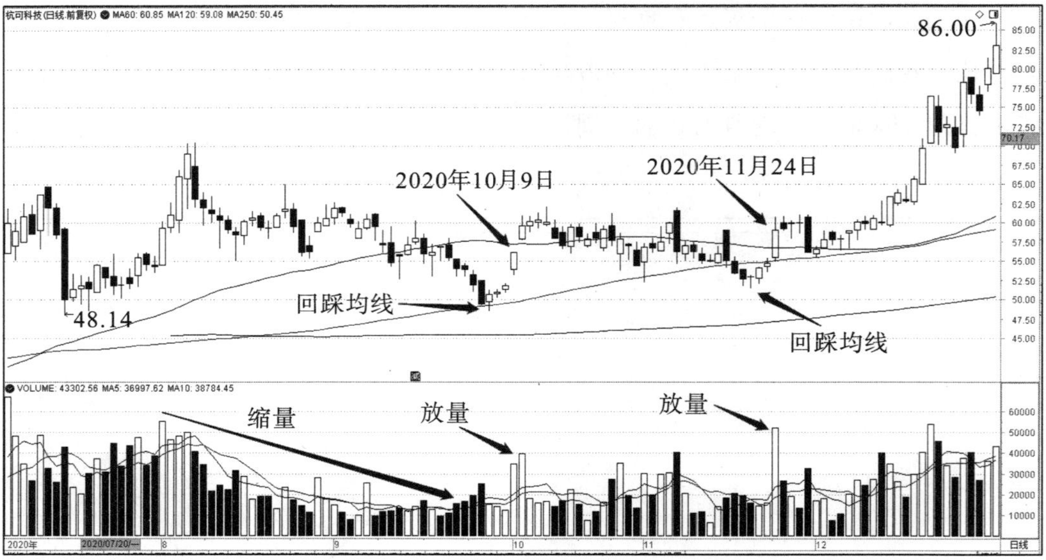

图 6-10　杭可科技 2020 年 6 月至 12 月日线走势图

图 6-11 为金辰股份（603396）2020 年 7 月至 12 月日线走势图。买进信号出现在 12 月 7 日，当日收盘价 35.32 元，截至 2020 年底，全年最高价 52.42 元，不到 1 个月涨幅近 50%。

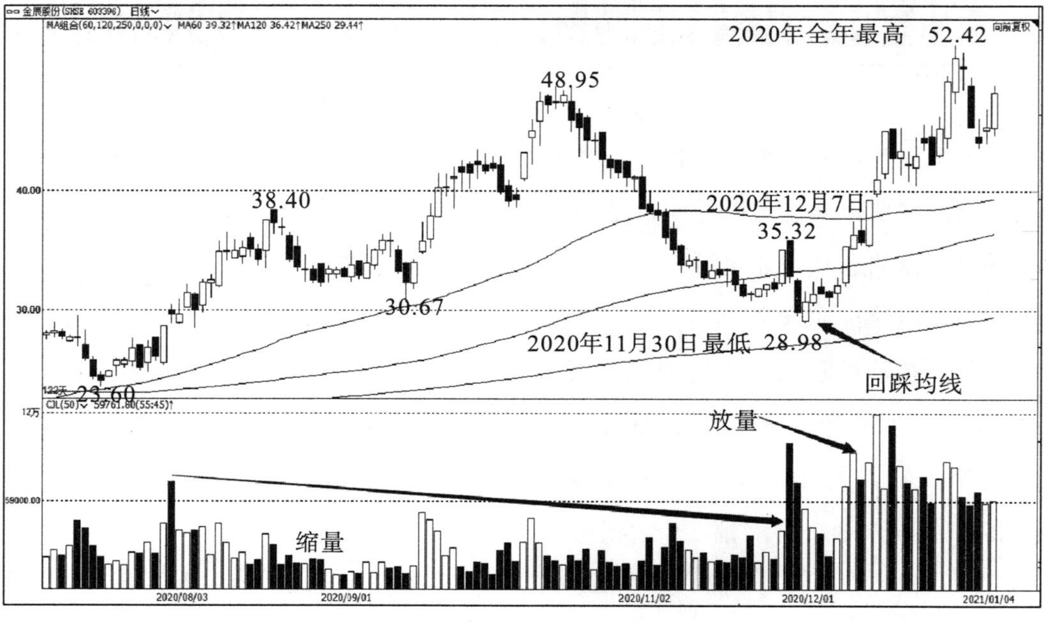

图 6-11　金辰股份 2020 年 7 月至 12 月日线走势图

图 6-12 为通威股份（600438）2020 年 6 月至 12 月日线走势图。股价上涨、均线多头排列、回调、缩量、回踩 MA60 线、放量，买点出现。买进信号给出时间是 2020 年 9 月 11 日，当日收盘价 24.76 元，截至 2020 年底，全年最高价 41.1 元，最高涨幅 66%。

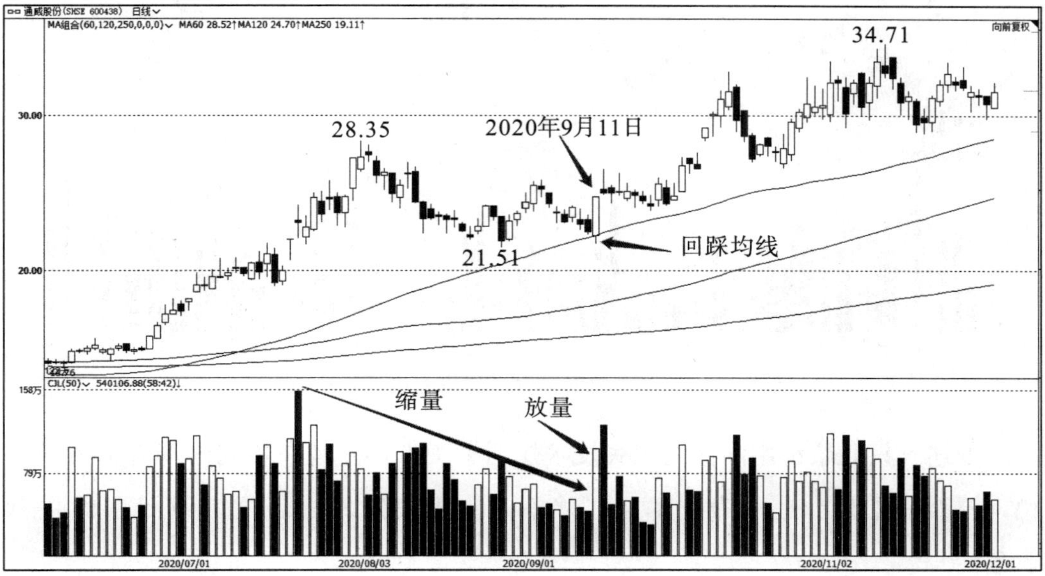

图 6-12　通威股份 2020 年 6 月至 12 月日线走势图

如果认为 2020 年 9 月份的时效性滞后，再看通威股份最近的买进信号。如图 6-13，同样的流程再走一遍，买进信号给出时间 12 月 10 日，当日收盘价 30.66 元。截至 2020 年全年最高价 40.86 元，最高涨幅 33.27%，仅用了 12 个交易日。

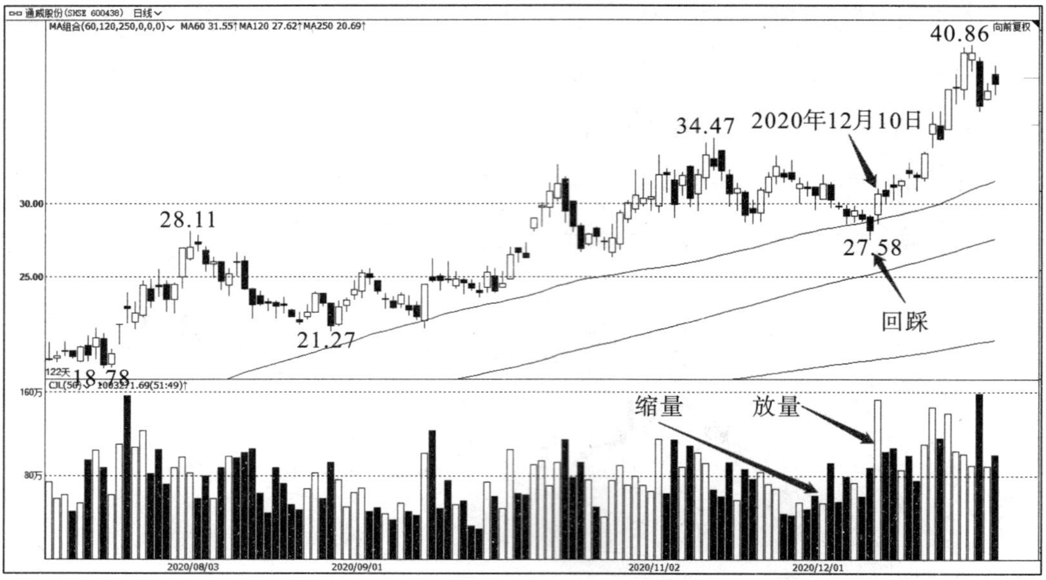

图 6-13　通威股份 2020 年 6 月至 12 月第二个买进信号

上述三只股票都用同样的兜底技术找到了买点，并且在短期内都有不俗的涨幅，原因是什么？是因为技术吗？并不是。我们先看一下这三只股票的主营业务。

杭可科技：主营业务锂离子电池生产线后处理系统设计、研发、生产与销售。2020 年半年报数据显示：充放电设备业务营收 5.17 亿元，占总营收的 85.1%；其他设备业务营收 7600 万元，占总营收的 12.54%；配件业务营收 1200 万元，占总营收的 2.03%；其他业务营收 200 万元，占总营收的 0.33%。其中外销 54.71%，内销 45.29%。

金辰股份：主营业务太阳能光伏组件自动化生产线成套装备的研发、设计、生产和销售，并为客户提供相关服务。金辰股份在国内太阳能光伏组件自动化生产装备领域技术水平处于领先地位。据 2020 年半年报数据：光伏组件自动化设备业务营收 4.19 亿元，占总营收的 92.73%；光伏电池自动化装备业务营收 2900 万元，占总营收的 6.34%；其他功能性设备及配套件业务营收 400 万元，占总营的 0.94%。其中内销 92.77%，外销 7.23%。

通威股份：主营业务水产饲料、畜禽饲料等的研发、生产和销售，是国内三大饲料生产商之一和全球最大的水产饲料生产商。看起来好像与杭可科技、金辰股份并不是同一行业的，但看它的2020年上半年报，数据显示农牧业务营收93.52亿元，占总营收的50.71%；光伏业务营收91.37亿元，占总营收的49.54%；分部间抵销4600万元，占比－0.25%。

通威股份的光伏业务是多晶硅和单晶硅，是晶硅提供商。金辰股份是光伏组件的设备供应商。杭可科技在这条线的末端：锂电池。这条线的基础就是光伏，新能源。

为什么这条线会赢利？其实这是一条伏脉千里的草蛇灰线，我们暂且放下不表，先说时效性的问题。

杭可科技的第二次买进时间是11月24日，金辰股份的买进时间是12月7日，通威股份的买进时间是12月10日。我们来回顾一下有关的新闻报道：

1.2020年11月16日发改委发出《关于邀请参加第十四届中日节能环保综合论坛的通知》。

2.2020年11月25日，磷酸铁锂正极材料价格上涨的消息出现。

3.2020年11月26日，财政部《关于加快推进可再生能源发电补贴项目清单审核有关工作的通知》：2006年及以后年度按规定完成核准（备案）手续并且完成全容量并网的所有项目均可申报进入补贴清单。风电至2021年底停止补贴。

4.2020年11月27日，商务部：稳定和扩大汽车消费。

5.2020年12月7日，鼓励存量车油改电。北京摇号购车，无车家庭优先。

6.2020年12月10日，商务部：开展新一轮汽车下乡和以旧换新。

7.2020年12月11日，中国汽车工程学会：新能源车市场超预期，2021年增速或超30%。

8.2020年12月12日，上海市政府：加快新能源汽车产业发展。中国移动、中国邮政、中国远洋、中国交建交通强国试点方案密集获批。

9.2020年12月16日，发改委：研究加强汽车产业管理促进新能源汽车健康有序发展。

10.2020年12月17日，工信部召开研讨会，研究在新能源车中扩大镁应用。

11.2020年12月21日，国新办发布《新时代的中国能源发展》白皮书。努力推动本国能源清洁低碳发展的同时，积极参与全球能源治理，2060年达到碳中和。

12. 2020 年 12 月 22 日，国新办：《中国交通的可持续发展》白皮书。

13. 2020 年 12 月 23 日，能源局：2021 年风电、太阳能新增 1.2 亿千瓦目标。

14. 2020 年 12 月 30 日，交通运输部发布《关于促进道路交通、自动驾驶技术发展和应用的指导意见》。

在一个半月中，至少出现了上述 14 条关于环保、光伏、风电、交通、新能源汽车的积极消息，这就是政策导向。在这样的基本面动因条件下，再找出相关个股的技术落点，不买还等什么呢？

二、基本面分析

我们简单复盘了近期光伏概念股的三只股票，再回头来看阳光电源，在当时是否也有类似 2020 年末的政策导向呢？有，我说过这是一条伏脉千里的草蛇灰线。

2018 年下半年，当时我通过分析隆基股份的上涨逻辑——基本面动因，认为光伏业已经进入价值投资的范畴。我在 2018 年 8 月 28 日发表的文章表示：当时隆基股份的滚动 PE 为 10.4 倍，预估增长率为 17.33%，PEG 为 0.6%，约有 40%的安全边际。

从那时起，光伏产业链的龙头企业隆基股份和通威股份就开启了上涨之路，持续了两年多，2020 年末，这两只股票还在创新高。

在隆基股份给出买点后，光伏产业链下游的各个节点的企业，在技术创新过程中，都有不同程度的上涨，例如叠瓦技术、串焊技术的创新等，代表股票有捷佳伟创（300724）、迈为股份（300751）等。这是一个产业链上的、不断向下游扩散的一浪推一浪的上涨。当然光伏的主要材料是多晶硅和单晶硅，这是制霸产业链的节点，整个光伏产业链上涨，最上游的龙头必然一直上涨。

再将这个问题的逻辑向前推导，为什么我国要不遗余力地发展光伏产业呢？我个人认为原因有以下两点。

首先，我国虽是产油国，但也是贫油国，我国日均消耗原油 550 多万桶，其中有 220 万桶来自于进口。2020 年原油进口量首次超过 1 亿吨，达到 1.1 亿吨，比 2019 年增长 21%。且成品油进口量将达到 4000 万吨，增长约 40%。如此巨量的原油消耗，加上高比例的进口占比，原油进口受制于人的风险很高。

国家能源局在2019年9月曾表示，中国的商业和战略原油库存均约为80天的净进口量，而美国为149天、德国为100天、日本为150天。目前中国已经建成9个国家石油储备基地，约能储备原油3325万吨。中国战略储油相对较小。

其次，是石油等化石能源对环境的污染。

以上两点，都要求我国在扩大原油储备量的同时，使用其他能源来代替原油。

发展光伏产业，这是能源发展的必由之路。如今，我国成为全球最大的光伏产能国与输出国。

阳光电源（300274）主营业务：太阳能、风能、储能、电动汽车等新能源电源设备的研发、生产、销售和服务。阳光电源是全球光伏逆变器出货量最大的公司。2020年半年报数据显示：电站系统集成业务营收36.27亿元，占总营收的52.24%；光伏逆变器等电力转换设备业务营收26.69亿元，占总营收的38.45%；储能系统业务营收2.5亿元，占总营收的3.61%。

阳光电源出现买进信号时，光伏产业概念股的上涨已经传导至最下游。阳光电源的主营业务中，电站系统集成的营收占总营收的52.24%。另一个业务是光伏逆变器营收占总营收的38.45%。阳光电源是逆变器的龙头企业，2015年，阳光电源出货量首次超越连续多年排名全球发货量第一的SMA公司，成为全球光伏逆变器出货量最大的公司。在国内的市场占有率为30%左右，多年保持第一。国外市场占有率达到15%，批量销往德国、意大利、澳大利亚、美国、日本、印度等60多个国家。2019年底，阳光电源在全球实现逆变器设备装机超过100GW。

阳光电源还参与起草了多项国家标准，是行业内为数极少的掌握多项自主核心技术的企业之一。

阳光电源除了处于光伏产业链中之外，还有一个更具吸引力的业务：储能业务。虽然2020年上半年报显示营收只有2.5亿元，占总营收的3.61%，但它却是国内最大电站储能龙头企业，储能系统装机已连续四年位居全国第一。

众所周知，如果没有储能系统，发出来的电如果不用掉，也没办法储存。通常情况下电站选择建在有水的地方。利用多发出来的电能，把水低位抽到高位，也就是把电能转换为水的势能。当发电不足时，再把水放出，水的势能转换为发动机的动能，再换转为电能。所以电站选址的条件非常严苛。当然，现在有把重物吊起来的电能——势能转换，可以在没有水的条件下储存能量。“储能”，这也是更长一条产业链上的创新，发电—储能—输变—巡检—应用。如果把光伏看成是“发电”内部的一条产业链，那么当这条链已经传导到末端电站时，则必然将要走到“储能”这一环，而“储能”这一节点内部，还有更细分工的产业链，阳光电源就是其中之一。

2020年9月16日阳光电源收盘价26.29元，总股本14.58亿，总市值383.31亿元，前十大股东持股占流通股28.87%，有效流通市值272.65亿元，等待换手率达到10%以上平仓。至2021年2月皆未触发平仓信号，当前阶段最高价122.18元。

小结

1. 基本面动因结合技术的方法，重点在基本面动因，而不是技术。

2. 基本面动因需要花更多的精力关注政策导向，密集的消息根本不需要我们推导基本面动因是什么，只要我们轻松地跟着走即可。

3. 如果这当前的基本面动因与国家发展战略重合，那它必然是长期投资逻辑，一环扣一环，一浪推一浪，不要轻易离开这条线。

第三节　内循环中的消费循环——比亚迪上涨分析

比亚迪（002594）主营业务：包含新能源汽车及传统燃油汽车在内的汽车业务、手机部件及组装业务、二次充电电池及光伏业务。在我国新能源汽车技术领域，比亚迪综合实力排名第一。

2020年半年数据，汽车及相关产品业务营收320.72亿元，占总营收的53.01%；手机部件及组装等业务营收233.8亿元，占总营收的38.64%；二次充电电池及光伏业务营收47.91亿元，占总营收的7.92%；其他业务营收2.6亿元，占总营收的0.43%。其中内销60.33%，外销39.67%。

一、技术买点

图 6-14 为比亚迪 2020 年 1 月至 2020 年 11 月日线走势图。比亚迪共出现两次均线兜底买进机会。第一次比亚迪股价涨至 75.74 元后回落，在回落的过程中，MA60、MA120、MA250 并未呈现出多头排列。成交量萎缩，形成缩量坑后，三均线才逐渐形成多头排列。股价回踩均线，放出的阳量打破了缩量坑中阳量不断降低的秩序，为坑后量，时间为 2020 年 6 月 2 日，当日收盘价 60.94 元，为第一次买进信号。比亚迪上涨至 97.85 元后，重演了缩量—回踩—放量的过程，在 2020 年 8 月 26 日收盘价 83.42 元，为第二次买进信号。

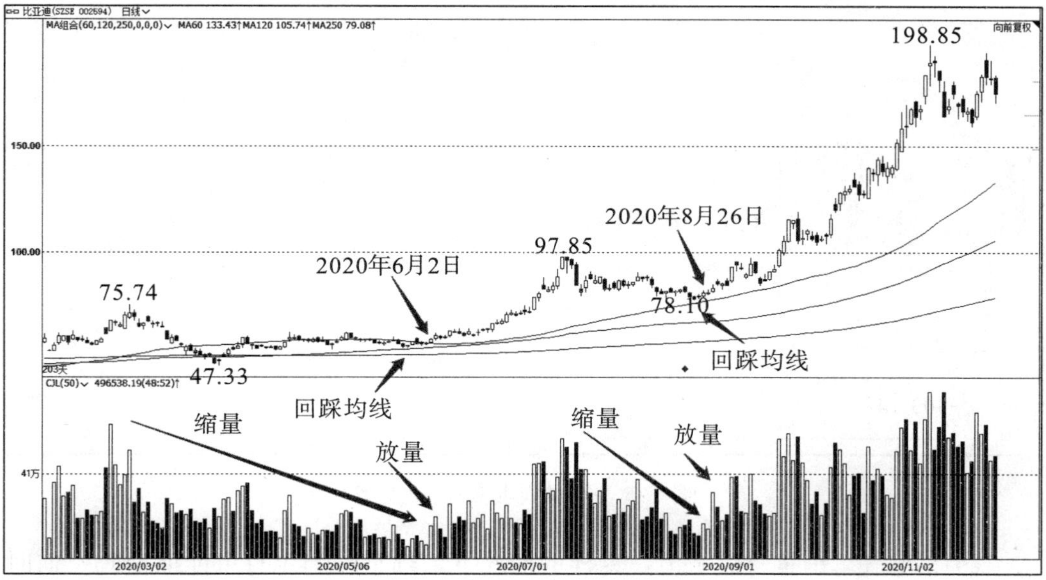

图 6-14 比亚迪 2020 年 1 月至 2020 年 11 月日线走势图

二、刺激消费为汽车板块上涨的基本面动因

汽车行业特别是汽车整车行业，自从限购令出现后，除跟随大盘上涨外，都没有特别亮眼的表现。2010 年至 2014 年，共有八市一省进行汽车限购。

2010 年 12 月 23 日起北京汽车限购，采用摇号制，二手车不得带牌转让。2012 年 7 月 1 日，广州对中小型客车进行配额管理。2013 年 12 月 16 日，天津实行小客车增量配额指标管理，并将在 2014 年 3 月 1 日按车辆尾号实施机动车限行交通管理措施。随后杭州、深圳、海南省等地纷纷出台限购措施。

汽车限制买，买了限制开，八市一省在这种情况下，购车意愿降低。从汽车整车指数可以看出，该板块指数自从 2015 年熊市之后，就一直处于震荡下跌状态中。图 6-15 为汽车整车指数月线走势图。虽然汽车限购令不是汽车板块表现欠佳的唯一原因，但至少是重要原因。

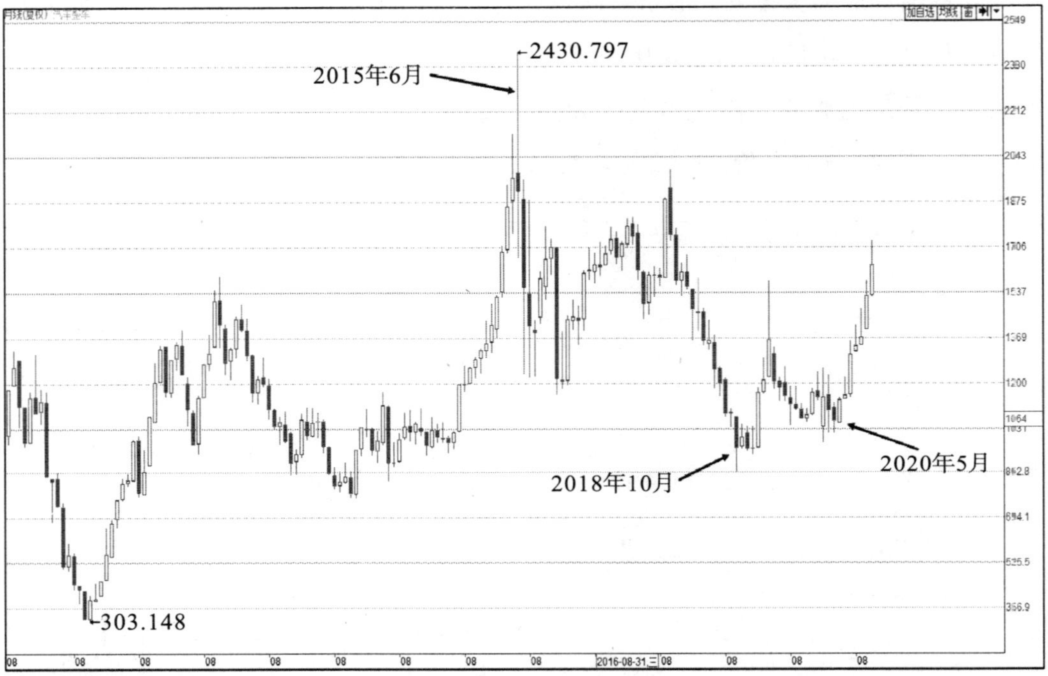

图 6-15　汽车整车指数月线走势图

2019 年汽车销量持续下滑，这样的情况下，汽车限购令有可能取消吗？何时取消限购令？2019 年 8 月 27 日，国务院办公厅发布《关于加快发展流通促进商业消费的意见》，指出：要逐步放宽或取消汽车限购，释放汽车消费潜力，实施汽车限购的地区要结合实际情况，探索推行逐步放宽或取消限购的具体措施，但各地均未出台具体措施。

2020 年初新冠肺炎疫情暴发，全球经济受损。我国拉动经济的三驾马车：投资、出口、消费均受到不同程度的影响。在停工抗疫的过程中，消费显得尤为重要。2020 年 2 月 16 日，《求是》发表文章提出：要积极稳定汽车等传统大宗消费，鼓励汽车限购地区适当增加汽车号牌配额。20 日，商务部市场运行司副司长王斌在新闻发布会上表示，为减轻疫情对汽车消费的影响，鼓励各地因地制宜出台促进新能源汽车消费，增加传统汽车限购指标和开展汽车以旧换新等举措。

2020年4月，商务部再次明确要促进新车销售，推动有关地方放宽或取消限购措施，进一步推动汽车限购向引导使用政策转变。

2019年刺激汽车消费的原因是：汽车销量连续两年下滑，并且下降速度越来越快，而汽车是仅次于房地产的大宗消费。但当时的经济环境，并没有2020年上半年严峻，政策出台并不密集。从汽车板块股票的图表中可以看出，2019年汽车整车概念股虽然出现一波上涨，但并不持续，至少均线并未多头排列。

在经济形势严峻的2020年，我国政府首次提出“双循环”的概念：国内国际双循环。国际循环以投资和出口为主，国内循环以投资和消费为主。强调内循环，主要是强调消费。顺理成章，刺激汽车消费，一是针对2019年的形势，二是助力内循环，拉动经济增长。

但是，助力内循环，刺激消费，为什么是汽车？

2018年整车行业出现了拐点，同比销量下降2.8%；2019年汽车销量同比下降8.2%。2019年北京最后一批次的摇号比例约为2546∶1。汽车制造业产业链长，覆盖面广，特别是2010年以来，汽车消费常年占据同期社会消费品零售总额超10%，占比非常高。从稳就业的角度看，汽车行业涉及的产业链太长太多，从上游原材料的石油、有色、钢铁、玻璃、橡胶，到中游的汽车零部件，再到下游的整车，可以提供大量的就业岗位，且附加值高，对拉动经济增长发挥着重要的作用。在既定的GDP主动增速放缓的战略下，且在房地产无法继续刺激GDP增长的情况下，汽车制造业对GDP增长将发挥更重要的作用。

我们再看内循环的时间线：

2020年5月14日，中央政治局常委会首次提出了“两个循环”概念，要“构建国内国际双循环相互促进的新发展格局”。关键词：构建、双循环。

2020年5月23日两会期间，习近平总书记就强调要“逐步形成以国内大循环为主体、国内国际双循环相互促进的新发展格局”。关键词：逐步形成、内循环为主。

2020年6月18日，刘鹤副总理在陆家嘴论坛开幕式上表示：“一个以国内循环为主、国际国内互促的双循环发展的新格局正在形成。”关键词：形成、内循环为主。

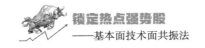

2020年7月21日，习近平主席在企业家座谈会上发表重要讲话，指出：“我在今年的‘两会’上讲过，面向未来，我们要逐步形成以国内大循环为主体、国内国际双循环相互促进的新发展格局。”关键词：形成、内循环为主。

2020年7月30日，中共中央政治局召开会议指出：“当前经济形势仍然复杂严峻，不稳定性不确定性较大，我们遇到的很多问题是中长期的，必须从持久战的角度加以认识，加快形成以国内大循环为主体、国内国际双循环相互促进的新发展格局。”关键词：加快形成，内循环为主。

关键词的演变：构建双循环—逐步形成内循环—形成内循环为主—加快形成内循环为主。可见刺激消费拉动经济，已是迫在眉睫。

仅2020年3月份，关于刺激汽车消费的政策就有7条之多，平均不到5天就有1条。

9日，长春、宁波、佛山、广州、珠海、湘潭、长沙、杭州、南昌等市出台具体的刺激消费政策。

12日，中汽协建议，推迟全国范围内推出国六排放标准、限购地区适当增加汽车号牌配额，解禁新能源汽车限购，调整小排量乘用车的购置税率，出台汽车下乡政策。

13日，发改委、工信部等23个部门联合发布《关于促进消费扩容提质加快形成强大国内市场的实施意见》，提出要促进机动车报废更新、促进汽车限购向引导使用政策转变，鼓励汽车限购地区适当增加汽车号牌限额等鼓励举措。

18日，商务部会同有关部门进一步研究提出促进汽车等重点商品消费的政策措施，促进汽车限购向引导使用政策转变，支持引导各地制定奖补政策。

23日，商务部、发改委、卫健委联合发布《关于支持商贸流通企业复工营业的通知》，要求：各地商务主管部门要积极推动出台新车购置补贴、汽车“以旧换新”补贴等措施，实施汽车限购措施地区的商务主管部门要积极推动优化汽车限购措施，稳定和扩大汽车消费。

26日，商务部鼓励各地结合本地实际情况，出台促进新能源汽车消费、开展汽车以旧换新等措施，进一步稳定和扩大汽车消费。

31日，国务院确定：将新能源汽车购置补贴和免征购置税政策延长2年；中央财政采取以奖代补，支持京津冀等重点地区淘汰国三及以下排放标准柴油货车；对二手车经销企业销售旧车，从5月1日至2023年底按销售额0.5%征收增值税。

如果有兴趣可以继续搜索关于汽车消费的消息。我们仅举一例，4月29日，上海发改委、上海交通委、上海商务委、上海财政局、上海经信委、上海住建委联合发布《关于促进本市汽车消费若干措施》。内容有：增加中心城区非营业性客车额度投放数量；推进老旧汽车报废更新；积极支撑新能源汽车消费；加大公共领域燃油车转换为新能源汽车力度；完善充（换）电基础设施配套；促进燃料电池汽车加快应用；优化新能源汽车推广应用政策；营造智能汽车消费环境等。每一条下面都有详细的实施措施。

值得我们注意的是：按照我们的方法，比亚迪第一次的买进信号出现在2020年6月2日。也就是说，我们在接收到刺激汽车消费的高频消息之后，仍给我们留出了反应的时间，让我们可以把注意力转移到整车上来。

还需注意的是，在以上所有的措施中，都不可避免地提到了“新能源汽车”，所以在汽车整车板块整体看好的情况下，应该更关注新能源汽车相关概念股。而国内新能源汽车的龙头，是比亚迪无疑。

三、比亚迪大涨的基本面动因

我们都知道，巴菲特2008年就拿下了比亚迪8.8%的股份，比亚迪一度成为巴菲特的重仓股，成本约为每股8港元。至2020年11月10日收盘价184.5港元。芒格更是称王传福是管理界的杰克·韦尔奇、科技界的托马斯·爱迪生，赞誉极高。

2020年7月12日，比亚迪全新安全智能新能源旗舰轿车比亚迪汉正式上市。新车共有3款电动车以及1款插电式混合动力车，共4种车型，补贴之后的价格为21.98万元—27.95万元。前有刺激消费政策，后有新款车型上市。

新款车型为什么火爆，是因为它是全球首款搭载刀片电池的量产车。什么是刀片电池？市场上常用的电池主要分为两种：磷酸铁锂电池、三元锂电池。

比亚迪的核心产品是磷酸铁锂电池，优点是高性能、不易爆炸、寿命长，缺点是能量密度低。同等重量下，供电比三元锂电池少很多，续航能力差。

宁德时代是汽车电池的龙头企业，它的核心技术是三元锂电池，特点与磷酸铁锂电池恰好相反。安全性低，但能量密度大，续航能力强。

在这场技术竞争中，谁能解决自身的缺点，谁就将赢得更大的战役。刀片电池，是磷酸铁锂电池的改良版，它解决了磷酸铁锂电池的问题，在保证安全性的前提下，能量密度提高了50%，整车寿命可达百万公里以上，续航里程和三元锂电池基本相同。另外，刀片电池的成本还比三元锂电池低1/3。

如果你熟悉欧奈尔的CANSLIM选股法，刀片电池就是CANSLIM中的N，即新产品。

有刺激汽车消费的政策，本身是新能源车的领军企业，在关键技术上有所突破，在风口上有新车型，技术上给出了买点，比亚迪上涨就是水到渠成的事了。

汽车整车板块整体上涨，2020年1月2日截至2020年11月10日，比亚迪上涨283.49%，长安汽车上涨64.61%，上汽集团上涨16.46%，北汽蓝谷上涨30.14%，广汽集团上涨13.64%，长城汽车上涨208.14%，江铃汽车上涨71.16%，一汽解放上涨25.88%，中国重汽上涨71.3%，东风汽车上涨46.34%，福田汽车上涨40.67%，华菱星马上涨60.9%，江淮汽车上涨81.2%，中通客车上涨14.69%，宇通客车上涨32.75%，亚星客车下跌15.32%，曙光股份上涨23.14%，金龙汽车上涨30.29%。涨幅以比亚迪为最，以涉新能源概念个股为最。

2020年6月2日比亚迪收盘价60.94元，总股本27.28亿，总市值1662.44亿元，当换手率达到10%以上平仓。直至2021年2月，都未触发平仓条件，股价最高达273.37元。

小结

1. 关注产业政策，特别是连续、密集发布产业政策之时，选择行业中的龙头企业。

2. 与英科医疗的突发事件不同，汽车整车行业的利好并不是突发事件，它给了我们足够的反应时间，我们需要做的就是在掌握基本面动因的基础上，关注、静候技术买点出现。

第四节　国产替代的迫切——诚迈科技上涨分析

诚迈科技（300598）主营业务：移动智能终端相关的软件研发、销售及技术服务，是全球领先的智能科技专家。2020 年半年报数据显示：软件技术人员劳务输出业务营收 2.7 亿元，占总营收的 72.49％；软件定制服务业务营收 5563 万元，占总营收的 14.96％；软硬件产品的开发和销售业务 4665 万元，占总营收的 12.55％。其中内销 91.01％，外销 8.99％。

一、技术买点

2019 年 1 月至 2020 年 4 月，诚迈科技至少出现过三次技术买点。图 6-16 为诚迈科技 2019 年 1 月至 2020 年 4 月日线走势图。根据兜底法，股价由 14.14 元上涨至 36.81 元，符合第一波上涨至少超过 30％的条件。在其后股价回调的过程中，三均线呈现多头排列。在图方框中的部分，基本上每天都是踩着均线，并且明显的缩量出现过三次。即出现三次买点。

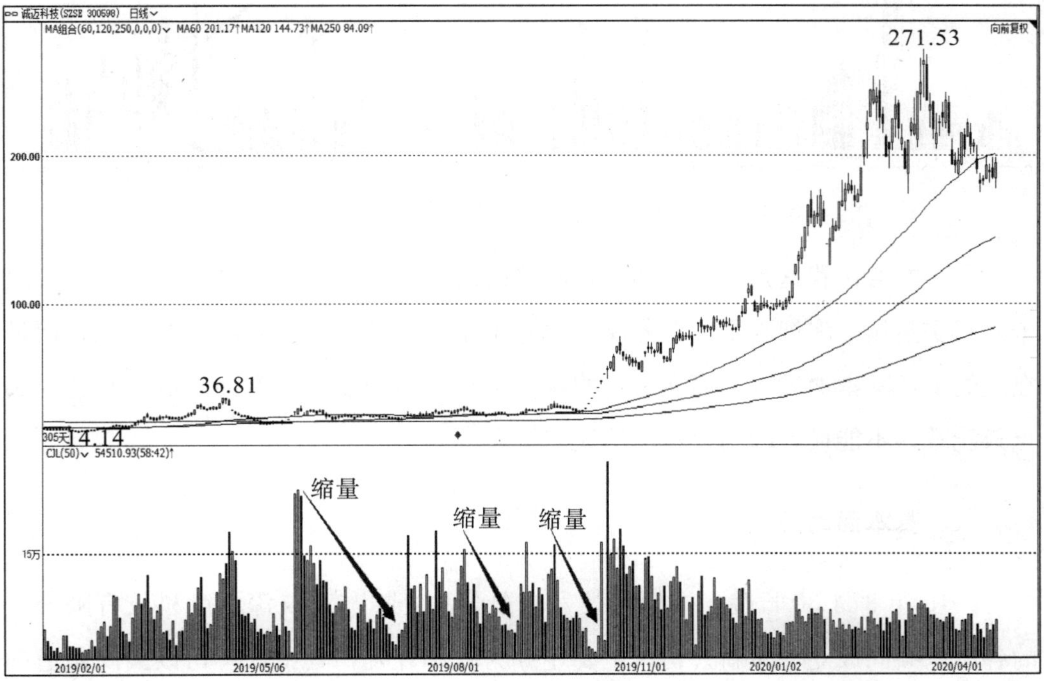

图 6-16　诚迈科技 2019 年 1 月至 2020 年 4 月日线走势图

但真正的买点只有一次。我们的方法是基本面动因加技术落点。每一天可能都会出现十数只甚至数十只符合技术条件的个股，但并不是符合技术条件的股票就会上涨，起决定作用的还是基本面。在诚迈科技出现的三次买点中，只有最后一次才是真正的买点。把第三次买点的日线图放大，可以更清晰地看到第三次买点信号的有效性。如图 6-17 为诚迈科技 2019 年 4 月至 11 月日线走势图。

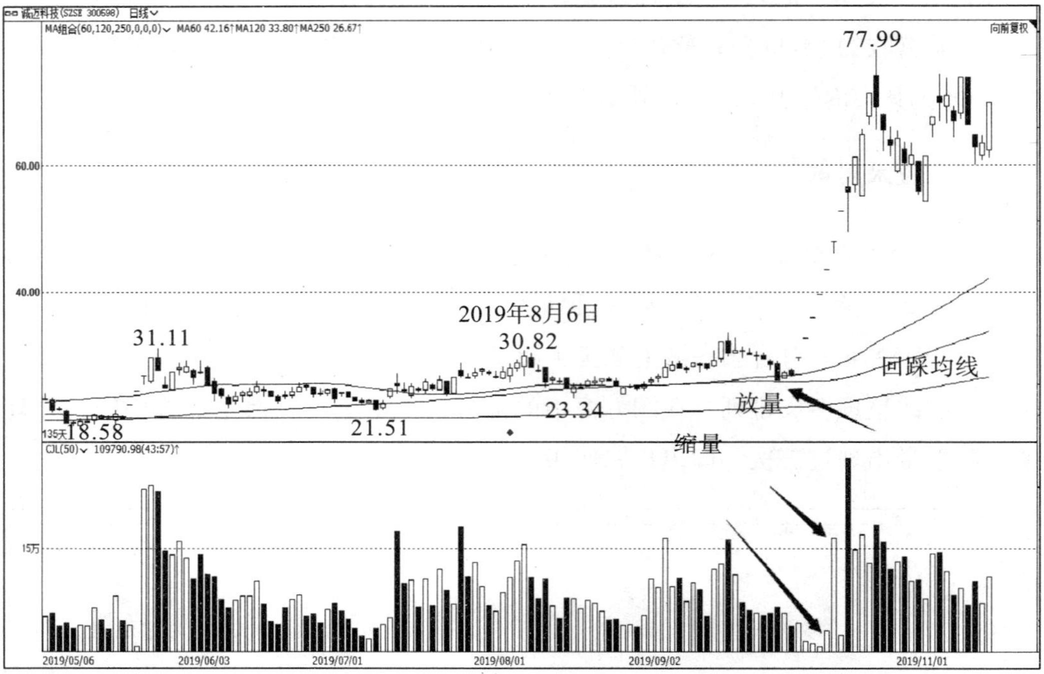

图 6-17　诚迈科技 2019 年 4 月至 11 月日线走势图

你可能会说我这是看图说话，在起涨前的最后一个买点，当然是真正的买点了。其实不然，你把因果关系弄反了。并不是它起涨了，我才说这是买点，而是在此处出现基本面动因，而在之前的两次买点中，则没有基本面动因。但这次买点只能看，不能摸，因为根本没给我们机会。

二、基本面动因

2019 年 9 月 30 日晚，诚迈科技发布公告称：拟与武汉深之度科技有限公司的各股东共同成立一家新公司，主要业务为软件开发，其中，公司以武汉诚迈的 100％股权出资作价 2.25 亿元，武汉深之度各股东合计以所持武汉深之度 100％

股权出资作价 2.75 亿元。交易完成后，诚迈科技将持有新公司 45%的股权，武汉深之度将成为新公司的全资子公司。

图 6-18 为诚迈科技 2019 年 9 月 30 日发布公告后的日线走势图，图中标出了发布公告的位置。需要注意的是发布公告的时间是 2019 年 9 月 30 日晚间，如果这个基本面动因有极大的促进作用的话，我们应在给出坑后量的 2019 年 10 月 15 日买进。但是在买点出现时，诚迈科技已经连续拉出 6 个涨停板，基本没有机会介入。

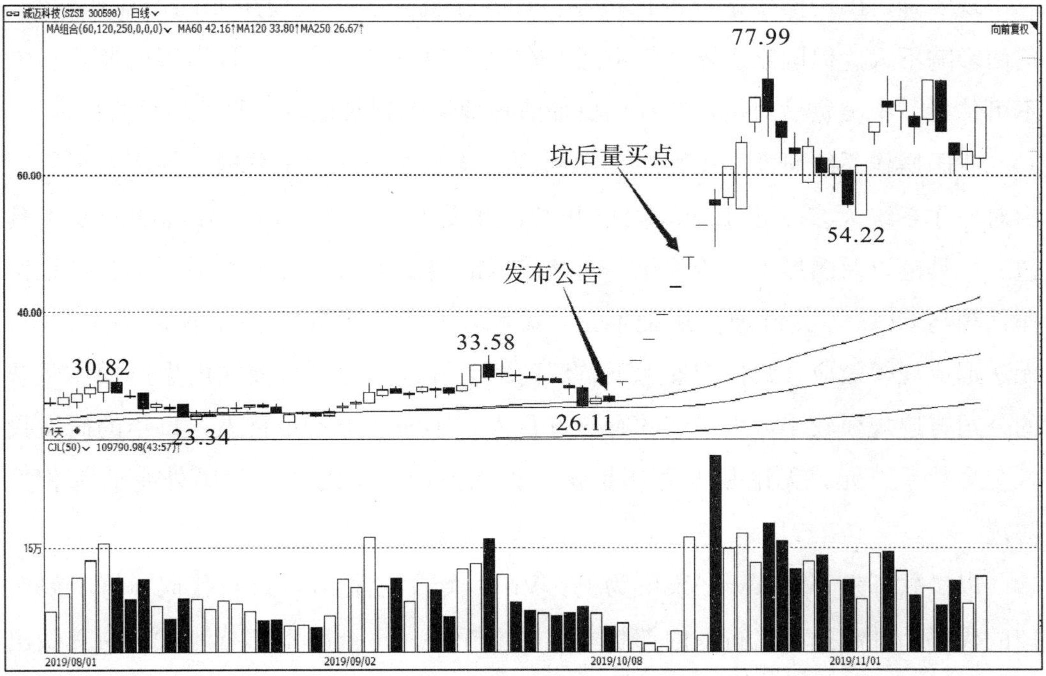

图 6-18　诚迈科技 2019 年 9 月 30 日发布公告后的日线走势图

这则公告的威力为何如此强大？诚迈科技与深之度组合而成的新公司，就是众所周知的统信软件。统信软件联合中国电子、中兴新支点整合国内 UOS 操作系统。

为什么 UOS 操作系统这么重要？我们先来看一个例子。1993 年，中国货轮“银河”号，遭美方质疑运有违禁化学品。美方关闭了所在海域 GPS 信号，货轮无奈在印度洋上漂流了 33 天。导航受制于人，所以我们要自主开发北斗导航。中美贸易战中美国打压华为、中兴，我国芯片等高科技产品受制于人。

如果是某款应用软件的话，关系还不大。但每台终端上都会安装操作系统，如果操作系统受制于人，那就是战略性失败。

据统计，2019 年 1—8 月份，在我国，Windows 系统市场份额占比为 87.66%，OSX 系统市场份额占比为 7.09%。2019 年 1—8 月 Andriod 系统市场份额占比达 75.98%，iOS 市场份额占比达 22.88%。中国工程院的倪光南院士就曾说过："只要电脑联网，谁掌控了操作系统，谁就掌握了这台电脑上所有操作信息。被监控、被劫持、被攻击、被停服或禁售，证书、密钥失控，无法加固、无法打补丁、无法支持国产 CPU 等问题都是隐患。"

现实是，国产操作系统占比极小。如果是商业、个人使用非国产操作系统，负面影响不大。但国家重要部门不能存在这样的敞口风险，一旦出现问题，损失不可估量。中美贸易对抗，使我们更加清晰地认识到科技自主研发的重要性。

我国操作系统研发至少存在三个问题：技术差距、力量分散、使用习惯。国内对操作系统大多基于 Linux 内核开发，开发大多集中于内核外围的开发工具包、工具链以及图形工具等领域，内核代码的研发落后。技术水平不足会导致操作系统与 CPU 等关键硬件适配不足，影响用户体验，进而使市场进一步缩小，无法形成规模效应，致使产业上下游厂商缺乏开发动力。目前国内生产操作系统的公司普遍规模较小，大一些的有三五百人，小的甚至不足百人，每年的研发投入至多数千万元，无论是人力还是财力投入方面，国内企业与国外企业都相去甚远。

以微软开发 Windows Vista 为例，Vista 大约包含 5000 万行代码，算上修正掉的代码估计超过 1 亿行，内部版本超过上千个，每个版本都有测试，为其做出贡献的正式工、合约工、临时工超过数万人，开发费用超过 200 亿美元。

用户对国产操作系统不了解、使用不习惯等也是导致其推广难的一个重要原因。微软的成功不仅是凭借其领先的技术优势，在很大程度上是其更加注重对用户习惯的培养，使用户习惯于 Windows 系统的界面表现形式和它的交互方式。虽然苹果有易用性更好的操作系统，但是因为大多数人都已经习惯于使用 Windows 系统，使得用户在从 Windows 系统迁移到苹果的操作系统的时候产生巨大的困难，所以许多苹果电脑仍然安装 Windows 系统。国产操作系统基本能满足政务办公需求，且性价比合理，只是由于使用习惯，对国产基础软件不了解、缺乏信心等原因，消费者从心理上还不能真正接受国产基础软件。

当前，这种情况有所好转。目前国产操作系统的主要市场还是在服务器领域，普通消费者很少，中兴新支点、华为 Euler、深之度 deepin 等都是凭借服务器市场而得以发展的操作系统。中兴新支点操作系统已经在多个关键领域成功替代了国外的系统，比如高铁、汽车智能驾驶系统、智能仪表、工业机器人、电力领域等。

我们拥有完全自主知识产权的“复兴号”高铁上搭载的不是国外的系统，而正是中兴新支点的嵌入式操作系统。另外据中兴高管介绍，该系统还曾获得中国工业领域的最高奖项——中国工业大奖，全球发货量已突破两亿套。

国内最好的 Linux 桌面发行版是深之度的产品，而统信软件整合出来的 UOS 系统基本上是以深之度的 deepin 20 为模板。为什么诚迈要同时联合深之度、中国电子、中兴新起点？还是院士倪光南所说：“我们的操作系统都是单打独斗，都是各个企业自己搞，中国至少有 15 个操作系统，每个都是百人左右的小公司，大家做的都是低水平重复研究，缺乏创新。”

强强联合避免了研发力量分散问题。并且分散的操作系统，带来的弊端有很多。难以构造统一的应用生态，没有应用生态，操作系统就无存在的意义。国内很多软件厂商想要适配国产操作系统，但无所适从，不知从何下手。

所以，我们需要一个统一的操作系统。那么诚迈联合了深之度，加在一起变成了统信又联合了中国电子、中兴新起点，推出一个整合的 UOS 操作系统。如此，能不爆发强大的威力吗？再加上国外的“卡脖子”让我们意识到了发展短板，一旦有了国产替代、独立自主的可能，会引起极大情绪共鸣。这就是诚迈科技公告发布后连拉 7 个涨停板的基本面动因。

行业发展的前提下，行业各节点上的企业也都在发展。整合操作系统的产业链很短，研发、测试、发行。例如微软、苹果、谷歌，一家公司就可以搞定。那我们怎么知道一定是诚迈科技呢？

诚迈科技扣非净利润的历史高点是 2016 年，从 2016 年至 2019 年上半年（最后一个买点之前）的扣非净利润分别为：3300 万元、2000 万元、亏损 251 万元，2019 年全年扣非净利润 500 万元。诚迈科技的盈利现状并无亮点可言。

为什么诚迈科技股价上涨如此凌厉？这是因为它搭上了深之度的快车。我们知道国内最好的自主研发的 Linux 桌面发行版就是深之度的产品，而深之度还没有上市。2019 年诚迈科技净利润 1.69 亿元，注意扣非净利润只有 500 万元，那么超过 1.64 亿元的净利润是哪里来的呢？出售子公司武汉诚迈科技。

免费版同花顺给出可比公司有 8 家，在最终发布公告之前，我们根本无法判断此次与深之度的整合一定是诚迈科技。这也就能解释即便我们有战略眼光看到了国产自主操作系统有极大的增量空间，但还没有具体到诚迈科技的基本面动因的情况下，前两次买点在我们的方法之下是无效的。

需要重申的是，并不是基本面动因加技术落点的整体方法无效，而是在诚迈科技这种产业链短、晚间发布公告、次日开盘封涨停的特例下，没有建仓机会而已。

诚迈科技 2020 年 3 月 17 日最高上涨至 271.53 元，至该年 9 月 17 日跌至 130 元整，腰斩。那系统整合、国产替代，只是一个故事吗？再引用肖小跑的话："基本面，就是讲一个故事，给您一个把钱投出去的理由。"

当故事无法兑现之时，泡沫破裂，股价会下跌吗？诚迈科技 2020 年 1 季度扣非净利润亏损 2700 万元，上半年扣非净利润亏损 4000 万元，连续两个季度的巨额亏损，确实难免使人产生怀疑。故事讲完了，到目前为止还没有兑现。

如果说事情到这里就结束了，那确实讲了一个没有兑现的故事。关键是事情还没完，深之度有技术、有产品，整合、研发、增大市场占有率、盈利，只是时间问题。消息放出来至今也不过一年多的时间，兑现不需要这么快。股价上涨 10 倍，是因为市场对国产自主操作系统有着强烈的共识。

这是一波基于危机中砥砺前行共识的上涨，共识到兑现之间需要时间。它不同于英科医疗，是肉眼可见的供不应求、利润兑现，是受新冠肺炎疫情影响时间长短的投资逻辑，疫情长动因则长，疫情短动因则短。

而国产自主操作系统为相关概念公司提供了一个有着巨大增量空间的投资逻辑，微软称霸操作系统几十年，如果没有其他竞品，它可以一直称霸下去。所以操作系统概念股上涨的基本面动因非常强，并且几乎不受其他事件影响。在长期逻辑存在的前提下，只要其后有实质性盈利，且出现技术落点，都是买入的机会。

有了上述认识，我们再来看图 6-19 诚迈科技 2020 年 4 月至 2021 年 1 月日线走势图。股价缩量回踩均线，虽然是技术落点，但并不是买点，放量时股价已在均线之下。

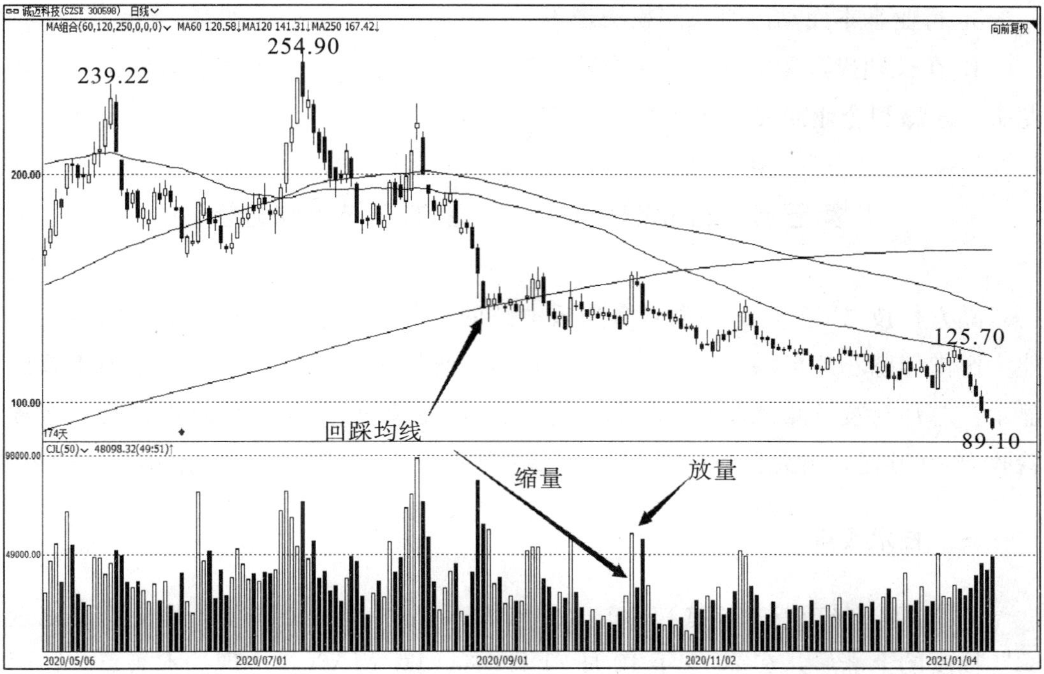

图 6-19　诚迈科技 2020 年 4 月至 2021 年 1 月日线走势图

首先，此次的技术落点与 2019 年 9 月末不同。2019 年 9 月末的技术落点有与深之度合作的基本面动因，而此处则没有基本面动因。

其次，你可能会问，既然国产自主操作系统已经提供了长期投资逻辑，那么基本面动因就会一直存在，为什么不能买呢？长期动因虽在，但那是行业动因，而不是只对于诚迈科技的动因。还拿光伏行业举例，光伏发电的主要材料单晶硅，隆基股份、通威股份作为上游晶硅龙头有着极深的护城河。在发展光伏的长期动因下，作为行业龙头，自然是每一个技术落点都是极好的买点。诚迈科技的行业龙头地位并不明显，如果想在行业长期动因的影响下再次给出有效买点，必须给出对于自己的动因，如有了新产品、新订单、开始盈利，等等。

小结

1. 均线、前平台兜底的技术特征出现，虽然是买点，但并不一定是有效买点。
2. 有基本面动因的买点，才是真正的买点。

3. 行业基本面动因是长期投资逻辑。

4. 在长期投资逻辑下，龙头企业的每一次技术落点，几乎都是有效买点。非龙头、未赢利企业需要再叠加对于自身的动因。

第五节　行业增长龙头——晶方科技上涨分析

晶方科技（603005）主营业务集成电路的封装测试。晶方科技是全球第二大能为影像传感芯片提供 WLCSP 量产服务的专业封测服务商。2020 年上半年数据显示：芯片封装及测试业务营收 5.26 亿元，占总营收的 96.26%；设计收入业务营收 2000 万元，占总营收的 3.74%。其中外销占比 71.37%，内销占比 28.63%。

一、技术买点

图 6-20 为晶方科技 2019 年 9 月至 2020 年 8 月日线走势图。股价经过超过 30%幅度的上涨后，在 2019 年 10 月 21 日缩量回踩 MA60，出现技术买点。在回踩的过程中，K 线幅度逐渐变小，成交量也快萎缩到上涨之前的程度。按威科夫的理论，在有支撑的情况下，成交量与幅度越小的 K 线，越是买进的好机会。

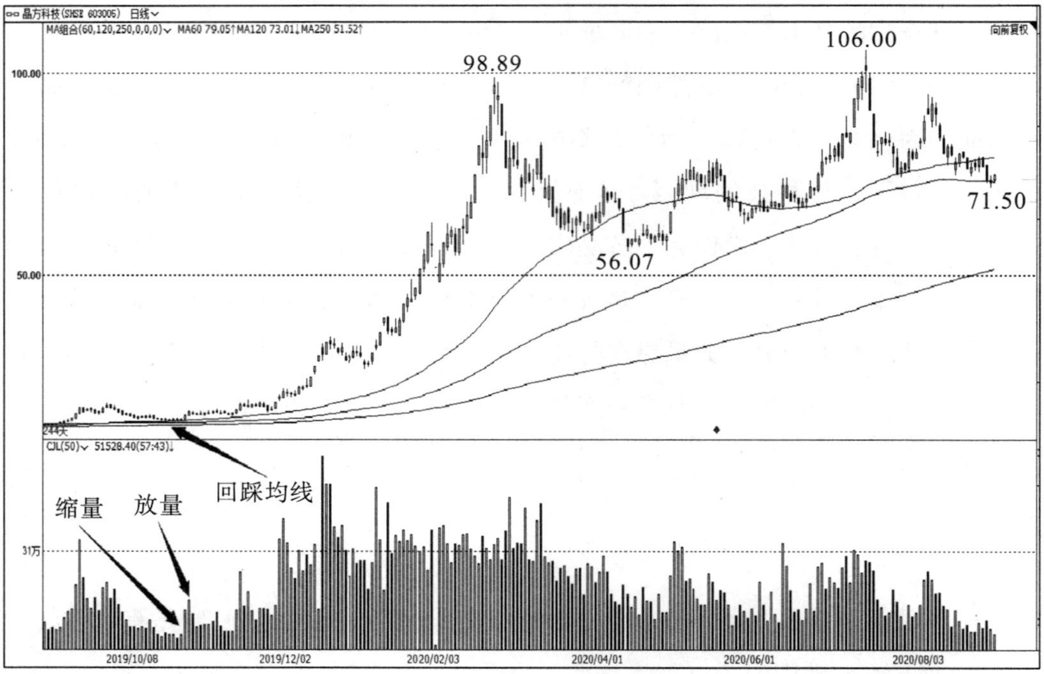

图 6-20　晶方科技 2019 年 9 月至 2020 年 8 月日线走势图

二、需求提升利润——基本面分析

在复盘晶方科技的时候，我找过很多线索，但最终放弃。或是因为被后来查找的数据所推翻，或是因为逻辑链太长而放弃。特别是后者一定要注意，如果需要我们仔细研究推导三步以上才能找到的基本面动因，一般都不是真正的基本面动因。

以下我们从两个方面分析晶方科技大涨的逻辑。

1. 晶方科技的大涨，受益于北京豪威的利润增长。我们试着推导一下。2019年8月韦尔股份收购北京豪威科技有限公司85.35%的股权，合并财务报表。2019年4季度单季度净利润3.31亿元。

而在此之前，晶方科技2012年至2018年的净利润最低5300万元、最高1.42亿元。韦尔股份2019年全年净利润4.66亿元，基本上是北京豪威合并报表后带来的利润。也正因为北京豪威的加入，使得韦尔股份从2019年11月复牌后的（前复权）108.91元上涨至2020年7月的252.73元（前复权）。所以收购北京豪威是韦尔股份股价上涨的重要因素。并且根据晶方科技董秘的回答内容来看，晶方科技把北京豪威当作核心战略客户。所以北京豪威赚钱了，晶方科技也一定赚钱。

至少在2015年北京豪威就是晶方科技的核心战略客户。北京豪威2016年至2018年的净利润分别为：2000万元、2亿元、4.13亿元。2017年和2018年净利润大增，如果北京豪威净利润大增对晶方科技有正面影响的话，那么晶方科技不可能在2018年净利润同比下降25.67%。

2. 晶方科技主营影像传感器芯片封闭测试。晶方科技给出均线兜底法买进信号的时间是2019年10月21日，在此之前的9月13日iPhone 11在我国上市，iPhone 11后置三摄像头。

iPhone 11虽然后置三摄像头，确实增加了对于影像传感器芯片的需求量。可早在2018年华为P20 Pro、Mate20、Mate20 Pro、Mate20X、Nova4、荣耀Magic2、OPPO R17 Pro、vivo NEX、联想25S就已经有了后置三摄像头，iPhone 11的反应可以算得上是最慢的。2018年后置三摄没有带动需求？显然并不合理。

我们认为基本面动因来自两方面。一种是政策导向，一种是事物发展规律。

如果我们在哪里都找不到政策动因，并且股价给出技术买进信号，且还有不小的涨幅，只能说明一个问题：动因像空气一样存在于我们身边，而我们并不知道它的存在。

主流图像传感器分为CMOS和CCD。CMOS成本更低、设计简单、尺寸更小、功耗更低、集成度更高，逐渐替代了CCD，以2019年9月数据，CMOS的市场占比超过99%。2018年手机CMOS图像传感器规模达到86亿美元，占整体CMOS传感器市场的63.89%。汽车应用占比6.46%，安防应用占比6.09%，工业应用占比6.32%，医疗应用占比3.19%，单反应用占比7.8%，电脑应用占比5.57%，玩具游戏应用占比0.67%。

手机市场的增量在逐渐缩小，但手机上的摄像头的数量却一直在增加。2014年，配备10M以上级别摄像头的智能手机，仅占当年全球出货量的20%左右。2017年该比例已上升至70%。2016年至2018年，全球后置智能手机出货量占比分别为3%、20%、60%，爆发性增长。

2019年4月，Sigmaintell预测2019年全年后置三摄智能手机出货量2.4亿台，比2018年增长12倍。

不仅仅是手机在不断增加摄像头，CMOS传感器主要应用于车载高级驾驶辅助系统（ADAS），包括盲点摄像头、自动防碰撞、道偏离警告、手势识别、疲劳检测。不单越来越多的汽车厂商加入ADAS，消费者在购车时也更多地考虑车辆是否具备ADAS。国际知名分析机构IC Insights预测2018年至2022年，全球车载CMOS图像传感器年复合增长率为38.4%。并且有些国家制定相应法规，要求新车必须装载ADAS。预计未来几年内，一辆车最多会用到15个摄像头。

2019年10月份，IC Insights预计2019年CMOS影像传感器销售额将增长9%，达155亿美元历史新高纪录。出货量方面，预估2019年全球CMOS影像传感器出货量将增长11%，达61亿台。其中汽车电子增速最快，预估2023年销售额以复合增长率29.7%上升至32亿美元，占该年市场总销售额的15%。汽车ADAS图像产品由于认证壁垒最高，技术要求高，车载CMOS产品有望提升行业的产品价值。

影像传感器就在我们身边无声无息地增长，甚至我们都习以为常了，认为它本身应该就是这样，润物细无声。

影像传感器的增长与晶方科技有什么关系呢？晶方科技是全国首家、全球第二大影像传感器芯片封测服务商。摄像头需要影像传感器，传感器需要芯片，芯片需要封闭测试。所以不论上游怎么发展，最终都要落到晶方科技手中。

既然至少从几年前需求就开始不断地增多，为什么晶方科技不是从几年前就开始上涨呢？我们说过基本面是动因，技术是落点。只有基本面的动因，也不构成买进的最后原因。具体是什么原因，很难说清。有动因但不涨，可能其中有 10 个原因存在，我们所能给出的解释，只不过是其中的一种情况。如果把一种解释强加给一种状况，就有可能把这种经验复制到其他问题上去，这就犯了经验主义错误。

托尔斯泰说："所有幸福的家庭都一样，不幸的家庭各有各的不幸。"上涨的股票都一样，基本面动因加技术落点。不涨的股票，原因各异，万不可以偏概全。

图 6-21 为晶方科技 2014 年 2 月至 2021 年 2 月日线走势图，纵观所有走势，或者因为均线没有呈现多头排列，或者因为股价回踩均线，但均线没有撑住。唯一按我们均线兜底法给出的买点，就在 2019 年 10 月 21 日。

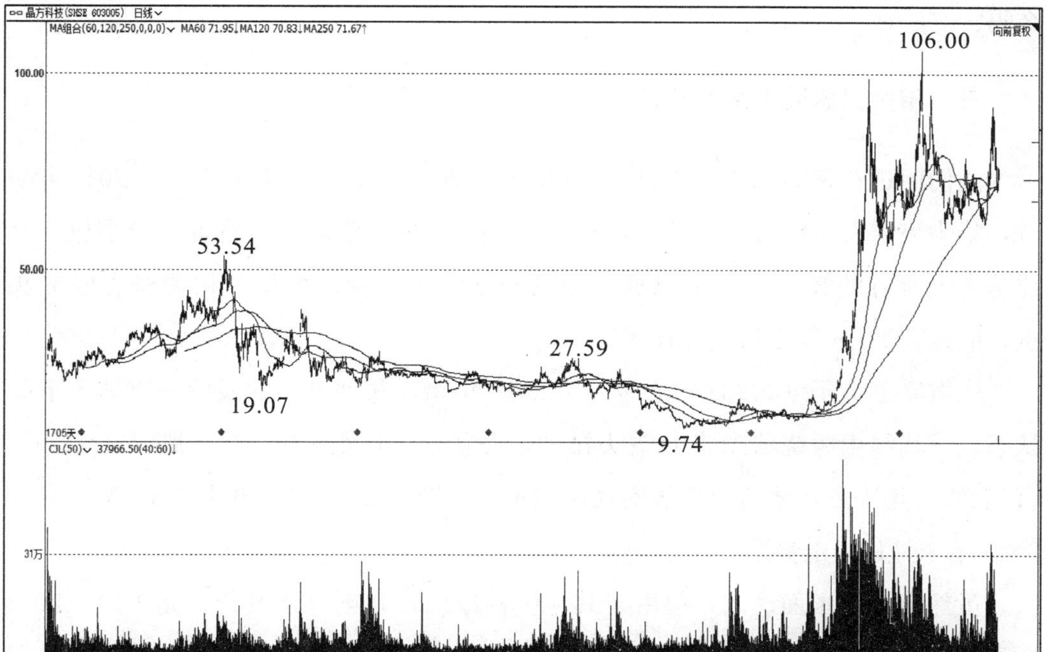

图 6-21　晶方科技 2014 年 2 月至 2021 年 2 月日线走势图

基本面动因润物细无声，根本无须再去找其他的理由来佐证需求的增长，历年来年增长数据和我们身边产品摄像头的增加告诉我们，需求就是在增长，那些不停增加的摄像头的手机，车载CMOS、满大街的监控、商超无死角监控、家居监控，等等。我们需要的只是一个技术点出现而已。2019年10月，它出现。基本面、技术面条件全都具备了，上涨成为必然。

接收到同样的信息，为什么有的人盈利，有的人亏损？因为绝大多数人对于正在发生的事件无感。即我们无法听到弦外之音，或没有主动思考“通过该事件”我们能做些什么。而那些能够听到弦外音或主动思考能做什么的人，往往都获得了巨额利润。

例如在2020年1月份，我们都能通过各种途径获得新冠肺炎疫情的消息，但知道了就知道了，有多少人提前在两毛五的时候会多买点口罩呢？疫情期间，蝗虫消息炒得满天飞，有多少人建仓了农业股呢？

晶方科技不像英科医疗或坚朗五金的动因一样明确。2018年的某一天，我相信大多数人确实看到了关于手机后置三摄像头的报道，进一步想：后置二摄增加一摄，那些卖手机摄像头的公司，营收至少增加50%啊。然而对它，我们做了什么吗？

三、相关概念股上涨的印证

我们回过头来看后置三摄的时间和相关概念股给出买点的时间。2018年4月，华为率先发布后置三摄手机，至2019年11月，苹果发布后置三摄手机。至此基本上所有的知名品牌手机都已经具备了后置三摄。可见，相关概念股的买点，应该在2018年之后就出现了。

先看联创电子（002036）的买点，2018年始，联创电子的股价一直处于下跌状态。三均线由缠绕状态走向空头排列，股价由10元左右一路下跌至4.53元。直到2019年6月，才给出均线兜底法的买点。图6-22为联创电子2017年9月至2020年3月日线走势图。

虽然存在基本面动因，但由于其他种种原因，联创电子股价仍是下跌。2C18年2月开始了一轮持续10个月的下跌趋势。

在大背景都在下跌的情况下，悲观情绪占上锋，任何负面消息都会被放大，任何正面消息都可能被无视。当然反过来也是一样，在大背景上涨时，乐观情绪主导，任何负面消息都会被无视，任何正面消息都会被放大。

市场的悲观情绪还在宣泄，从联创电子技术上简单的三均线空头排列可以看出，空头排列下买进就是接飞刀。我们需要做的是，心中念念不忘摄像头公司营收会增加 1/3 的动因，等待技术给出抓手。这一等就是一年半，直到 2019 年 6 月。

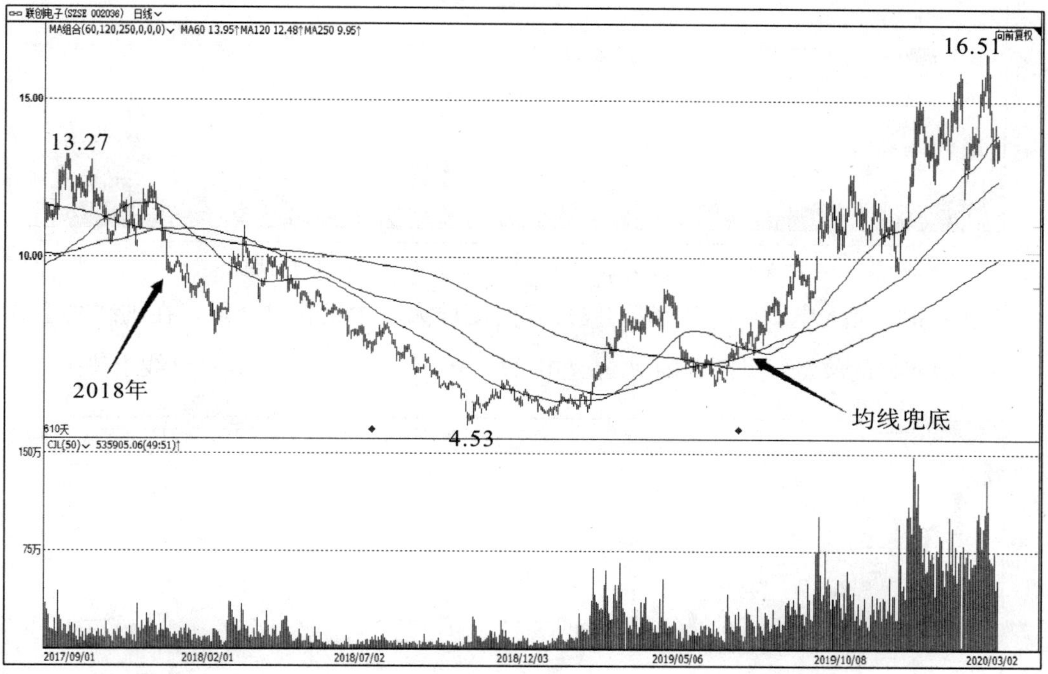

图 6-22　联创电子 2017 年 9 月至 2020 年 3 月日线走势图

再看水晶光电（002273），图 6-23 为水晶光电 2017 年 8 月至 2020 年 2 月日线走势图。水晶光电在 2018 年年初的时候，确实回踩了年线。并且在一段时间内都受年线的支撑，但一直都没有放出坑后量，所以并未形成有效技术买点。

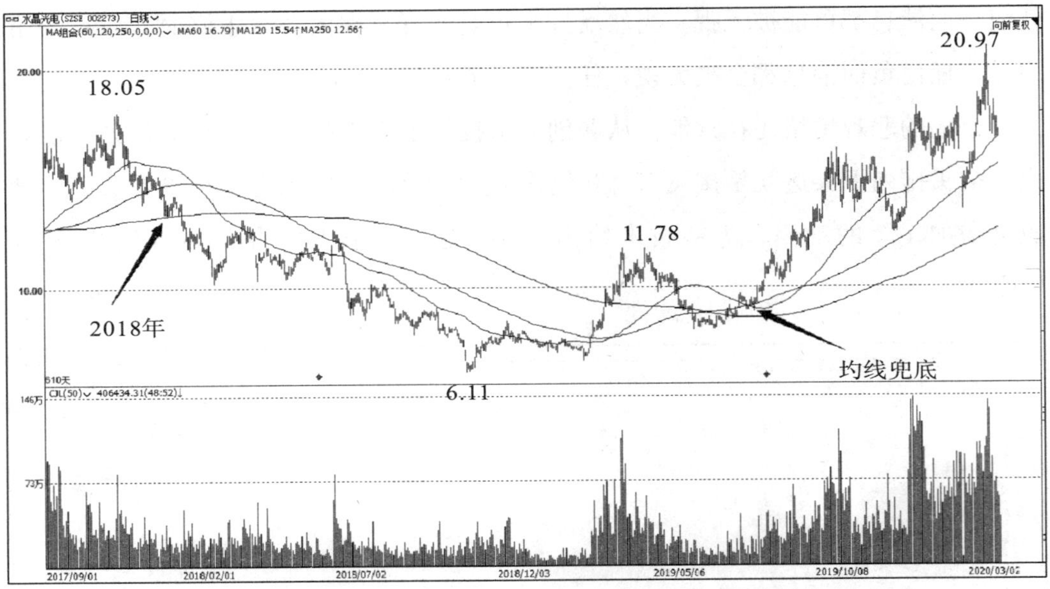

图 6-23　水晶光电 2017 年 8 月至 2020 年 2 月日线走势图

我们把水晶光电 2018 年回踩均线位置的图放大，注意看成交量，在均线之上并没有出现明显的放量。见图 6-24 水晶光电 2017 年 11 月至 2018 年 3 月日线走势图。

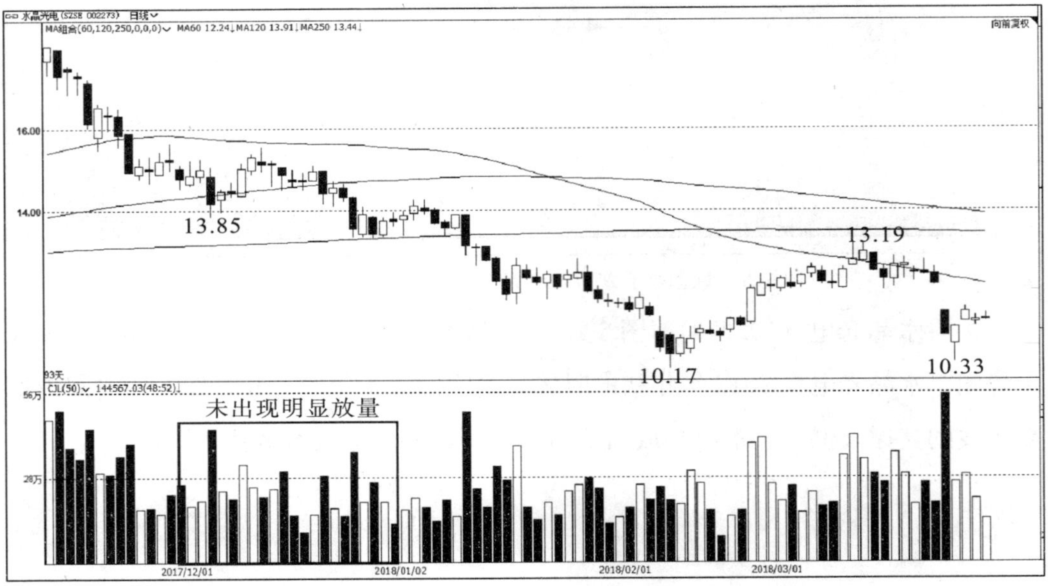

图 6-24　水晶光电 2017 年 11 月至 2018 年 3 月日线走势图

图 6-25 为欧菲光（002456）2018 年 12 月至 2020 年 3 月日线走势图，兜底法买点出现在 2020 年 2 月。当然在这之前肯定会有其他方法提供买点，但我们本复盘系列主要使用兜底法，欧菲光的前期走势不符合我们的条件。

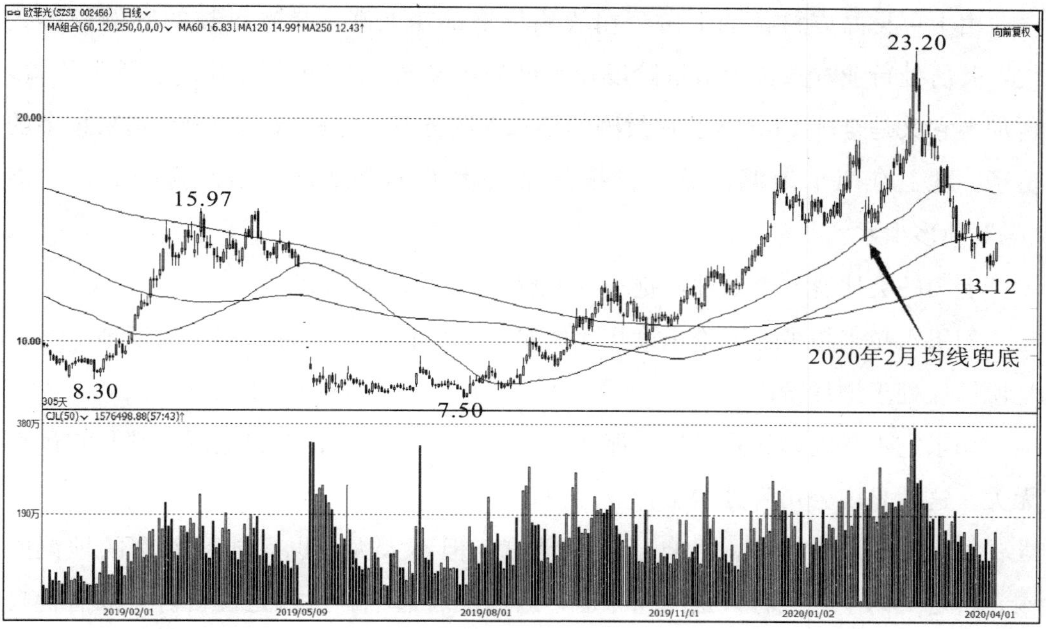

图 6-25　欧菲光 2018 年 12 月至 2020 年 3 月日线走势图

图 6-26 为华天科技（002185）2019 年 5 月至 2020 年 5 月日线走势图，在 2019 年 7 月和 10 月，分别给出两次兜底法买点。

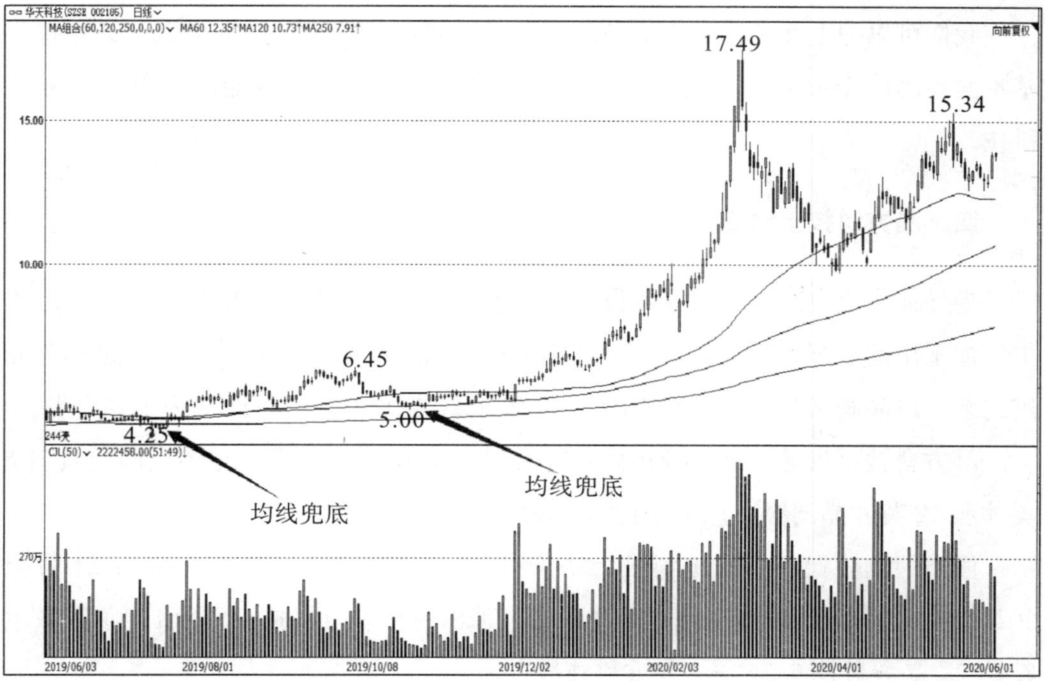

图 6-26　华天科技 2019 年 5 月至 2020 年 5 月日线走势图

由上可见晶方科技的上游公司股票价格都在上涨。晶方科技的案例告诉我们，其所处行业本身位于增量阶段，且该公司又属于CMOS芯片产业链的终端，再加上它又是全球CMOS芯片封测的第二大服务商。这就像一间跑水越来越多的房子，地上有两个地漏，晶方科技是第二大的那个地漏。咱们猜一下，它能“喝”掉多少水？

上面的类比有三个条件，跑水越来越多、地漏、第二大。

如果水越来越少，不论是第几大地漏，都面临着无水可“喝”的境地。这就是说行业处于增量阶段。

如果它不是地漏而是吊灯，那么无论跑多大的水，有没有地漏，都与它吊灯无关。这就是说公司身处增量行业之中。

如果跑水越来越多，且自己就是地漏，但不太大，也只能看着别的地漏吃肉，自己喝汤了，或者只是闻闻味道，因为赢者通吃。这就是说自身必须有优良质地。

晶方科技这三条都具备，所差的仅仅是一个技术买点。万事俱备，只欠东风。买点来了，上涨顺理成章。

我们可以把上面类比的三个条件，用到任何一只既给出技术买点，又能找到基本面动因的个股身上。只要三个条件都符合，那它极有可能就是下一个晶方科技。

四、晶方科技上涨复盘

半导体集成电路设计厂完成设计图之后，通常将制造外包给代工厂，经过代工厂加工出的晶圆，都需要封测厂来逐个加工封测。第四代封装技术，也称为先进封装，以晶圆级封装（FOWLP）和系统级封装（SIP）、3DTSV为主要代表。

晶方科技不仅是全球影像传感器芯片第二大封测服务商，它还是同时具备8英寸和12英寸晶圆级芯片尺寸封闭测试的唯一上市公司。

同类封测公司还有长电科技、华天科技、通富微电。2019年10月21日至2020年10月15日最高涨幅，长电科技2.28倍、华天科技3.02倍、通富微电2.4倍、晶方科技6.34倍。晶方科技最高。

为什么晶方科技涨幅最高呢？还是因为晶方科技是细分龙头，不要忘了“全球第二大封测服务商”的定语——“影像传感器芯片”。芯片的需求量也很高，但细分到影像传感器芯片的增量，它是全球第二大。

其实在2019年10月之前，晶方科技并没有交出特别好的经营答卷。自2018年至2019年第2季度，按季度报告期计算，扣非净利润同比增长率为－70.79％、－71.63％、－64.95％、－63.53％、－223.04％、－94.44％。直到2019年的第3季度，扣非净利润同比增加28.67％，出现了拐点。

这就有一个疑点，至少从2015年开始，晶方科技就是全球第二大影像传感器芯片封测服务商了，为什么到了2019年第3季度扣非净利润同比增长才出现拐点呢？再看营收，也是同期增长。这是不是反过来证明影像传感器市场并不像我们想象的那样暴涨啊？

不是。我们注意到CMOS代替CCD的时间差。晶方科技主要处理的是CMOS芯片封测。也可能前几年是温和上涨，直到近一两年才呈现爆发式增长。更有可能是晶方科技的产能未完全释放。这几个原因叠加，再加上我们暂时没有找到的原因，或许可以解释晶方科技2019年第3季度扣非利润出现同比增长的拐点。当然这需要更加细致的数据来证明。

如果我们在2019年10月21日发现了晶方科技的技术买点，再假设我们一瞬间想明白了这种润物细无声的基本面动因，但要当天收盘后至第二天开盘前，把上述问题的数据都找全，恐怕也不可能。所以，平时的功课才是至关重要的。一个人的精力是有限的，如果能把精力沉浸在一个行业中，完全了解一个行业的发展状况，只要给我们一个买点，我们就能收获可观的利润。

2019年10月21日收盘价14.45元，总股本2.3亿，总市值33.23亿元。不论前十大流通股东持有多少，晶方科技都是小市值股，等待换手率达到20％左右时平仓。

2020年1月16日最高价48.83元，总股本2.3亿，总市值112.31亿元。前十大股东持股占流通股的54.44％，有效流通市值51.17亿元，成为大市值股。当日换手率11.29％，触发平仓条件。当时晶方科技正处于上涨阶段，此处平仓无疑漏掉了一大部分利润。但制定了策略，需坚持交易的一致性。原则上，这个位置非出不可。见图6-27。

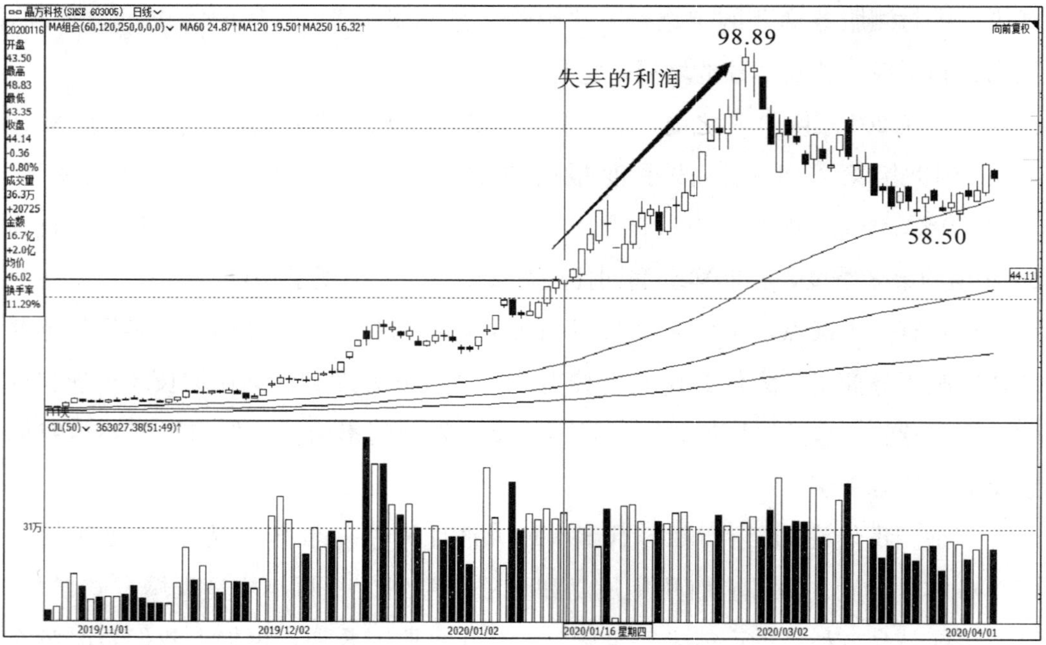

图 6-27 晶方科技 2019 年 10 月至 2020 年 3 月日线走势图

如图 6-28，2020 年 6 月 11 日，晶方科技再次给出买点，回踩均线、回调缩量、坑后放量，当日收盘价 71.98 元。图中十字光标处的换手率为 9.8%，四舍五入非常接近 10%，触发平仓条件，当时收盘价 93.67 元，多少可以弥补之前所落下的利润。

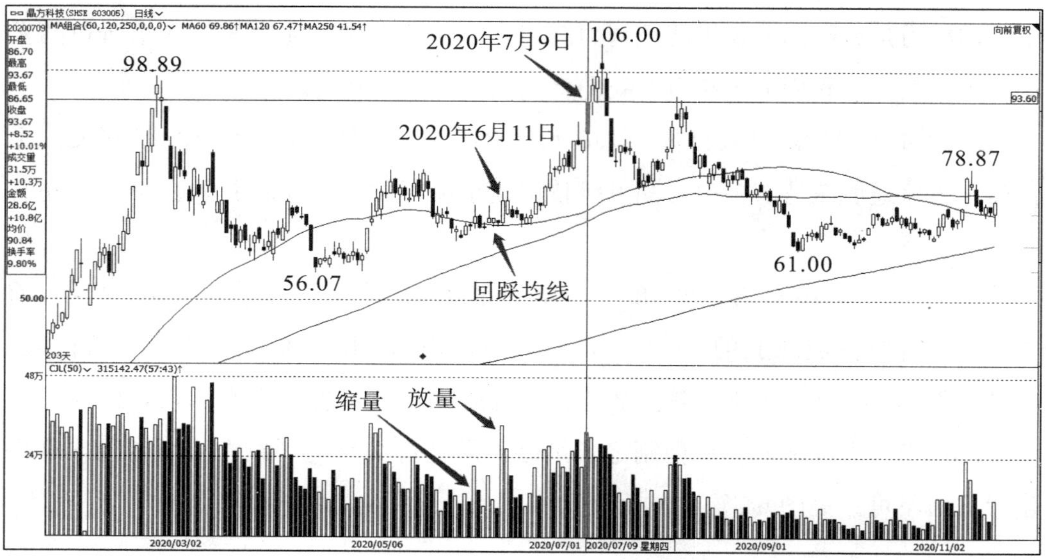

图 6-28 晶方科技 2020 年 1 月至 11 月日线走势图

小结

1. 如果某只股票给出技术买点，而我们又找不到政策导向、突发事件所给出的基本面动因，尝试找出行业增长的动因。

2. 行业处于增量阶段，处于该行业中的个股在该行业中占据重要的位置、拥有极深的护城河。

3. 行业增长、公司是龙头，任何时候只缺一个技术买点。

第七章

股权变更的投资机会

有些股票本身没什么亮点，只是因为它们有了某种属性，就成了被追逐的对象。当然这只发生在有某些特点的场景下。本章所要讲述的内容有时效性，在某个时间节点之前，我国股市还未施行注册制，所以已经上市本身就具备了专有属性。某些不能上市的公司，通过收购该股票，达到间接上市的目的。当注册制实行之后，上市条件没有之前那么严苛，这种情况就变得少见了。

另一种情况是，由于某些政策的刺激，为了快速上市，可以收购一些挣扎在盈亏平衡点上的公司，这类公司的经营方向既符合政策热点，自身又有一些亮点，需要注入一些新鲜血液，被收购成了双赢的方案。本章以中飞股份和海南发展为例。

第一节　中飞股份的股权变更

中飞股份（300489）主营业务：高性能铝合金材料及其机加工产品的研发、生产和销售。中飞股份的高性能铝合金材料及其机加工产品主要应用于核燃料设备。2020 年半年报数据显示：挤压材及铸造材业务营收 5400 万元，占总营收的 40.47%；红外光学与激光材料营收 3700 万元，占总营收的 27.35%；贸易及其他业务营收 2400 万元，占总营收的 17.68%；合金零部件业务营收 1100 万元，占总营收的 6.44%；加工服务业务营收 900 万元，占总营收的 6.44%。其中内销占比 85.92%，外销占比 14.08%。

一、技术买点

图 7-1 为中飞股份 2015 年 7 月至 2021 年 2 月日线走势图，这是中飞股份从上市以来的全部日线图。纵观该图，左侧部分 MA250 还未出现，当 MA60、MA120 与 MA250 全部出现后，三均线缠绕，没有形成多头排列，在此期间股价也在上下震荡。图中间部分三均线呈现空头排列，没有买点，直到 2019 年 11 月末，三均线呈现多头排列，且股价回踩 MA120。买点出现。

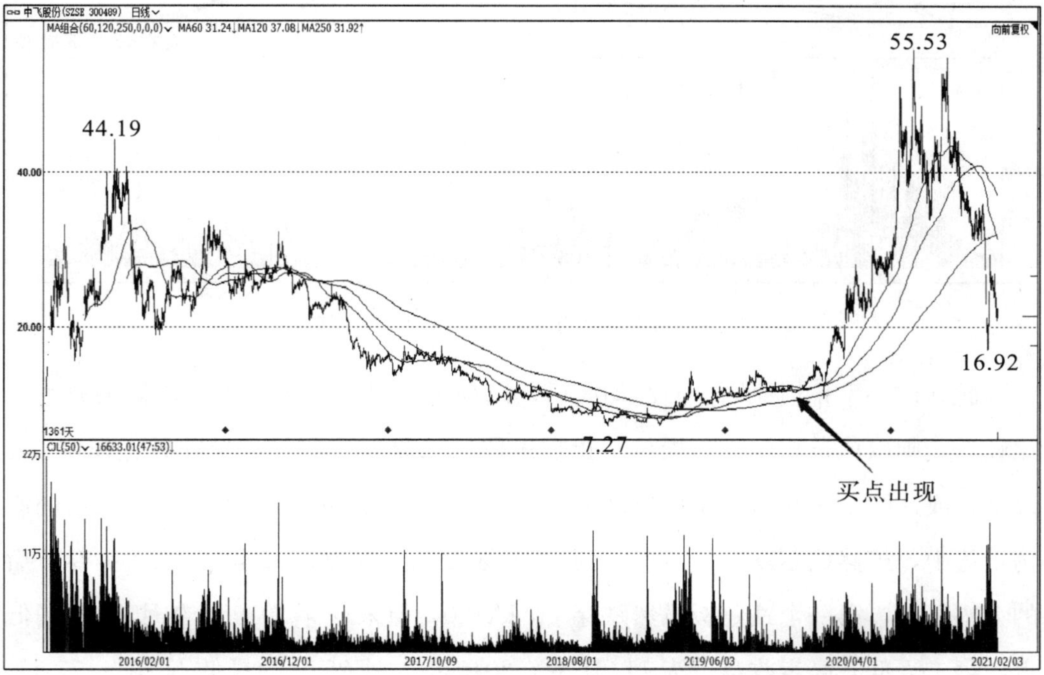

图 7-1　中飞股份 2015 年 7 月至 2021 年 2 月日线走势图

我们把图放大一些，以便看清楚 2019 年 11 月末走势细节。图 7-2 为中飞股份 2019 年 1 月至 2020 年 4 月日线走势图。如果在这里（如图 7-2 所示）买进，在其后的震荡过程中，都未触发止损。

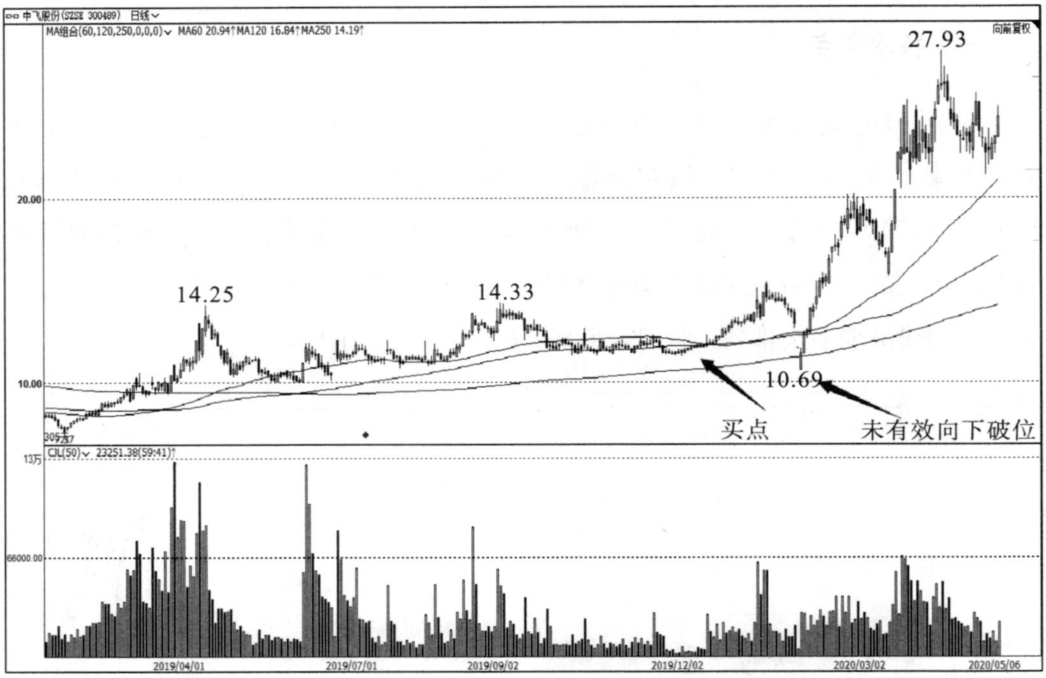

图 7-2 中飞股份 2019 年 1 月至 2020 年 4 月日线走势图

此处讲一下止损原则。回踩均线后，以最近阶段低点为止损位，如果离均线比较近，则以该条均线为止损位。**止损采取三三原则**，即收盘时跌破止损位 3% 以上，或连续 3 天收盘在止损位之下。图 7-2 中，以 MA120 为止损位，其后的震荡走势中，虽然偶尔跌穿 MA120，但都未触发三三原则。甚至是 2020 年春节后的大幅下跌，第一个跌停板虽然跌穿了 MA120，但未跌穿 2019 年 9 月 27 日的低点，第二天低开高走收盘价为 11.61 元，2019 年 9 月 27 日的最低点为 11.77 元，未触发止损，第三天收复失地。因此，即使在 2019 年 9 月 27 日才建仓，也可以一直持有。

二、股权变更

在 2019 年 9 月末，有没有关于中飞股份的基本面动因呢？从它本身的经营与业绩上来看，并没有。2015 年至 2018 年，中飞股份的净利润分别为 2900 万元、3100 万元、1300 万元、100 万元，净利润从 2016 年开始一路下滑，2019 年上半年亏损 1700 万元。

但是从图7-2来看，2019年1月至9月，中飞股份的股价由7.37元上涨至14.33元，有近一倍的涨幅。这段时间发生了什么呢？2019年4月17日中飞股份发布公告，大股东王珏、李念奎与王强签署了《股权转让协议》与《表决权委托协议》，王珏、李念奎将1360万股（占总股本的14.99%），以16.65元/股的价格转让给王强，总转让价款为2.2644亿元。

2019年7月12日，王强集中竞价交易增持中飞股份1.26万股，至此王强累计占有中飞股份19.03%的股权，成为中飞股份的第二大股东。对于经营每况愈下的中飞股份，为什么王强执着于收购股权？其中的原因是什么？

2019年6月20日晚，证监会出台重磅政策，即优化有关借壳上市的相关政策，创业板借壳松绑。原来中飞股份的价值并不在于它的主营业务，而在于它的壳资源。

壳资源有什么特点？小市值，经营在盈亏平衡线上挣扎，负债率低，一旦出现亏损，就要谋求资产重组。被重组即卖壳。

至2019年4月份王强收购股权之前，中飞股份的总股本为9075万股。2019年1月至4月，股价在7.37—14.25元之间，即市值位于6.69亿元至12.93亿元之间，市值非常小。2016年开始净利润下滑，如果只看扣非净利润，上市那一年2015年就开始下滑，根本不用等到2016年，且2018年开始扣非净利润就开始亏损，根本不用等到2019年。2015年至2019年，资产负债率一直保持在30%以下。完全符合壳资源的特征。

综合起来看，中飞股份符合壳资源的特征，创业板借壳松绑，有人已经开始动手收购股权了。那么在此之后2019年9月末的兜底法技术落点，大概率是成立的。

其实复盘到这一步，就可以结束了，动因也有、落点也有，但事情并没有完。一出大戏只是刚刚开场，中飞股份的实控人并不是王强，而是另有其人。后面发生的事情虽然与动因、落点无关，但不妨把这出戏讲完。

2019年9月5日中飞股份发布《关于变更董事长及法定代表人的公告》称：公司董事长杨志峰辞职。杨志峰持有公司股份1860万股，占总股本的20.4959%。辞职后表决权委托给控股股东佛山粤邦投资管理有限公司。需要说明的是，这份公告在免费版同花顺中找不到。

佛山粤邦投资管理有限公司，董事长朱世会，也是广东先导稀材的董事长。佛山粤邦持有中飞股份620万股，占公司总股本的6.832%，再加上杨志峰转让的表决权2480万股，表决权占公司总股本的27.33%，朱世会成为中飞股份的实控人。

2020年1月7日，中飞股份发布公告称：中飞股份出资3.5亿元、广东先导稀材出资1.5亿元，成立合资企业清远中飞先导科技有限公司，简称清远中飞。主营业务为光学材料和光学元器件、红外光学元器件、激光晶体材料及元器件、非线性光学晶体材料及元器件、医疗探测元器件、辐射探测材料与元器件、红外探测材料及元器件、太赫兹探测材料及元器件、光学材料加工及检测、光电材料与元器件、激光设备及零部件，以及自动控制设备的研制、生产、技术服务、销售及进出口业务（国家禁止和限定进出口的商品和技术除外）。

中飞股份的主营业务：高性能铝合金材料及其机加工产品的研发、生产和销售。

先导稀材的主营业务：红外成像、半导体芯片、半导体显示、辐射探测、半导体照明、5G通信等产业。

对比中飞股份和先导稀材的主营业务，新成立的清远中飞的主营业务不过是先导稀材主营业务的翻版而已。先导稀材注资中飞先导，中飞先导并表中飞股份，这就是往壳里装的东西。

2020年2月24日，中飞股份发布公告称：将分别向朱世会与皮海玲定向增发2430.25万股和292.25万股。但皮海玲最终出局，定向增发仅给朱世会一人。

在东方财富的中飞股份股本股东界面，我们可以看到2020年7月24日的数据，佛山粤邦投资管理有限公司位列十大股东的第一名，持股数3720万股，占总股本的27.33%。

2019年，粤邦投资仅持有中飞股份620万股，当时的实控人是杨志峰。但杨志峰辞职后，把表决权交给了粤邦投资，这就让粤邦投资在仅持有一点点股份的情况下，成为幕后实控人，这才进一步有了朱世会实控的粤邦投资成为中飞股份的实控人。在这段时间内，王强的身影一直没有出现。

我通过东富财富在中飞股份十大股东中看到了深圳市旅游（集团）股份有限公司的身影，深圳旅游在2020年6月30日的数据显示持有中飞股份463.75万股，占总股本的 3.43%。深圳旅游的戏份在哪里呢？在王强身上。深圳旅游的董事长，就是王强。

我们不排除这种可能，深圳旅游想借壳上市，由于看中了中飞股份的壳资源，于是提前布局，于 2019 年 4 月份就已开始收购王珏和李念奎的股权。但在收购之前，中飞股份的股权分布由大到小排序是杨志峰、王珏和李念奎夫妇。王强所代表的深圳旅游收购了排名第二、三位的股权，但股份总额还未超过杨志峰，无法实控。

在此期间杨将表决权让给朱世会，朱世会后来居上，在 2020 年的定向增发中，实控中飞股份，并且与中飞合资成立了清远中飞（后改名为安徽中飞）。

每一份股权变更的公告背后都暗藏玄机。2020 年 9 月 30 日数据显示，深圳旅游持有的 463.75 万股中飞股份已退出，王强持有的 2041.89 万股也清退。

小结

1. 技术上给出落点后，进一步寻找基本面动因。而有一种基本面动因与公司经营本身无关，只与它自身的身份资源有关。此所谓怀璧。

2. 壳资源的特点是：小市值、低负债率、经营虽然稳定但始终在盈亏平衡线上挣扎。

3. 壳资源开始亏损之时，就是它谋求资产重组之日。事前事后，是否有人动手，可关注股东变化。如果有人动手，说明它已经被人盯上了，有升值的可能。

4. 本例中，创业板借壳松绑是第一大基本面动因。

第二节　海南发展股权变更

海南发展（002163）主营业务：建筑幕墙工程研发、设计、施工，幕墙产品和太阳能超白压延玻璃、电子功能玻璃的生产、销售业务。是具备完整产业链的幕墙专业企业，规模及市场占有率为全国前三。2020 年上半年报数据显示：幕墙工程业务营收 12.2 亿元，占总营收的 67.55%；特玻材料业务营收 4.4 亿元，占总营收的 24.36%；幕墙玻璃制品营收 1.05 亿元，占总营收的 5.82%；幕墙门窗制品营收4400万元，占总营收的2.42%；家电玻璃制品营收3500万元，占总营收的1.92%。内部抵消3700万元（－2.06%）。其中内销87.86%，外销14.2%，内部抵消－2.06%。

一、技术买点

图7-3为海南发展2019年12月至2020年12月日线走势图。如图所示，海南发展走势依托MA60一路上扬，至25.5元开始回调，调整幅度约为50%，后再次震荡上扬。

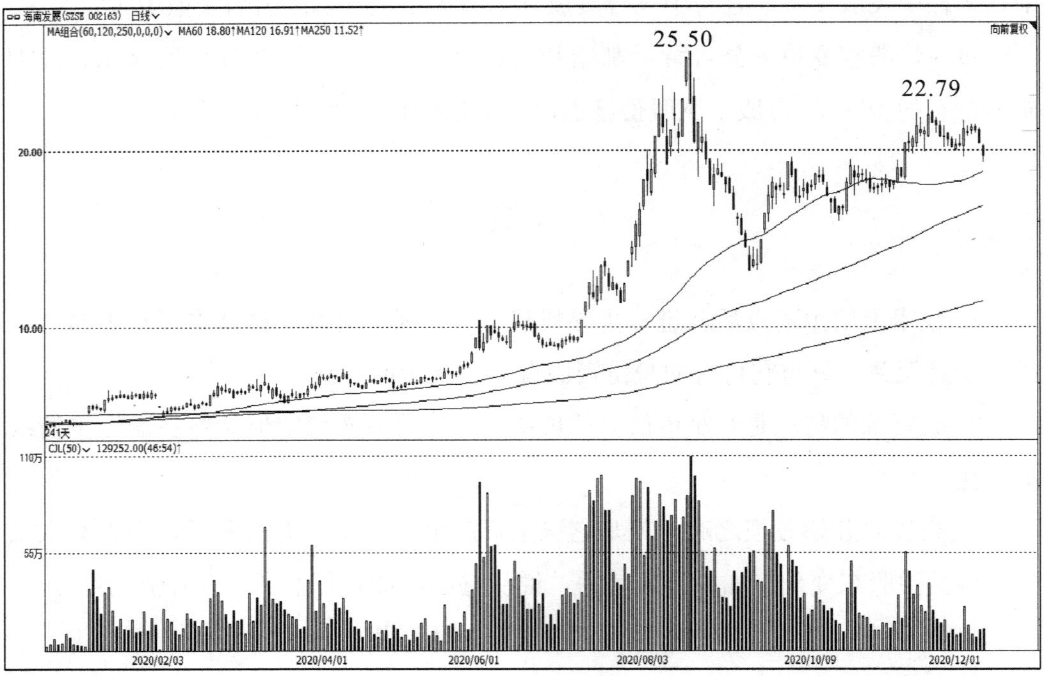

图7-3　海南发展2019年12月至2020年12月日线走势图

图7-4为海南发展2020年1月至6月日线走势图。图中显示，股价上扬至少30%后，三均线形成多头排列。随后股价回调，回调过程中形成缩量坑，回踩MA60，得到支撑，在缩量坑后暴出坑后量，买点出现，有效技术买点出现在2020年5月20日。

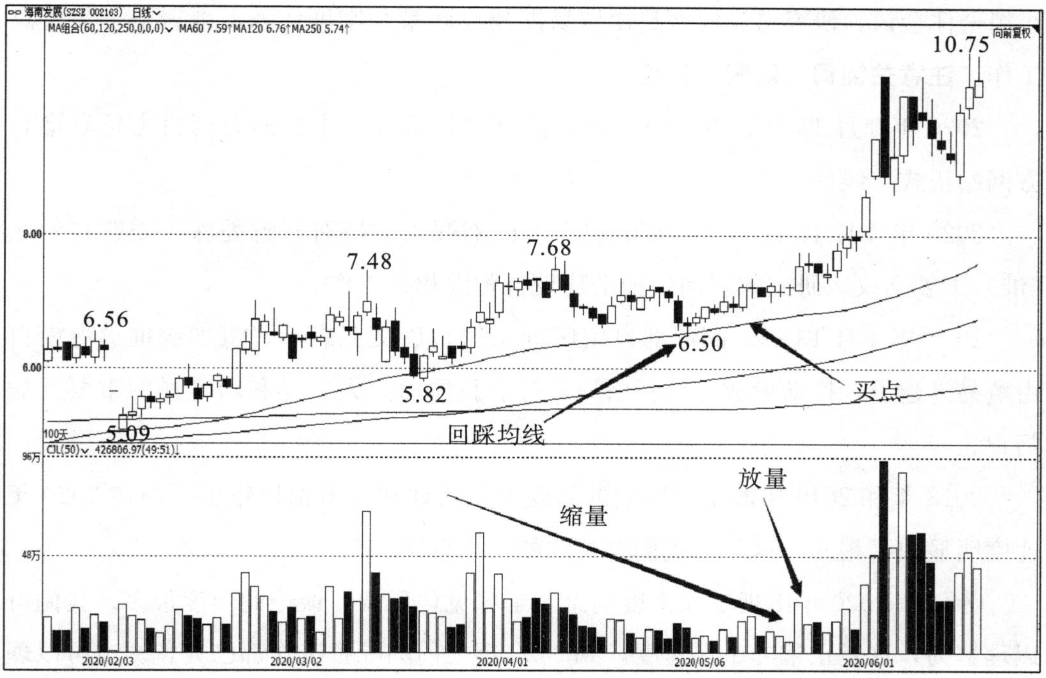

图 7-4　海南发展 2020 年 1 月至 6 月日线走势图

二、中航三鑫变身海南发展

海南发展原名为中航三鑫，是一家挣扎在盈亏平衡线的企业。2017 年至 2019 年，连续三年扣非净利润亏损，分别亏损 2500 万元、4100 万元、2100 万元。之所以没有退市，是因为它的净利润分别为亏损 1000 万元，盈利 3300 万元、盈利 5100 万元，即海南发展是靠非经常收益保持净利润没有连续三年亏损。

如中航三鑫这样一家业绩如此之差的公司，为什么股票会出现巨大的涨幅呢？最重要的原因是海南自由贸易港的建设。海南自贸港是早已有之的概念，为什么在 2020 年开始暴发呢？这就是所谓风云际会了。

2018 年 4 月 13 日下午，习近平主席在庆祝海南建省办经济特区 30 周年大会上宣布，党中央决定支持海南全岛建设自由贸易试验区，支持海南逐步探索、稳步推进中国特色自由贸易港建设，分步骤、分阶段建立自由贸易港政策和制度体系。**注意关键词：试验、探索、分步骤、分阶段**。

2019 年 11 月 8 日下午和 9 日上午，中共中央政治局常委、国务院副总理、推进海南全面深化改革领导小组组长韩正在海口分别主持召开专家座谈会和领导小组全体会议，研究讨论海南自由贸易港建设政策和制度体系，部署下一步重点工作。**注意关键词：研究、讨论**。

2020年3月15日，由海南省委深改办（自贸办）主办的海南自由贸易港官方网站正式上线。

2020年3月16日上午，海南省委书记刘赐贵主持召开省委深改委暨自贸区（港）工委会议，研究部署加快推动建设自贸港相关工作。

2020年4月13日，商务部自贸区港司司长唐文弘表示，将加快推进海南自由贸易港建设，推动形成开放新格局，打造我国面向太平洋和印度洋的重要开放门户。

2018年和2019年海南自贸港的问题上，活动和政策都比较少。而在2020年速度明显快了很多，这就是我们要关注的“消息密度”。

为什么2020年出现了高密度消息？解释见仁见智，谈论的角度很多。我们可以理解为，这是正常的工作速度，到2020年之前的准备工作都已完备。也可以理解成中美贸易战后，我国加快开放步伐，打开出口增量的新局面等。不论原因是什么，2020年初的高密度消息就已经告诉我们，海南自贸港概念可能要火。

但海南自贸港概念股有42只，为什么只有海南发展的涨势最好呢？海南自贸港概念虽然是主要原因，但还要从中寻找具体原因。

很多海南自贸港概念股在2020年4月份后，都有不同程度的上涨，但或者上涨幅度不高，或者上涨不持续，只有海南发展一骑绝尘。了解个中原因，可能非常耗精力，因为它的上涨逻辑是从2019年12月末开始给出线索的，我们需要在近半年的时间内，密切关注中航三鑫（此时未改名海南发展）的动态。

还有一种方法，当2020年5月20日给出买进信号后，我们回过头来，再去梳理逻辑，当然这种方法留给我们做功课的时间非常少，要在短时间内找到基本面动因，一种是持续跟踪的慢功夫，一种是需要急智的快速反应。

我们先从2019年12月末的消息面开始梳理。

2019年12月26日晚，中航三鑫发布公告称：公司收到控股股东航空工业通飞通知，航空工业通飞及其下属子公司中国贵州航空工业（集团）有限责任公司、深圳贵航实业有限公司拟以非公开协议的方式向海南省发展控股有限公司转让其合计持有的公司股票不超过2.2亿股，占公司总股本的27.38%，此次转让完成后将导致公司控制权发生变化。

这则公告的意思是说，中航三鑫的几个大股东不想继续参与经营了，想把自己的股份转让给海南控股。由于转让股票数量较多，如果交易达成，海南控股将成为实际控制人。

对于中航三鑫来说，这是一则利好消息。中航三鑫经营不善，现在有人接盘，有了新的管理层。另外海南控股是海南省政府为了引进重大项目，带动省外资金投资海南，推进省内重大项目实施，促进海南经济发展而设立的综合性投资控股公司，由海南省国资委履行出资人职责，是海南唯一 AAA 级资信评级的国有企业。也就是说交易达成，实控人将变成海南国资委。

需要注意的是，中航三鑫是中航系央企，如果股权转让成功，中航三鑫将会由央企降级为地方国资企业。不过海南国资委的企业，在海南自贸港概念中的想象空间非常大。

图 7-5 为海南发展 2019 年 11 月至 2020 年 2 月日线走势图。公告一出，2019 年 12 月 27 日直接一字板涨停。

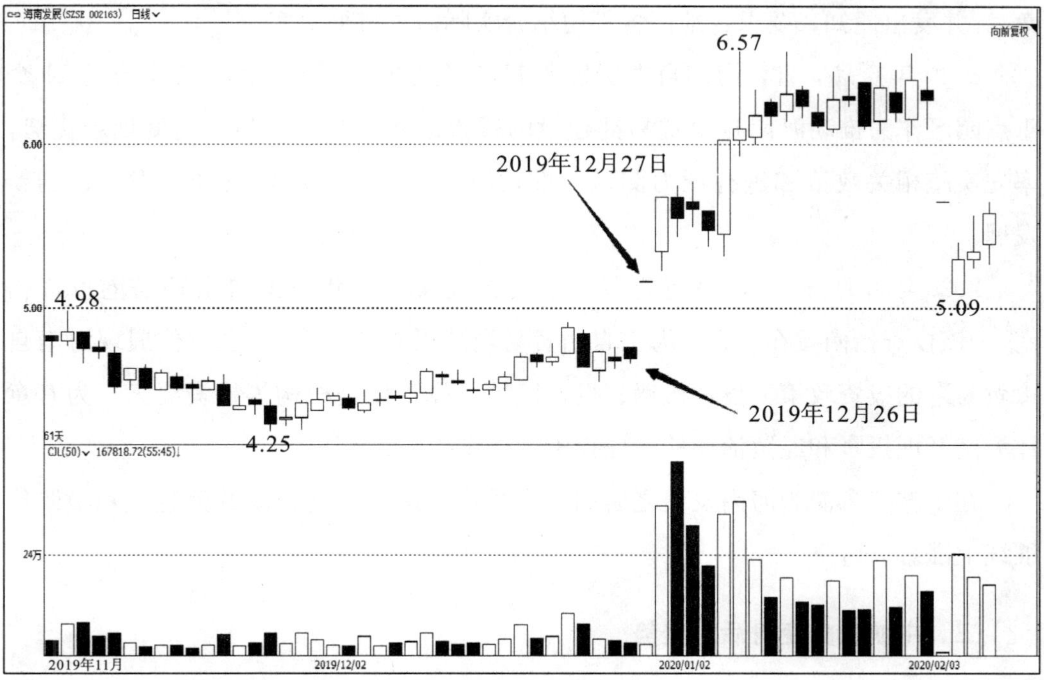

图 7-5　海南发展 2019 年 11 月至 2020 年 2 月日线走势图

但要注意，公告中的“拟”字，拟即打算。而打算，并未成为现实。如果我们去看海南发展（中航三鑫）三均线，会发现它当时还处于空头排列中。由于一字板涨停与均线非常接近，为了让大家看清一字板，上图中省略三均线。

我们不能为了一个“拟”字去建仓。并且注意时间，2019 年末，此时还没有海南自贸港的高密度消息出现，所以我们保持观望。

2020 年 4 月 9 日，相关工作人员表示：目前股权转让已经拿到了国资委批文，下一步是深交所方面的合规性审核，然后到中登公司变更股权、完成换届，现仍在正常的推进当中。

批文到手，表示本次交易如果没有重大变化的话，可以等同于交易达成了。那么在 2020 年 4 月 29 日之后，基本面动因基本已经找到，只剩下了坐等有效技术买点出现了。5 月 20 日，一切技术条件都已符合，有效买点出现。

再看后续消息：2020 年 5 月 28 日晚公告，海南控股收购中航三鑫 27.12%股权事项已完成股权过户登记手续，海南控股成为中航三鑫第一大股东，实控人由中国航空工业集团有限公司变更为海南省国资委。

2020 年 6 月 1 日，中共中央、国务院印发了《海南自由贸易港建设总体方案》，并发出通知，要求各地区各部门结合实际认真贯彻落实。

2020 年 6 月 3 日，海南自由贸易港 11 个重点园区同时挂牌，海南省把 11 个重点园区作为推动海南自由贸易港建设的样板区和试验区，利用制度创新优势，率先实施相关政策和进行压力测试，推动海南自由贸易港建设加快发展、创新发展。

2020 年 8 月 24 日，海南公布了中英文版《2020 年海南自由贸易港投资指南》，该投资指南旨在结合《海南自由贸易港建设总体方案》，全方位展现海南自由贸易港的投资政策、投资机遇、投资区域、投资促进机构等投资要素，为有意在海南开展投资和经贸活动的全球投资者提供指引。

在中航三鑫变为海南发展之后的 3 个月内，出现了高密度的消息，刺激股价继续上涨。

三、中航三鑫变身后的走势

2020 年 1 季度，中航三鑫净利润 669 万元，同比增长 1.19 倍；扣非净利润

552 万元，同比增长 1.14 倍。结束了之前连续 12 个季度的扣非净利润亏损，出现了利润拐点。

中航三鑫之所以在盈亏平衡线上挣扎，大部分原因在于它的子公司海南特玻。2008 年末，中航三鑫与中国贵航共同出资成立海南特玻。但好日子没过多久，2012 年海南特玻开始亏损。我们可以把这件事追溯到 2007 年。2007 年美国次贷危机引发全球性金融危机，我国采取扩张性货币政策和财政政策，大力扶持汽车、船舶、石化、纺织、轻工、有色金属、装备制造业、电子信息、物流等十个重点产业，玻璃属于其中的小分支。结果出现产能过剩，盲目扩张后，亏损是必然结果。

直到 2018 年 10 月，中航三鑫才挂牌转让海南特玻 13％的股权，该股权被海南新澳洋实业有限公司接盘。本次转让部分股权的操作完成后，中航三鑫不再是海南特玻的控股股东，不再并入财务报表。

剥离海南特玻后，中航三鑫调整产业结构，主要发展幕墙工程与内装产业、光伏玻璃、特玻玻璃技术等产业。2019 年 6 月，中航三鑫子公司深圳市三鑫精美特玻璃有限公司镀膜生产线改造完成。加之近年来，光伏产业的长足发展，使得 2020 年 1 季度，中航三鑫扭亏为盈。

需要注意的是，2020 年 4 月 9 日中航三鑫发布 2020 年 1 季度报，5 月 20 日给出技术买点。即便没有更变实控人，中航三鑫也有可能走出自己的行情。只是如果没有海南自由贸易港概念和海南控股的助力，大概率不会因为一个季度的扭亏为盈，而让市场给出如此之高的涨幅。不可否认，中航三鑫更名为海南发展是一个重要的基本面动因。

2020 年 5 月 20 日海南发展收盘价 7.56 元，总股本 4.64 亿，总市值 35.08 亿元。当换手率达到 20％以上平仓。至 2021 年 3 月底皆未触发平仓条件，现阶段最高价 25.5 元。

但有一点值得注意，2020 年 8 月 19 日最高价 25.5 元，总股本 4.64 亿，总市值 118.32 亿元，前十大流通股东持股占流通股的 58.87％，有效流通市值达到 48.65 亿元，非常接近 50 亿元。当有效流通市值超过 50 亿元时，换手率条件更改为 10％。那么非常接近 50 亿元的 48.65 亿元有效流通市值，当日换手率超过 10％时，是否平仓，取决于交易者的灵活程度。如图 7-6。

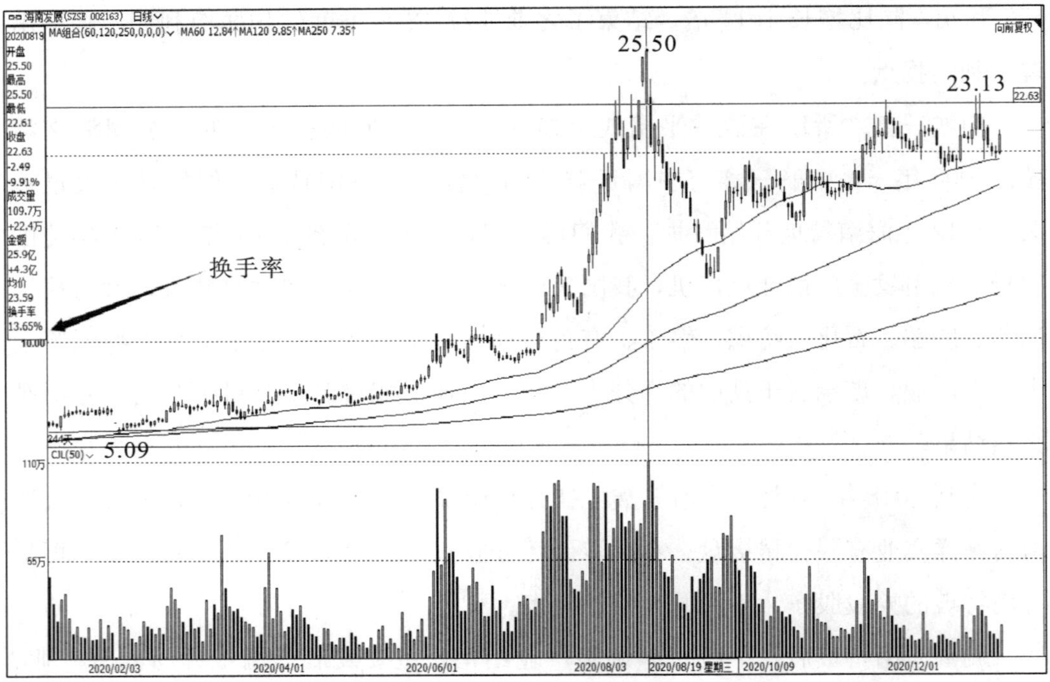

图 7-6　海南发展 2020 年 1 月至 2021 年 1 月日线走势图

小结

1. 关注国家发展战略规划，这需要长期的积累。

2. 关注消息密度。当在短时间内发布多条相关消息，大概率会有一波热点概念出现。

3. 热点很宽泛，需要从中找到可能推动某一只股票出现大幅上涨的具体原因。而最好的方法是倒推，即在该热点股给出技术买点后，快速查找该股的历史消息，从中找到有效的基本面动因。

第八章

挖掘交易机会的案例

彼得·林奇在他的书中说过："家庭主妇在超级市场或百货商场选购商品时，最有资格发掘好的消费类股票。"某一款产品能够为大部分家庭主妇所喜爱并选择，自然有其道理，要么是产品质量好、要么是价格诱人，当然最有可能的是不仅质量好而且价格很诱人，因此受终端消费者家庭主妇的欢迎。

本章并不是从家庭主妇的视角寻找交易机会，而是想借这段话来说明，很多交易机会就在身边，就看我们是否有眼光、是否有耐心。

第一节　纯碱价格大幅上涨

我们在 2020 年 9 月份注意到，纯碱价格大幅上涨。图 8-1 为纯碱指数 2020 年 3 月至 11 月日线走势图，当然从现在来看，2020 年 9 月份已经是本次价格上涨的阶段性高点。

如果纯碱价格大幅上涨，那么以纯碱为主营业务的公司的业绩也应该上涨。业绩提升会促使股价上涨。下一步就是在全市场寻找哪些公司的主营业务是纯碱。搜索的结果有六家公司：分别是 ST 双环、远兴能源、山东海化、三友化工、金晶科技、和邦生物。

你可能会问：纯碱价格已经上涨了很多，此时再去买相关股票，会不会滞后呢？其实不必担心，从价格上涨到公司业绩提升，需要一定的传导时间。纯碱价

图 8-1　纯碱指数 2020 年 3 月至 11 月日线走势图

格不会一直上涨，我们也不想在这些股票上赚五倍十倍，只是吃一波价格上涨的红利，快进快出。

其实这种机会，基本不需要深入分析公司的基本面，纯粹是基于纯碱价格的上涨理论上会使所有以纯碱为主营业务的公司都受益。只需要查看一下，纯碱业务是不是它最大的利润来源。

首先将上述 6 只股票中的 ST 股票排除，来看其他五家。

远兴能源：纯碱业务占总营收 45%，2019 年营收 34.35 亿元。

山东海化：纯碱业务占总营收 88.22%，2019 年营收 40.34 亿元。

三友化工：纯碱业务占总营收 26.09%，2019 年营收 52.6 亿元。

金晶科技：纯碱业务占总营收 47.34%，2019 年营收 23.82 亿元。

和邦生物：主营业务称为联碱，包括纯碱和氯化铵，财报中也未将二者分开。联碱业务占总营收的 44.5%，位居其他业务第一位。2019 年营收 26.5 亿元。

我们再去除纯碱业务占比较低的三友化工，还剩下四家。现在来看一下它们的历史市盈率走势，如图 8-2 至图 8-5。

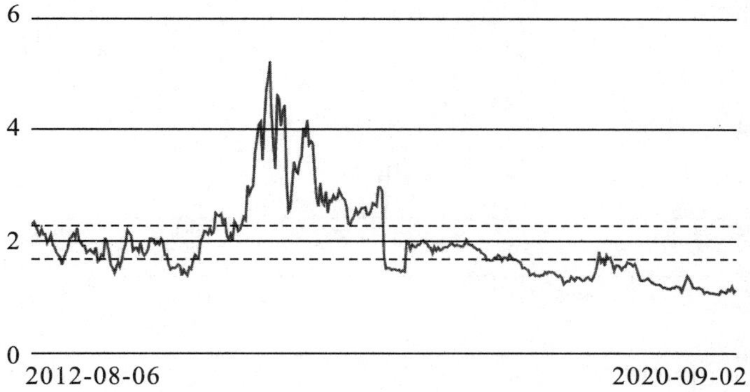

图 8-2　和邦生物历史市盈率走势

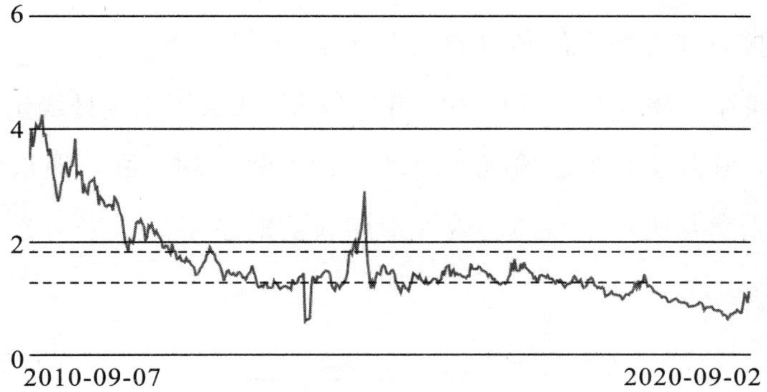

图 8-3　远兴能源历史市盈率走势

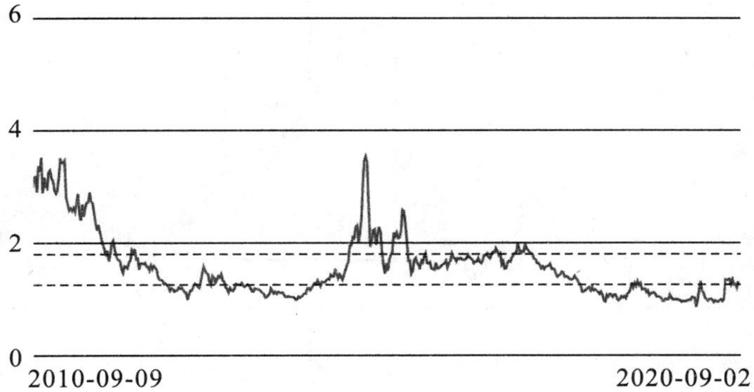

图 8-4　金晶科技历史市盈率走势

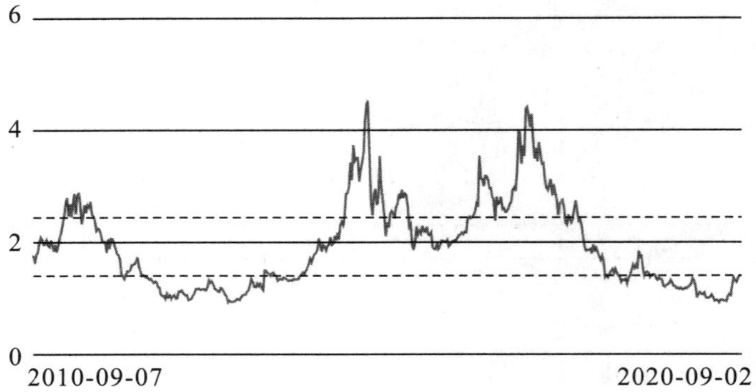

图 8-5 山东海化历史市盈率走势

这四家公司 2020 年 9 月的市盈率都位于历史低位。这是它们股价上涨具有的基本面动因，接下来寻找它们各自的技术落点。

图 8-6 为和邦生物（603077）2020 年 3 月至 2021 年 1 月日线走势图。自我们开始关注开始，和邦生物的股价确实出现了较大幅度的上涨，但很快就回落至起涨点。我们是否参与呢？不参与。因为根据我们的技术方法来考察，它并不符合条件。

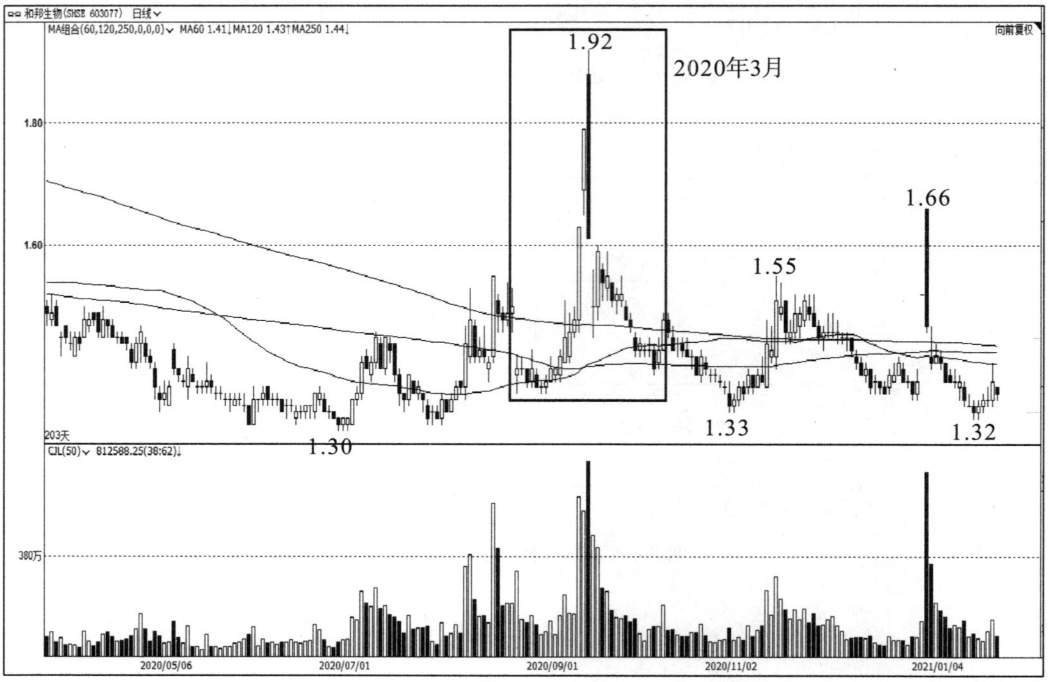

图 8-6 和邦生物 2020 年 3 月至 2021 年 1 月日线走势图

图 8-7 为远兴能源（000683）2020 年 7 月至 2021 年 1 月日线走势图。在我们关注的 2020 年 9 月末，股价确实回踩了一下 MA60，但并未放量，也就无法触发交易条件。股价回踩 MA250，并且在缩量后小幅放量，此时我们参与吗？不参与。因为兜底法的条件之一是，MA250 的斜率大于 0，而彼时的斜率小于 0。也就是说在当时，长期均线的指向是朝下的，所以不能参与交易。

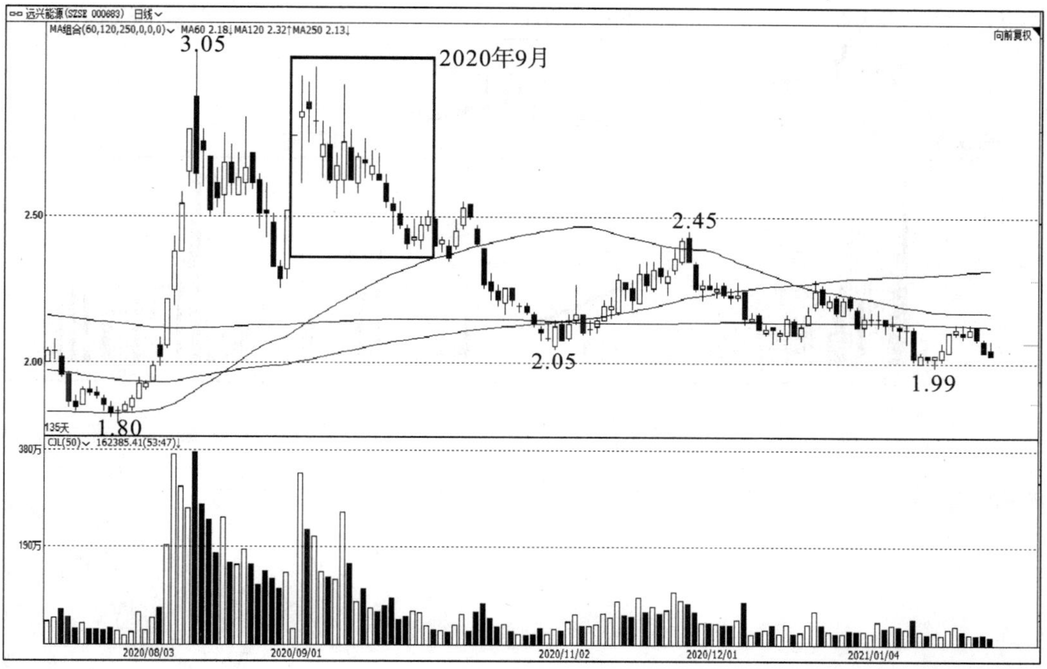

图 8-7　远兴能源 2020 年 7 月至 2021 年 1 月日线走势图

图 8-8 为金晶科技（600586）2020 年 6 月至 2021 年 1 月日线走势图。股价在回调过程中成交量萎缩，回踩 MA120 后放量。其他条件皆符合，参与交易。买点信号出现在 2020 年 10 月 12 日，当日收盘价 3.65 元。

金晶科技前十大股东持股占总股本的 37.71%，总股本 14.29 亿，以 3.65 元的价格计算，有效流通市值为 32.49 亿元。当换手率超过 20%时，伺机平仓。

2020 年 12 月 15 日收盘价 6.19 元，此时的有效流通市值为 55 亿元，高于 50 亿元，只要换手率高于 10%便平仓，当日换手率 18.27%，以收盘价 6.19 元平仓，如图 8-9 所示。调整一段时间后，股价再次上涨，其原因大家可试着进行分析。

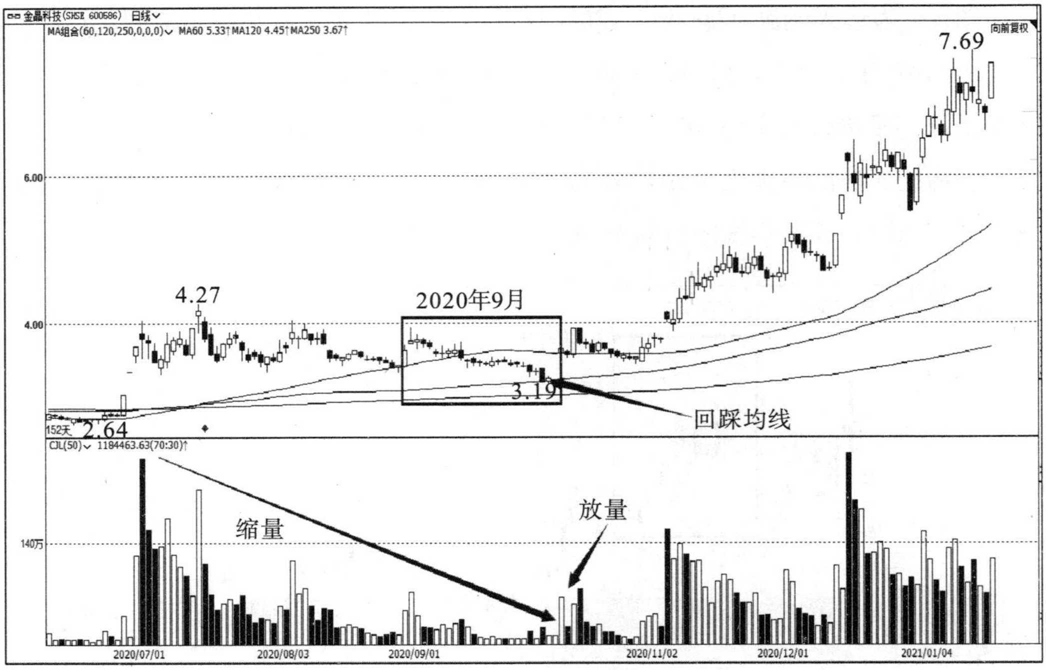

图 8-8 金晶科技 2020 年 6 月至 2021 年 1 月日线走势图

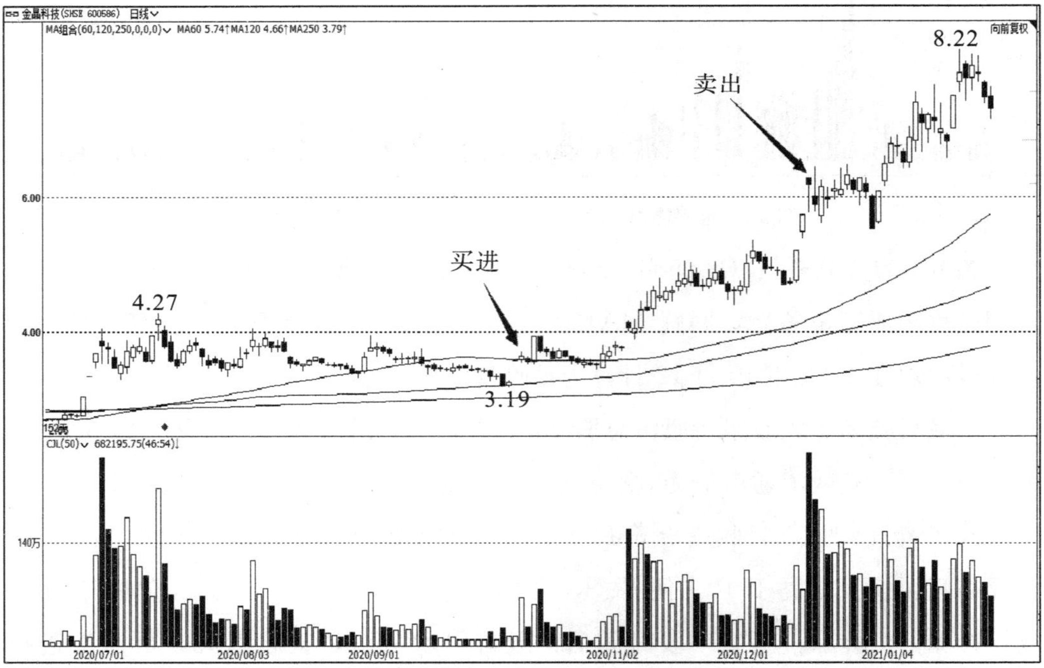

图 8-9 金晶科技的买点与卖点示意图

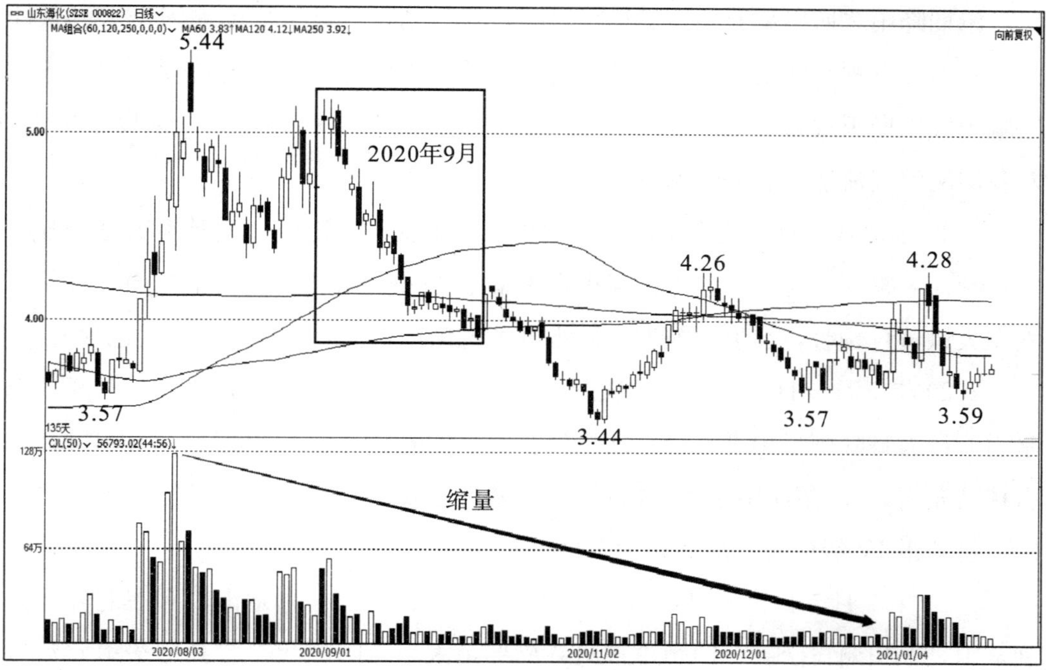

图 8-10　山东海化 2020 年 7 月至 2021 年 1 月日线走势图

图 8-10 为山东海化（000822）2020 年 7 月至 2021 年 1 月日线走势图。2020 年 9 月股价调整，回踩 MA250，但在此期间成交量一直处于缩量状态，没有买入信号出现。走势图的右侧，均线已经由多头排列变成了空头排列，完全没有参与机会。

总之，在本次纯碱涨价事件中，使用基本面加技术落点的方法，选出 6 家公司，用主营业务与业绩删除两家公司，再用技术筛选出一家公司——金晶科技，以 3.65 元的价格买进，以 6.19 元的价格卖出，不考虑手续费的情况下，便可盈利 69.58％。

第二节　2020 年我国南方抗击洪涝灾害

2020 年入汛以来，我国南方地区发生多轮强降雨过程，造成多地发生较重洪涝灾害。据水利部的统计数据：6 月 22 日，我国 16 个省区 198 条河流发生超警戒水位以上洪水，多于常年同期；重庆綦江上游干流及四川大渡河支流小金川更是发生了超历史最高纪录洪水。

汛期降雨之所以如此猛烈、持续时间长且后劲足，最重要的原因是水汽条件好。例如，盘踞在江南、江淮一带的梅雨，就是水汽充足带来的持续降雨。作为影响中国汛期天气幕后的“推手”，它在 2020 年的位置明显偏西，强度也更强，对我国潮湿气流造成了恶性影响。

2020 年 7 月 6 日，上海中心气象台更新暴雨蓝色预警信号为暴雨黄色预警信号，预计未来 6 小时内，上海市累积降水量达 80 毫米以上。同时上海中心气象台发布大风黄色预警，加上此前发布的雷电黄色预警，上海出现了三次黄色预警。

2020 年 7 月 5 日至 6 日，重庆彭水、黔江、武隆、石柱、奉节等 5 个区县降暴雨，最大日降雨量出现在彭水朗溪村，为 103 毫米。綦江区綦江、秀山县梅江、石柱县龙河等 31 条次中小河流出现 1—5 米涨水过程，重庆市防汛抗旱指挥部决定，将防汛 IV 级应急响应调整为 III 级应急响应。

2020 年 7 月 5 日至 6 日，四川攀西地区、川西高原、盆地南部和东北部降大到暴雨，凉山州冕宁县、泸州市古蔺县局部降大雨。阿坝州小金县宅垄镇元营村城隍庙沟吉峰沙场发生山洪引发泥石流灾害。

2020 年 6 月 8 日，广西壮族自治区减灾委员会办公室发布通知：针对此轮强降雨造成的灾情，自治区减灾委、应急管理厅决定，对柳州、桂林、梧州、百色、河池、贺州市启动自治区 III 级救灾应急响应。

另外，广东全省累计转移 20096 人；浙江防汛应急响应升至 I 级；江西遭遇持续时间最长、影响范围最广、雨量最大的一次连续性暴雨天气过程，造成 10 个设区市、51 个县（市、区）的 44 万多人受灾；湖南省全省 8 个市（州）21 个县（市、区）32.1 万人受灾；湖北省、安徽省进入 II 级应急响应状态。

救洪灾急需水泵。所以我们在 7 月份重点关注了以水泵为主营业务的概念股。

不过我们大多数人都没有在第一线抗洪的经验，也根本不知道抗洪是否需要使用水泵，或者说我们根本不必知道是否使用水泵。我们来做一个思想实验：市场中有十个人，只有你一个人明确知道抗洪不需要水泵，其他九个人认为必须使用水泵。然后这九个人的资金都跟着市场买入水泵概念股。资金推动股价上涨，这九个人因为这种“误会”赚钱，而你因为“冷静清醒”而踏空。

这种事情在资本市场中并不少见，例如由于美国干旱而引起的 CBOT 黄豆期价上涨，因 CBOT 所在的芝加哥非黄豆耕种所在地降暴雨，黄豆期价竟然开始下跌。例如方大碳素根本没有石墨烯业务，但会随着石墨烯的热度一起涨。

再比如《漫步华尔街》中的例子：有一家很不错的小公司，40 年来一直生产鞋带儿，股票价格不失体面，是每股盈利的 6 倍。现在公司名称由“鞋带股份有限公司”变更为“电子硅片 Furth Burners 股份有限公司”。谁也不明白 Furth Burners 是什么意思。但一个无人理解的词语，使整个新公司的市盈率达到了 42 倍。

所以，关于抗洪概念，把所有能想到的，列一张清单，然后找出相关概念股，再列一张清单，这就是找基本面动因。再看市场的反应，必然已经出现技术信号。

打开“问财”，搜索“水泵”，有 18 只股票，如图 8-11。

序号	□	股票代码	股票简称	现价(元)	涨跌幅(%)	主营产品名称
1	□	002050	三花智控	21.45	-0.92	【电子水泵】;【水软化系统】;【omega泵】;【..
2	□	002131	利欧股份	2.72	0.74	【水泵】;【小水泵】;【小型水泵】;【水泵业务..
3	□	603109	神驰机电	21.78	-1.54	【水泵】;【小型发电机】;【数码变频发电机】...
4	□	300145	中金环境	2.96	0.68	【水泵】;【污水泵】;【其他系列水泵】;【污水..
5	□	603319	湘油泵	34.46	9.99	【水泵】;【机械水泵】;【电动水泵】;【输油泵..
6	□	600416	湘电股份	18.18	1.62	【水泵】;【水泵及配套】;【水泵及配件】;【水..
7	□	002536	飞龙股份	6.04	2.20	【水泵】;【汽车水泵】;【水泵业务】;【电动水..
8	□	001696	宗申动力	6.70	0.60	【水泵机组】;【通用汽油机】;【耕作机】;【割..
9	□	002126	银轮股份	10.30	3.10	【电子水泵】;【水阀】;【水冷板】;【水空中冷..
10	□	002532	天山铝业	10.19	-2.30	【水泵】;【污水泵】;【农用水泵】;【水泵业务..
11	□	002921	联诚精密	21.19	2.27	【水泵壳体】;【汽车水泵壳体】;【油泵盖】;【..
12	□	603982	泉峰汽车	17.61	2.32	【水泵壳】;【真空泵轴】;【气缸体组件（缸体...
13	□	300403	汉宇集团	6.41	0.79	【水泵】;【用排水泵】;【电子水泵】;【专用排..
14	□	000530	冰山冷热	3.92	4.25	【海水热泵】;【制冷空调设备】;【地热能】;【..
15	□	603757	大元泵业	19.98	-3.01	【污水泵】;【小型潜水电泵】;【井用潜水电泵...
16	□	002884	凌霄泵业	29.78	2.06	【清水泵】;【潜水泵及清水泵系列产品】;【浴...
17	□	002011	盾安环境	4.87	9.93	【水源热泵】;【污水源热泵】;【水处理】;【地..
18	□	300660	江苏雷利	19.29	0.36	【排水泵】;【冰水垫】;【排水电机】;【分冰水..

图 8-11　水泵概念股

这种搜索很粗放，还要进一步筛选。

天山铝业：原名新界泵业，主营各类水泵及控制设备的研发、生产与销售。

联诚精密：主营各种精密机械零部件的研发设计、生产和销售。与水泵业务关联不大。

泉峰汽车：主营汽车热交换零部件、汽车传动零部件、汽车引擎零部件、汽车转向与刹车零部件、新能源汽车零部件、家用电器零部件。与水泵业务关联不大。

宗申动力：主营发动机及配件、通用汽油机、耕作机、割草机、水泵机组、汽油发电机组等整机及零部件；摩托车零部件、汽车零部件。水泵业务占比较低。

三花智控：主营四通换向阀、电子膨胀阀、微通道热换器、Omega 泵、储液器、电子水泵。水泵业务占比较低。

利欧股份：主营民用泵、工业泵、园林机械、清洗和植保机械、配件、媒介代理服务、数字营销服务、PC 端流量整合业务、移动端流量整合业务、精准营销业务。民用泵和工业泵营收占总营收的 12.88%，水泵业务占比较低。

神驰机电：主营电视机类产品、通用汽油机、终端类产品、配件等，与水泵业务关联不大。

中金环境：主营 CDL/CDM 系列立式不锈钢多级离心泵、CHL 系列卧式不锈钢多级离心泵、成套供水设备、污水泵、暖通泵、中开泵、消防泵、计量泵、油泵、深进泵。

湘油泵：主营柴油机机油泵、汽油机机油泵、减速机、水泵、输油泵，与水泵业务关联不大。

*ST 湘电：ST 不考虑。

飞龙股份：主营传统发动机冷却部件、新能源冷却部件及模块、发动机节能降排部件、非发动机其他部件，与水泵业务关联不大。

汉宇集团：主营专用排水泵、冷凝泵、洗涤循环泵。

盾安环境：主营四通阀、截止阀、电子膨胀阀、电磁阀、管路集成组件、储液器、换热器、工业余热利用解决方案，与水泵业务关联不大。

江苏雷利：主营导火电机、导风机构组件、排水电机、排水泵、投放系统组件、分冰水器、冰水垫、碎冰机电机、汽车电机、冲压件。与水泵业务关联不大。

冰轮环境：主营低温冷冻设备、中央空调设备、节能制热设备及应用系统集成、工程成套服务，与水泵业务关联不大。

凌霄泵业：主营不锈钢泵、通用泵、塑料卫浴泵、其他及配件、边角料及其他。

冰山冷热：主营制冷空调设备，与水泵业务关联不大。

大元泵业：主营井用潜水电泵、陆上泵、小型潜水电泵、化工屏蔽泵、空调制冷屏蔽泵、热水循环屏蔽泵、配件等。

经过对主营业务的筛选，第一批进入范围的股票有：天山铝业、中金环境、汉宇集团、凌霄泵业、大元泵业。

2020年7月，彼时财务方面仅有2020年1季度财报数据，再来看一下业绩情况。由于2020年疫情的影响，除非业绩大幅下降之外都可接受。

天山铝业：2020年1季度净利润同比增长77.29%，扣非净利润同比下降17.91%。

中金环境：2020年1季度净利润同比下降137.63%，扣非净利润同比下降146.16%，不作为标的股研究。

汉宇集团：2020年1季度净利润同比下降11.49%，扣非净利润同比增长14.44%。

凌霄泵业：2020年1季度净利润同比增长9.48%，扣非净利润同比增长22.91%。

大元泵业：2020年1季度净利润同比增长1.19%，扣非净利润同比下降3.63%。

至此排除了中金环境，还剩下天山铝业、汉宇集团、凌霄泵业、大元泵业。从2020年7月开始，密切关注买入信号出现。

图8-12为天山铝业（002532）2020年5月至2021年1月日线走势图。出现最高价10.59元的时间是2020年7月14日。在抗洪过程中，水泵相关概念股已经开始上涨了，也说明我们关于水泵的预判大致没有错。

股价回调，一路跌至6.87元，此时已是2020年9月11日，其后至少三次遥踩MA250，且缩量极为明显。2020年10月28日再次放量时，买点出现，当日收盘价7.52元，阶段最高9.84元。

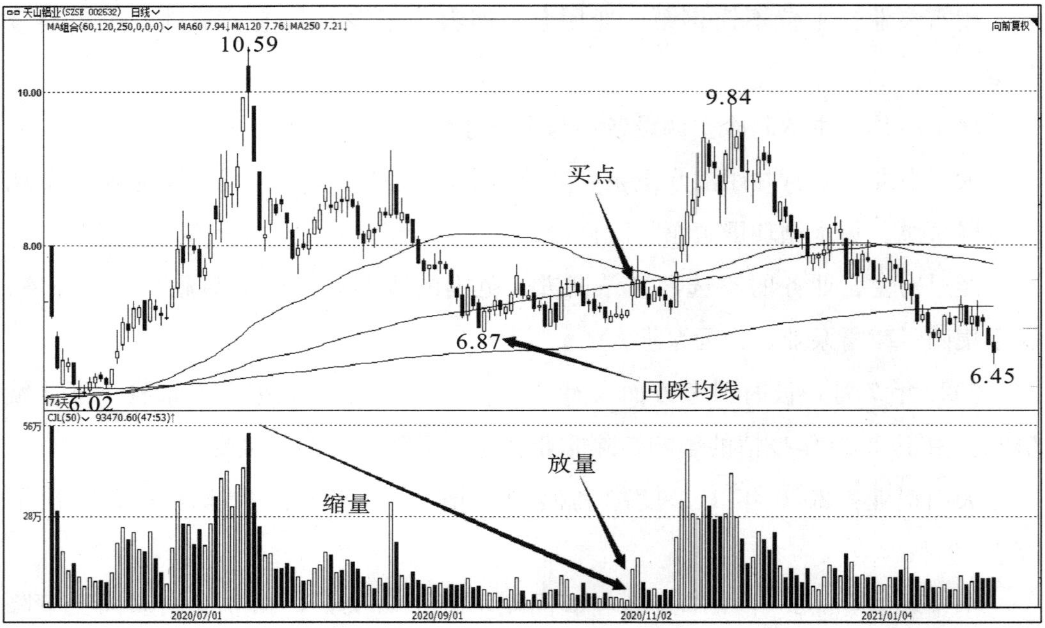

图 8-12　天山铝业 2020 年 5 月至 2021 年 1 月日线走势图

图 8-13 为汉宇集团（300403）2020 年 6 月至 2021 年 1 月日线走势图。股价回调过程中形成均线多头排列。缩量、回踩、放量，一气呵成非常流畅。买点信号出现在 2020 年 8 月 27 日，当日收盘价 6.2 元，本次上涨最高达 11.95 元。

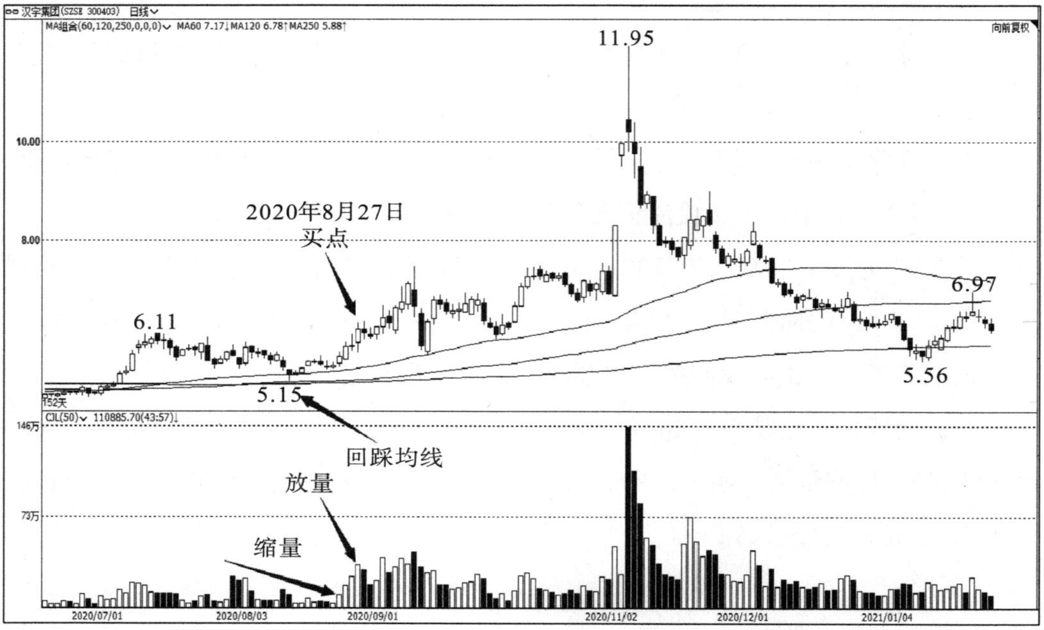

图 8-13　汉宇集团 2020 年 6 月至 2021 年 1 月日线走势图

图 8-14 为凌霄泵业（002884）2020 年 5 月至 2021 年 1 月日线走势图。本次买点发生在持续上涨中的中级回调之后，整体上涨过程非常流畅。如果几只股票同时给出买点信号，那么首先参与上涨流畅的股票。该股买点出现在 2020 年 8 月 19 日，收盘价 18. 59 元，本次上涨阶段最高价 33. 19 元。

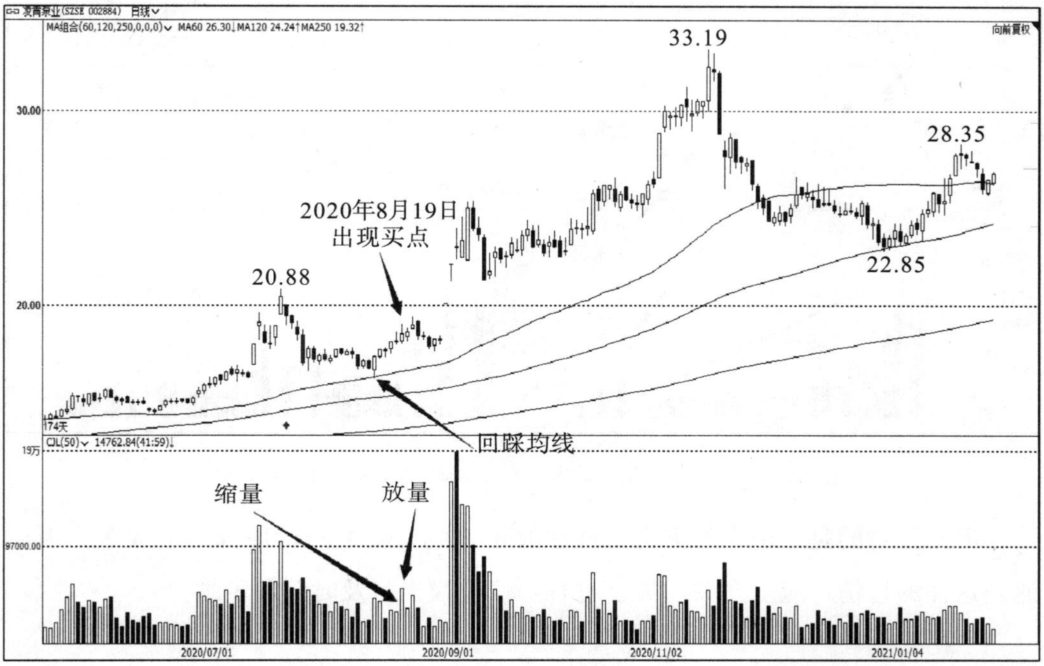

图 8-14　凌霄泵业 2020 年 5 月至 2021 年 1 月日线走势图

图 8-15 为大元泵业（603757）2020 年 6 月至 2021 年 1 月日线走势图。大元泵业与凌霄泵业一样，都是回踩 MA60。我们采用的均线兜底法有三条线：MA60、MA120、MA250。泵业概念股的参与机会，是由于洪灾事件推动，所以回踩的均线参数越小，说明它的走势越强劲。如果几只股票同时给出买进信号，尽量选择回调幅度小、回踩最短周期均线的个股参与，这样效率更高。2020 年 8 月 19 日大元泵业 K 线图出现买进信号，当日收盘价 18. 21 元，本次上涨阶段高点 29. 01 元。

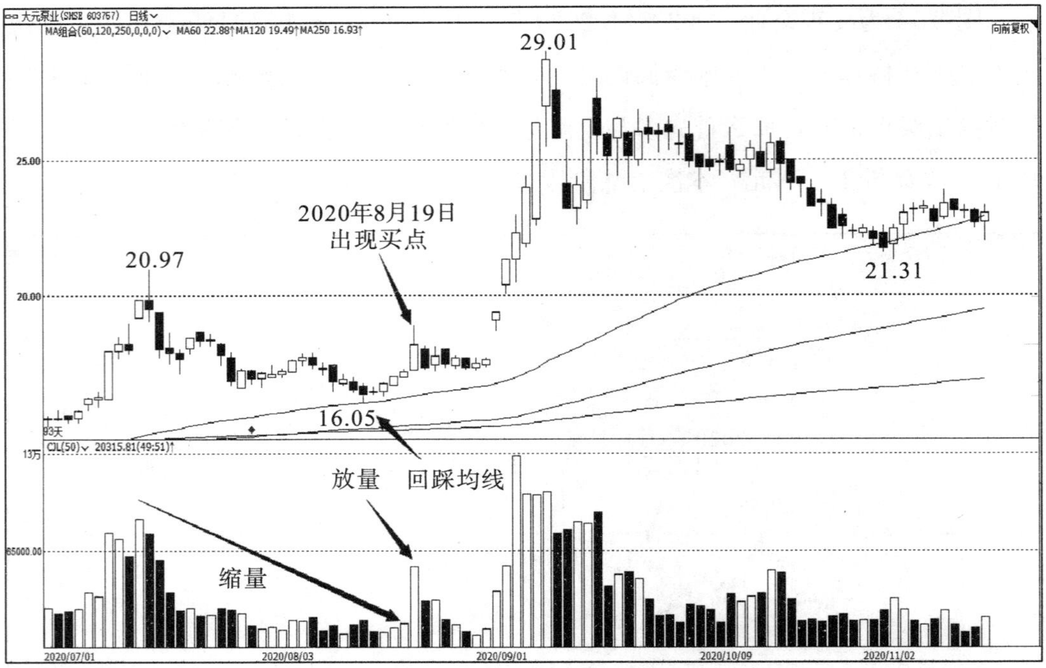

图 8-15 大元泵业 2020 年 6 月至 2021 年 1 月日线走势图

需要注意的是，由自然灾害所推动的相关概念股上涨行情都不会太久。因此遇到这样的行情，应多多关注灾害进程，快进快出，及时获利了结。

第三节 汽车与橡胶涨价带动轮胎概念股上涨

2020 年内循环、刺激消费政策促使新能源汽车概念股上涨。我们顺着这个思路继续思考：轮胎是汽车的配件之一，95%以上的天然橡胶都用于生产轮胎，2020 年 3 月末至 10 月末，天然橡胶指数上涨了 74.81%，如图 8-16。那么轮胎概念股会不会上涨？

天然橡胶的上涨并不是轮胎概念股上涨的直接原因，但不可否认它们之间的相关性。就像 2020 年秋冬，大批纺织品订单回流我国，导致棉花期货指数大幅上涨一样。

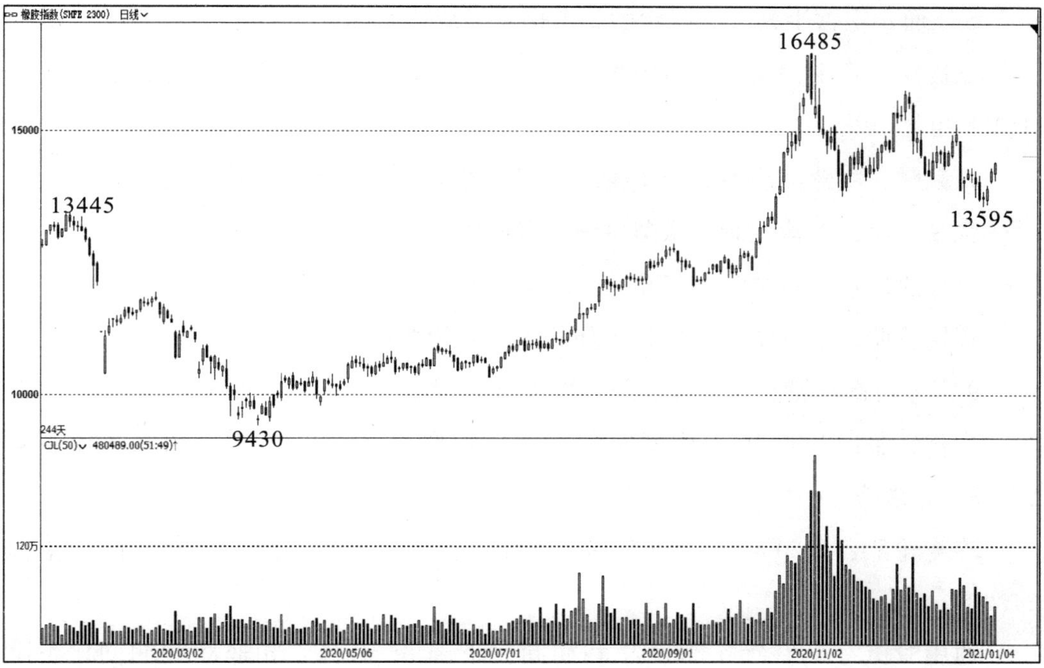

图 8-16　橡胶指数 2020 年 1 月至 2021 年 1 月日线图

机会总是留给有准备的人。上问财搜索轮胎：共有 9 只相关概念股，如图 8-17。

选出A股 9　+加自选　+加板块　导数据 NEW

序号		股票代码	股票简称	涨跌幅(%)	现价(元)	所属同花顺行业	所属概念
1		000589	贵州轮胎	2.26	7.69	化工-化工合成材料-轮胎	【橡胶】；【国改双百行动】；【地方国资改革】...
2		601966	玲珑轮胎	2.24	42.48	化工-化工合成材料-轮胎	【汽车制造概念】；【沪股通】；【体育产业】；【...
3		601500	通用股份	0.56	5.36	化工-化工合成材料-轮胎	【参股新三板】；【车联网】；【新材料概念】；【...
4		600182	S佳通	-0.07	14.43	化工-化工合成材料-轮胎	【S股】；【绿色轮胎】；【振兴东北】；【国际板...
5		601163	三角轮胎	-0.4	17.29	化工-化工合成材料-轮胎	【军工】；【融资融券】；【胎压监测】；【转融券...
6		002984	森麒麟	-0.5	25.75	化工-化工合成材料-轮胎	【大飞机】；【核准制次新股】；【新股与次新股...
7		000599	青岛双星	-0.68	4.36	化工-化工合成材料-轮胎	【橡胶】；【青岛自贸区】；【中韩自贸区】；【雄...
8		600469	风神股份	-3.35	5.48	化工-化工合成材料-轮胎	【绿色轮胎】；【央企国资改革】；【融资融券】...
9		601058	赛轮轮胎	-3.96	8.72	化工-化工合成材料-轮胎	【青岛自贸区】；【绿色轮胎】；【沪股通】；【融...

图 8-17　9 只轮胎概念股

进行主营业务筛选：

贵州轮胎：主营轮胎销售、混炼胶。

玲珑轮胎：主营全钢子午线轮胎、半钢子午线轮胎、斜交胎。

通用股份：主营全钢轮胎、斜交轮胎、半钢轮胎。

S佳通：主营半钢子午线轮胎、全钢子午线轮胎。

三角轮胎：主营高性能商用车胎、乘用车胎、斜交工程胎、子午工程胎、子午工程巨胎。

森麒麟：主营经济型乘用车轮胎、高性能乘用车轮胎、特殊性能轮胎。

青岛双星：主营轮胎、橡塑机械、铸造机械。

风神股份：主营全钢子午轮胎、斜交轮胎。

赛轮轮胎：主营轮胎产品、循环利用、轮胎贸易。

9家公司都以轮胎为主营业务，再进行业绩筛选：

贵州轮胎：2020年1季度净利润同比下降2.37%，扣非净利润同比下降28.58%，放弃。

玲珑轮胎：2020年1季度净利润同比上涨30.46%，扣非净利润同比上涨34.03%。

通用股份：2020年1季度净利润同比下降66.19%，扣非净利润同比下降86.24%，放弃。

S佳通：2020年1季度净利润同比下降39.78%，扣非净利润同比下降47.62%，放弃。

三角轮胎：2020年1季度净利润同比上涨5.35%，扣非净利润同比上涨0.2%。

森麒麟：2020年1季度净利润同比上涨51.63%，扣非净利润同比上涨50.49%。

青岛双星：2020年1季度净利润同比下降513.91%，扣非净利润同比下降87.58%，放弃。

风神股份：2020年1季度净利润同比下降76.96%，扣非净利润同比下降77.64%，放弃。

赛轮轮胎：2020年1季度净利润同比上涨47.67%，扣非净利润同比上涨50.93%。

除去业绩大幅下降的公司，进入关注名单的有：玲珑轮胎、三角轮胎、森麒麟、赛轮轮胎。

图8-18为玲珑轮胎（601966）2020年7月至2021年1月日线走势图。我们

一再强调，事件推动的概念股上涨，最好选走势最流畅的个股，回踩短期均线即放量给出信号的个股。玲珑轮胎回踩我们设置的最短均线是 MA60，事后来看玲珑轮胎走势强劲。2020 年 9 月 3 日给出买进信号，当日收盘价 24.66 元。对比天然橡胶上涨的时间 2020 年 3 月至 10 月，是相关股票上涨走势最强的时期。所以此处的买点准确率极高。

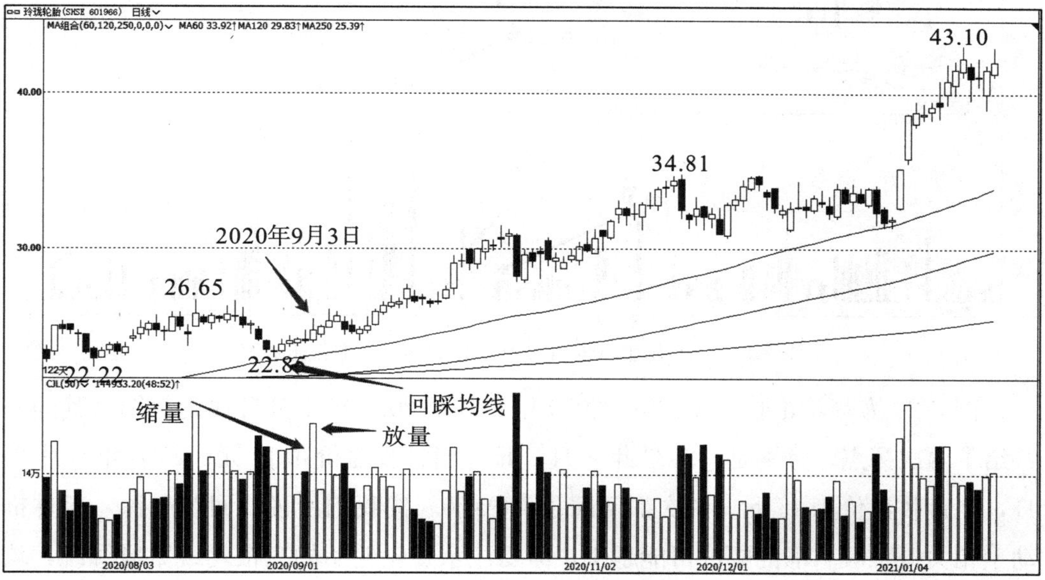

图 8-18　玲珑轮胎 2020 年 7 月至 2021 年 1 月日线走势图

图 8-19 为三角轮胎（601163）2020 年 6 月至 2021 年 1 月日线走势图。三角轮胎 2020 年 9 月遥踩两条均线：MA120 与 MA250。与玲珑轮胎相比，事件推动型相关概念股上涨，回踩中长期均线，说明走势本身很弱，后势上涨不如玲珑轮胎强劲。买点信号出现在 2020 年 10 月 14 日，当日收盘价 15.70 元，阶段高点 11 月初曾达到 18.98 元。

森麒麟（002984）2020 年 9 月 11 日上市，无法画出 MA120 与 MA250，暂时不用均线兜底法考虑。

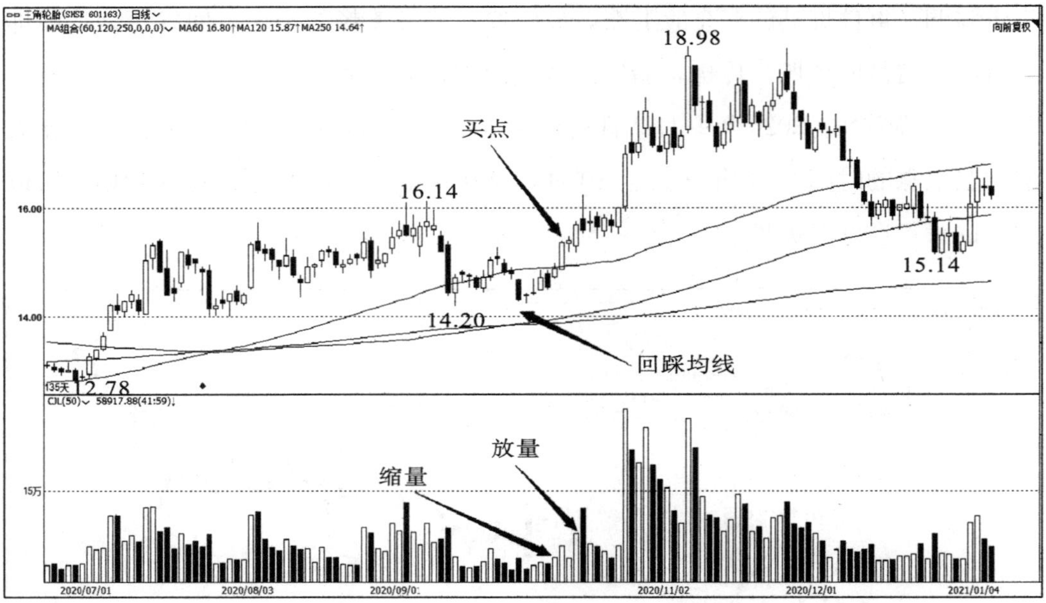

图 8-19　三角轮胎 2020 年 6 月至 2021 年 1 月日线走势图

图 8-20 为赛轮轮胎（601058）2020 年 6 月至 2021 年 1 月日线走势图，其间一共给了两次买点，分别是：2020 年 8 月 3 日，当日收盘价 4.19 元；2020 年 9 月 29 日，当日收盘价 4.45 元。两次都回踩了 MA250。按我们所说，回踩越深，事件推动型相关概念股上涨的幅度可能越小，但要注意赛轮轮胎的三根均线紧紧缠绕，均线缠绕得越紧，选择方向后涨跌的力度越强，这也是交易决策的参考项之一。

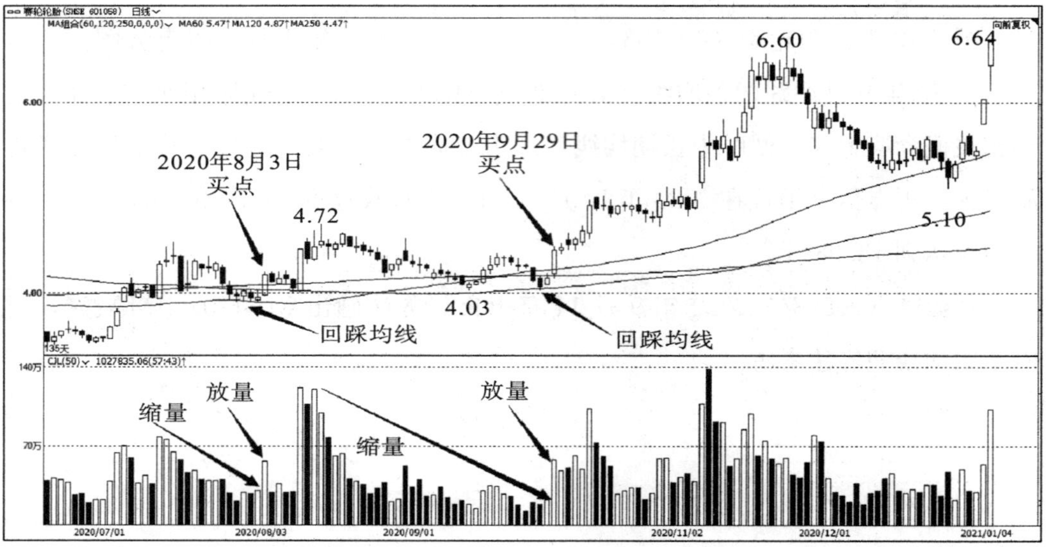

图 8-20　赛轮轮胎 2020 年 6 月至 2021 年 1 月日线走势图

如果前两次买点都没赶上，后续还有一次买点，如图 8-21。注意第三次买点所回踩的均线，是短期均线 MA60，也符合我们之前的判断，走势越强的股票，回踩的幅度越浅。

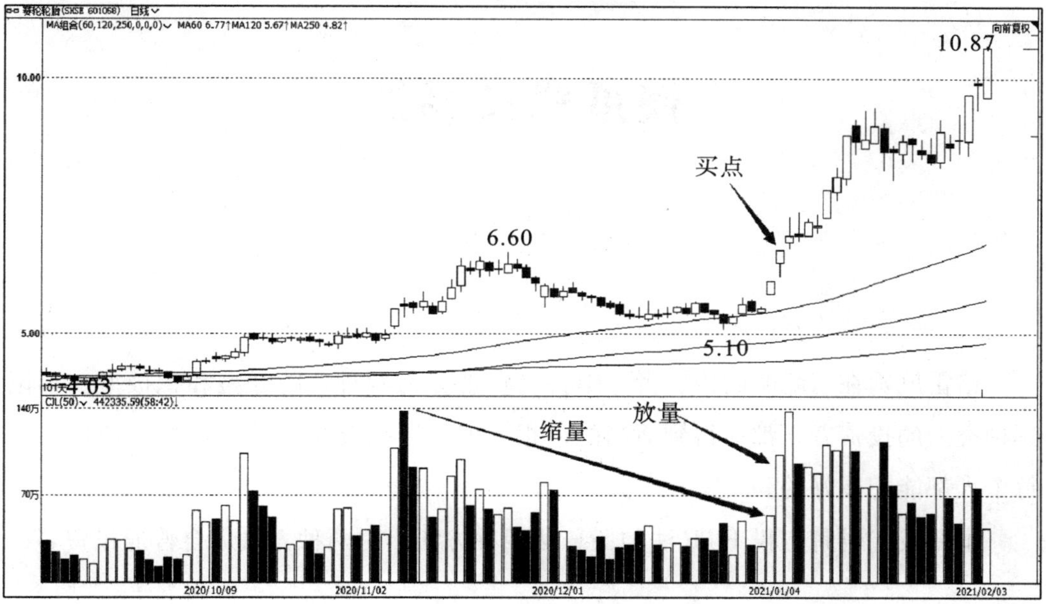

图 8-21　赛轮轮胎第三次买点

小结

1. 很多投资机会，或者说交易机会，就在我们身边，需要我们善于发现，善于思考。

2. 首先把清单列出来后，关注是否给出技术买点，让市场来验证是否正确。

3. 事件推动型股票上涨图中，回踩幅度越浅，后势走势越强。怎样判断回踩是否结束呢？回踩某一根均线后放量，即预示着回踩结束。

第九章

傻瓜式交易法

格雷厄姆在《聪明的投资者》中将投资者分为两种：防守型和积极型。不论哪种类型的投资者，都会得到适当的回报。但是，投资是一件专业的事业，不是每个人都能把握好的。

本章我们讲解定投 ETF 法与股息法两种方法，这两种方法适合普通投资者。

第一节　定投 ETF 法

以 50ETF 的投资为例。50ETF 是一种股票型基金，定投 50ETF 相当于定投股票基金。而 50ETF 的目标是尽可能完美复制上证 50 指数的走势。从长期来看，由于经济发展、社会总财富的不断增加，指数必然上涨，因此完美复制指数的 ETF 也必然上涨。

一、定投及其魔力

通俗地讲，定期是指每个月的这个时间，我来买。定额是指每次买的钱数一样。例如我每月 15 日投 1000 元。这是定投。

假设每个月用 500 元钱来定投，一年投入 6000 元。每年赚 20%。那么下一年，6000 元变成 7200 元。若再投 6000 元，资金为 13200 元，这一年我再赚 20%，资金为 15840 元。第三年，我再投 6000 元，如此反复。

如果我们持续 20 年，你猜会有多少钱？98 万元。这就是复利的魔力。

我们定投什么？最好是股票。虽然我的主业是期货，可是在股票上，我做价值投资。如果一件东西，你知道它的内在价值是 10 元，现在卖 5 元，你买不买？肯定要买对吧。

如果它一年之内，由 5 元变成 10 元，收益率是 100％；

如果它两年之内，由 5 元变成 10 元，收益率是 50％；

如果它三年之内，由 5 元变成 10 元，收益率是 33％；

如果它四年之内，由 5 元变成 10 元，收益率是 25％；

我算的是平均收益率，如果按复合收益率算，四年之内，回归价值，收益率应该在 20％以上，但是不会超过 25％。

中国股市的周期，差不多四年一个轮回。长期来看，基本上可以达到每年 20％左右的收益。你会问，如果每月投入 1000 元，20 年后，按照这个速度，将会达到 200 万元。

有可能你说，20 年后的 200 万元，可能买不到什么，购买力会下降。其实不然，你现在做了，20 年后你至少还有 200 万元，你现在不做，20 年后你什么也没有啊。不管 20 年后的购买力是多少，至少现在把树栽下去。

制约定投的因素有三个。一个是定投的本金大小，一个是每年的收益率，一个是持续的时间。

复利的公式是，本金×（1＋收益率）年数的幂。如果是两年就是平方，如果是三年就是立方，20 年就是 20 次方。

本金越大，后面的数字就越大，收益率越高，后面的数字也会越高。时间越久，收益越多，并且随着时间的推移，收益的增速会越来越快。

所以这方面还是看自己的余钱有多少，即能不伤筋不动骨地投入。

二、定投方法

定投是指定期定额地买进，如果我们不分高下，到期便无脑买进会是什么情况呢？我们以 50ETF 为例，即假定从 50ETF 上市之后，每个月末都按当月的收盘价买进。

50ETF 在 2005 年 2 月上市，至 2021 年 1 月已上市 192 个月，由于未到月末，即 50ETF 共有 191 个定投期。每期期末按收盘价买进，除去分红后，平均每份净成本 1.845 元，当前价格 3.79 元，每份盈利 1.945 元，盈利幅度 105.42%。历时 15.92 年，年复合增长率 4.63%，刚刚跑赢无风险收益率。这个定投收益太低了。

不过，我还是要提出一些疑问。我们历时 15.92 年，共 191 个月。第一个月的投入与最后一个月的投入，相隔近 16 年。由于时间的因素，越早投入的资金复合收益率越低，越晚投入的资金复合收益率越高。如果我们全部按照最早的时间来计算复合收益率，明显失真。

所以我们应该把每个月的平均收益率分别计算出来，最后再平均。这样计算下来复合收益率为 12.27%。

12.27%的收益率也并不高，我们的目标是年复合收益率至少达到 20%。

所以，不能到期无脑买进，还需要再分辨买进时机。最简单的方法是低买高卖，可高、低的标准是什么呢？我们至少需要画一条线，设定在这条线之下即为低，买进；在这条线之上即为高，卖出。那么这条线是什么？它是一条直线，还是一条曲线，或是一条正弦线？需要我们自主判断哪一条线最适合自己。

本章借鉴定投个股的方法。个股的内在价值是一条水平的直线，在此也把定投 ETF 的高低分水岭画成一条水平的直线。这条直线的标准是 50ETF 所对应的上证 50 指数的月平均市盈率。

市盈率=股票当前价格/每股收益。市盈率有它的理论标准，即它是无风险收益率的倒数。无风险收益率可以用长期国债利率来替代。由于无风险收益率不是固定不变的，当它发生变化的时候，理论标准市盈率也会随之变化。所幸无风险收益率的变动幅度并不大，理论标准市盈率通常都在 25 倍左右（即无风险收益率 4%左右），所以我们就把 25 倍市盈率作为判断高低分水岭的一条固定标准。

当上证 50 指数的月平均市盈率低于 25 倍时，买进；当上证 50 指数的月平均市盈率高于 25 倍时，卖出。上证 50 指数的月平均市盈率，很方便就可以搜到，我提供一个地址：https：//www. legulegu. com/stockdata/sz50－ttm－lyr。图 9-1 为上证 50 指数月平均市盈率波动图。

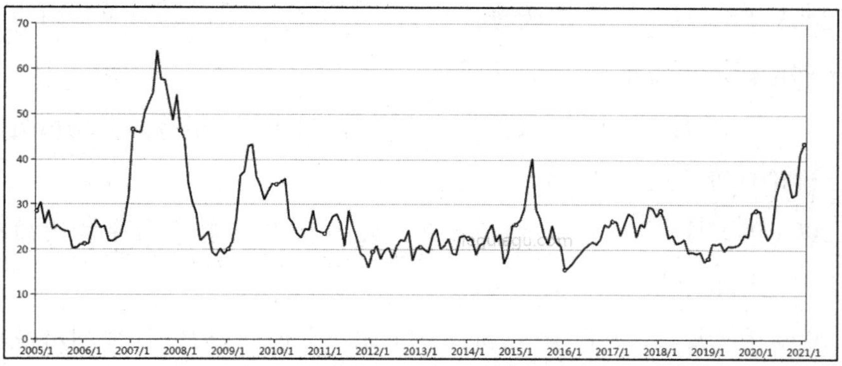

图 9-1 上证 50 指数月平均市盈率波动图

回测方法示例：

1. 2005 年 2 月，50ETF 收盘价 0.872 元，上证 50 指数月平均市盈率 30.39 倍，大于理论标准市盈率 25 倍，观望。

2. 2005 年 3 月，50ETF 收盘价 0.794 元，上证 50 指数月平均市盈率 25.68 倍，大于理论标准市盈率 25 倍，观望。

3. 2005 年 4 月，50ETF 收盘价 0.788 元，上证 50 指数月平均市盈率 28.59 倍，大于理论标准市盈率 25 倍，观望。

4. 2005 年 5 月，50ETF 收盘价 0.738 元，上证 50 指数月平均市盈率 24.48 倍，小于理论标准市盈率 25 倍，买进。

5. 2005 年 6 月，50ETF 收盘价 0.769 元，上证 50 指数月平均市盈率 25.27 倍，大于理论标准市盈率 25 倍，卖出 2005 年 5 月买进的 50ETF，盈利 0.031 元，历时 1 个月，年化复合收益率 63.85％。

6. 2005 年 7 月，50ETF 收盘价 0.797 元，上证 50 指数月平均市盈率 24.45 倍，小于理论标准市盈率 25 倍，买进。

7. 2005 年 8 月，50ETF 收盘价 0.835 元，上证 50 指数月平均市盈率 24.05 倍，小于理论标准市盈率 25 倍，买进。

8. 2005 年 9 月，50ETF 收盘价 0.808 元，上证 50 指数月平均市盈率 23.87 倍，小于理论标准市盈率 25 倍，买进。

9. 2005 年 10 月，50ETF 收盘价 0.77 元，上证 50 指数月平均市盈率 20.24 倍，小于理论标准市盈率 25 倍，买进。

10.2005 年 11 月，50ETF 收盘价 0.774 元，上证 50 指数月平均市盈率 20.38 倍，小于理论标准市盈率 25 倍，买进。

11.2005 年 12 月，50ETF 收盘价 0.812 元，上证 50 指数月平均市盈率 21.03 倍，小于理论标准市盈率 25 倍，买进。

12.2006 年 1 月，50ETF 收盘价 0.863 元，上证 50 指数月平均市盈率 21.11 倍，小于理论标准市盈率 25 倍，买进。

13.2006 年 2 月，50ETF 收盘价 0.911 元，上证 50 指数月平均市盈率 21.22 倍，小于理论标准市盈率 25 倍，买进。

14.2006 年 3 月，50ETF 收盘价 0.91 元，上证 50 指数月平均市盈率 25 倍，等于理论标准市盈率 25 倍，买进。

15.2006 年 4 月，50ETF 收盘价 0.992 元，上证 50 指数月平均市盈率 26.41 倍，大于理论标准市盈率 25 倍，卖出 2005 年 7 月买进的 50ETF，盈利 0.195 元，历时 9 个月，年化复合收益率 33.89%。

16.2006 年 5 月，50ETF 收盘价 1.11 元，上证 50 指数月平均市盈率 24.78 倍，小于理论标准市盈率 25 倍，买进。

17.2006 年 6 月，50ETF 收盘价 1.136 元，上证 50 指数月平均市盈率 25.15 倍，大于理论标准市盈率 25 倍，卖出 2005 年 8 月买进的 50ETF，盈利 0.301 元，历时 10 个月，年化复合收益率 44.69%。

上述回测过程中采用的是先进先出法，即符合卖出条件时，先卖出最先买进的部分。当然也可以采取后进先出或加权平均法。

至 2007 年 11 月，当月卖出 2006 年 10 月买进的 50ETF，年化复合收益率达到 184%，这还不是这段时间内最高的收益率，2007 年 9 月卖出的 50ETF，年化复合收益率达到 254.53%。

2007 年 12 月，月平均市盈率仍高于 25 倍，应该继续卖出，直至我们之前储备的所有 50ETF 已经全部卖出。至 2008 年 5 月，我们都在观望中度过，但这也完美地避开了大盘指数的一段下跌之旅。

以理论标准月平均市盈率为高低分水岭进行定投的方法，在 191 个月中，平均年化复合收益率达到 20.72%。我们还可以再进一步优化，理论市盈率为 25 倍，那么当上证 50 指数月平均市盈率达到 25 倍的一半 12.5 倍时，可以投入双倍的资金；反之，当上证 50 指数月平均市盈率达到 25 倍的 1.5 倍即 37.5 倍时，可以卖出双倍的持仓。越低买得越多，越高卖得越多。

当然衡量市盈率高低不仅仅是这一种方法，有兴趣的朋友，可以自己设定高低标准。

三、不是所有的个股或 ETF 都适合定投

所有个股或所有 ETF 都适合定投吗？不是。

什么样的股票适合定投？能估算出它内在价值的股票适合定投。

什么样的股票能估算出它的内在价值？行业发展处于稳定期的股票。

什么是狭义的价值投资？一碗水看到底。我们能大概率明确地知道它未来的现金流大概有多少，利润大概有多少，能增长多少或会亏损多少。

反过来说，就是没故事可讲的企业，适合价值投资定投法。这类企业有个特点，由于它处于行业发展的稳定期，所以不会在某一年度内突然加大投资，所以它的资本支出和折旧费用基本相当，净利润基本上等于股东盈余。

而处于扩张期的公司，每年都会加大力度扩产。第一年，净利润减去资本支出，再加折旧费用，很可能是一个负值，股东盈余为负数。也就是说，该公司经过一年的经营，把赚的钱都变成厂房、设备了。巴菲特明确表示过，他不喜欢这样的公司。因为未来谁也不知道这笔扩张投资能不能收得回来。

处于扩张期的公司，会产生很多成长股，但它不是价值投资的范畴。**价值投资定投法适用于行业发展处于稳定期内的公司，基本上没故事可讲的公司，可以估算股东盈余的公司**。

至于什么样的 ETF 可以定投？要看它的成分，既然我们用指数来复刻经济的长期增长，用 ETF 来复刻指数，那么所选 ETF 的成分的综合性，必须能大体上体现和代表宏观经济的发展状况。我们不能用电子 ETF、豆粕 ETF 等成分单一的 ETF 来复刻宏观经济。所以建议选择 50ETF 或 300ETF 等大指数 ETF。

第二节　股息法

有的上市公司会给投资者派发股息。那么谁给的利息高，我就买谁的股票。

可以把资金分成 10 份，等额买进股息率最高的前 10 只股票。一年后，再重新比较，换一次仓，如此循环往复。一年操作两次，年初一次，年末一次。股息率可以在问财中搜索，从搜索到完成全年交易，累计不超过 10 分钟。我们来回测一下 2011—2020 年股息法排名前 10 的股票投资收益情况。

首先，进入问财官网，搜索 2010 年股息率，再点击股息率（股票获利率）进行降幂排序，就能得到 2010 年股息率最高的前 10 只股票名单，如图 9-2。

序号	☐	股票代码	股票简称	涨跌幅(%)	现价(元)	总市值(元) 2021.01.20	所属同花顺行业	股息率(股票获利率)(%) 2010.12.31
1	☐	600660	福耀玻璃	4.41	55.90	1,346.72亿	交运设备 -汽车零部件 -汽车零部件III	5.56
2	☐	600377	宁沪高速	-0.97	9.15	443.79亿	交通运输 -公路铁路运输 -高速公路III	5.42
3	☐	600019	宝钢股份	9.50	6.80	1,512.10亿	黑色金属 -钢铁 -普钢	4.69
4	☐	601939	建设银行	-2.45	6.78	13,238.37亿	金融服务 -银行 -银行III	4.62
5	☐	601988	中国银行	-0.62	3.20	8,681.88亿	金融服务 -银行 -银行III	4.52
6	☐	601006	大秦铁路	-0.90	6.58	976.75亿	交通运输 -公路铁路运输 -铁路运输III	4.48
7	☐	600246	万通发展	-0.15	6.83	140.29亿	房地产 -房地产开发 -房地产开发III	4.40
8	☐	601398	工商银行	-0.77	5.16	17,665.13亿	金融服务 -银行 -银行III	4.34
9	☐	000488	晨鸣纸业	-2.15	7.74	176.39亿	轻工制造 -造纸 -造纸III	4.25
10	☐	600030	中信证券	2.23	31.13	3,693.51亿	金融服务 -证券 -证券III	3.97

图 9-2 2010 年股息率前 10

2011 年第一天开盘，我们假设拿 10 万元本金，按开盘价买进这 10 只股票，以 2011 年最后一个交易日的收盘价卖出平仓。

盈亏情况如下：

福耀玻璃：10.36 元买进 900 股，8.02 元卖出，股息收益 410.4 元（持仓不满一年收取 20%的所得税，下同），股票差价亏损 2106 元，总亏损 1695.6 元，收益率－18.19%。

宁沪高速：6.67 元买进 1500 股，5.11 元卖出，股息收益 432 元，股票差价亏损 2340 元，总亏损 1908 元，收益率－19.07%。

宝钢股份：6.44 元买进 1500 股，4.56 元卖出，股息收益 360 元，股票差价亏损 2820 元，总亏损 2460 元，收益率－25.47%。

建设银行：4.64 元买进 2100 股，4.54 元卖出，股息收益 356.5 元，股票差价亏损 210 元，总盈利 146.5 元，收益率 1.5%。

中国银行：3.25 元买进 3000 股，2.92 元卖出，股息收益 3504 元，股票差价亏损 990 元，总盈利 2514 元，收益率 25.78%。

大秦铁路：7.84 元买进 1300 股，7.46 元卖出，股息收益 3640 元，股票差价亏损 494 元，总盈利 3146 元，收益率 30.87%。

万通发展：5.81 元买进 1700 股，3.2 元卖出，股息收益 231.2 元，股票差价亏损 4437 元，总亏损 4205.8 元，收益率－42.58%。

工商银行：4.24 元买进 2300 股，4.24 元卖出，股息收益 338.56 元，股票差价亏损 0 元，总盈利 338.56 元，收益率 3.47%。

晨鸣纸业：7.08 元买进 1400 股，4.68 元卖出，股息收益 336 元，股票差价亏损 3360 元，总亏损 3024 元，收益率－30.51%。

中信证券：12.7 元买进 800 股，9.71 元卖出，股息收益 320 元，股票差价亏损 2302 元，总亏损 1982 元，收益率－19.59%。

上述 10 只股票 2011 年平均收益率－9.46%。

2011 年股息率排名前 10 如图 9-3 所示。

序号	□	股票代码	股票简称	涨跌幅(%)	现价(元)	总市值(元) 2021.01.20	所属同花顺行业	股息率(股票获利率)(%) 2011.12.31
1	□	002004	华邦健康	0.19	5.33	105.33亿	医药生物-化学制药-化学制剂	17.87
2	□	000531	穗恒运A	-1.10	9.02	61.73亿	公用事业-电力-火电	11.26
3	□	002242	九阳股份	0.16	32.30	248.10亿	家用电器-白色家电-小家电	10.65
4	□	600282	南钢股份	1.32	3.08	189.30亿	黑色金属-钢铁-普钢	9.71
5	□	002366	台海核电	-1.85	3.19	27.57亿	机械设备-专用设备-其它专用机械	7.91
6	□	000778	新兴铸管	-0.52	3.80	151.65亿	黑色金属-钢铁-普钢	7.82
7	□	000088	盐田港	-0.65	6.09	136.97亿	交通运输-港口航运-港口III	6.96
8	□	002085	万丰奥威	-1.98	5.93	129.68亿	交运设备-汽车零部件-汽车零部件III	6.40
9	□	600369	西南证券	-0.96	5.17	342.89亿	金融服务-证券-证券III	6.37
10	□	600377	宁沪高速	-1.19	9.13	443.02亿	交通运输-公路铁路运输-高速公路III	6.33

图 9-3　2011 年股息率前 10

2012 年第一天开盘，按开盘价买进这 10 只股票，以 2012 年最后一个交易日的收盘价卖出平仓。

盈亏情况如下：

华邦健康：34 元买进 300 股，16.06 元卖出，每 10 股转增 10 股派 5 元（含税），股票差价亏损 2973 元，股息收益 0 元，总亏损 2973 元，收益率－29.15%。

穗恒运 A：6.6 元买进 1500 股，12.58 元卖出，股票差价盈利 8970 元，股息收益 0 元，总盈利 8970 元，收益率 90.61%。

九阳股份：7.93 元买进 1200 股，6.98 元卖出，股息收益 124.8 元，股票差价亏损 1140 元，总亏损 1015.2 元，收益率－10.67％。

南钢股份：2.8 元买进 3500 股，2.36 元卖出，股息收益 196 元，股票差价亏损 1540 元，总亏损 1344 元，收益率－13.71％。

台海核电：9.53 元买进 1000 股，7.68 元卖出，股息收益 240 元，股票差价亏损 1850 元，总亏损 1610 元，收益率－16.89％。

新兴铸管：6.46 元买进 1500 股，6.46 元卖出，股息收益 600 元，股票差价亏损 0 元，总盈利 600 元，收益率 6.19％。

盐田港：5.53 元买进 1800 股，4.05 元卖出，每 10 股转 3 派 3.5 元，股息收益 504 元，股价差价亏损 477 元，总盈利 27 元，收益率 0.27％。

万丰奥威：7.86 元买进 1200 股，8.24 元卖出，股息收益 480 元，股票差价收益 456 元，总盈利 936 元，收益率 9.92％。

西南证券：8.78 元买进 1100 股，8.93 元卖出，股息收益 0 元，股票差价收益 165 元，总收益 165 元，收益率 1.71％。

宁沪高速：5.7 元买进 1700 股，5.21 元卖出，股息收益 489.6 元，股票差价亏损 833 元，总亏损 343.4 元，收益率－3.54％。

上述 10 只股票 2012 年平均收益率 3.47％

2012 年股息率排名前 10 如图 9-4 所示。

序号		股票代码	股票简称	涨跌幅(%)	现价(元)	总市值(元) 2021.01.20	所属同花顺行业	股息率(股票获利率)(%) 2012.12.31
1		600507	方大特钢	6.26	7.30	156.74亿	黑色金属-钢铁-特钢	25.71
2		002651	利君股份	0.80	11.32	118.33亿	机械设备-专用设备-冶金矿采化工设备	8.87
3		002004	华邦健康	0.38	5.34	105.53亿	医药生物-化学制药-化学制剂	7.56
4		002242	九阳股份	0.37	32.37	247.87亿	家用电器-白色家电-小家电	7.16
5		600377	宁沪高速	-1.19	9.13	443.40亿	交通运输-公路铁路运输-高速公路III	6.91
6		300333	兆日科技	-1.13	8.77	29.60亿	信息设备-计算机设备-计算机设备III	6.57
7		002520	日发精机	-0.54	5.51	41.62亿	机械设备-通用设备-机床工具	6.50
8		601567	三星医疗	-0.47	6.37	88.46亿	机械设备-电气设备-电气自控设备	6.09
9		002085	万丰奥威	-2.15	5.92	129.46亿	交运设备-汽车零部件-汽车零部件III	6.07
10		601799	星宇股份	5.59	200.92	555.18亿	交运设备-汽车零部件-汽车零部件III	6.02

图 9-4　2012 年股息率前 10

2013 年第一天开盘，按开盘价买进这 10 只股票，以 2013 年最后一个交易日的收盘价卖出平仓。

盈亏情况如下：

方大特钢：3.94 元买进 2500 股，3.67 元卖出，股息收益 2000 元，股票差价亏损 675 元，总盈利 1325 元，收益率 13.45%。

利君股份：13.8 元买进 700 股，15.45 元卖出，股息收益 683.2 元，股票差价盈利 1155 元，总盈利 1838.2 元，收益率 19.03%。

华邦股份：16.1 元买进 600 股，15.17 元卖出，股息收益 144 元，股票差价亏损 558 元，总亏损 414 元，收益率－4.29%。

九阳股份：7.07 元买进 1400 股，9.88 元卖出，股息收益 560 元，股票差价盈利 3934 元，总盈利 4494 元，收益率 45.4%。

宁沪高速：5.26 元买进 1900 股，5.58 元卖出，股息收益 547.2 元，股票差价盈利 608 元，总盈利 1155.2 元，收益率 11.56%。

兆日科技：19.2 元买进 500 股，18.41 元卖出，股息收益 200 元，股票差价亏损 395 元，总亏损 195 元，收益率－2.03%。

日发精机：12.42 元买进 800 股，16.66 元卖出，每 10 股转 5 股派 8 元，股息收益 512 元，股票差价盈利 10056 元，总盈利 10568 元，收益率 106.36%。

三星医疗：8.25 元买进 1200 股，9.77 元卖出，股息收益 480 元，股票差价盈利 1824 元，总盈利 2304 元，收益率 23.27%。

万丰奥威：8.31 元买进 1200 股，20.48 元卖出，股息收益 480 元，股票差价盈利 14604 元，总盈利 15084 元，收益率 151.26%。

星宇股份：10.9 元买进 900 股，15.36 元卖出，股息收益 471.6 元，股票差价盈利 4014 元，总盈利 4485.6 元，收益率 45.72%。

上述 10 股票 2013 年平均收益率 40.97%。

2013 年股息率排名前 10 如图 9-5 所示。

序号		股票代码	股票简称	涨跌幅(%)	现价(元)	总市值(元) ⑦ 2021.01.20	所属同花顺行业	股息率(股票获利率)(%) ⑦↓ 2013.12.31
1	☐	600398	海澜之家	5.18	6.90	298.05亿	纺织服装-服装家纺-男装	18.65
2	☐	600397	安源煤业	-0.71	2.78	27.52亿	采掘-煤炭开采加工-煤炭开采III	11.76
3	☐	600863	内蒙华电	-0.81	2.45	142.31亿	公用事业-电力-火电	8.80
4	☐	600104	上汽集团	-1.01	23.45	2,739.77亿	交运设备-汽车整车-乘用车	8.49
5	☐	000584	哈工智能	-6.63	6.62	50.37亿	机械设备-专用设备-其它专用机械	8.19
6	☐	600183	生益科技	1.47	27.70	634.56亿	电子-半导体及元件-印制电路板	8.10
7	☐	000600	建投能源	-0.39	5.07	90.84亿	公用事业-电力-火电	7.91
8	☐	002003	伟星股份	-0.47	6.34	49.19亿	纺织服装-纺织制造-辅料	7.79
9	☐	000603	盛达资源	2.18	14.07	97.08亿	有色金属-有色冶炼加工-铅锌	7.76
10	☐	600011	华能国际	-1.10	4.51	616.30亿	公用事业-电力-火电	7.51

图 9-5 2013 年股息率前 10

2014 年第一天开盘，按开盘价买进这 10 只股票，以 2014 年最后一个交易日的收盘价卖出平仓。

盈亏情况如下：

海澜之家：7.08 元买进 1400 股，10.1 元卖出，股息收益 212.8 元，股票差价盈利 4228 元，总盈利 4440.8 元，收益率 44.8%。

安源煤业：4.22 元买进 2300 股，5.4 元卖出，股息收益 920 元，股票差价盈利 2714 元，总盈利 3634 元，收益率 37.44%。

内蒙华电：3.4 元买进 2900 股，4.56 元卖出，每 10 股转增 5 股派 3 元（含税），股息收益 696 元，股票差价收益 9976 元，总盈利 10672 元，收益率 108.24%。

上汽集团：14.09 元买进 700 股，21.47 元卖出，股息收益 672 元，股票差价盈利 5166 元，总盈利 5838 元，收益率 59.19%。

哈工智能：9.72 元买进 1000 股，6.85 元卖出，每 10 股转增 5 股派 8 元（含税），股息收益 640 元，股票差价收益 555 元，总盈利 1195 元，收益率 12.29%。

生益科技：4.93 元买进 2000 股，7.98 元卖出，股息收益 640 元，股票差价盈利 6100 元，总盈利 6740 元，收益率 68.36%。

建投能源：4.45 元买进 2200 股，10.15 元卖出，股息收益 352 元，股票差价盈利 12540 元，总盈利 12892 元，收益率 131.69%。

伟星股份：10.19 元买进 1000 股，9.85 元卖出，每 10 股转增 3 股派 8 元（含税），股息收益 640 元，股票差价收益 2615 元，总盈利 3255 元，收益率 31.94%。

盛达资源：12.8 元买进 700 股，12.26 元卖出，股息收益 0 元，股票差价亏损 378 元，总亏损 378 元，收益率－4.22%。

华能国际：5.03 元买进 2000 股，8.83 元卖出，股息收益 608 元，股票差价盈利 7600 元，总盈利 8208 元，收益率 81.59%。

上述 10 只股票 2014 年平均收益率 57.13%。

2014 年股息率排名前 10 如图 9-6 所示。

序号	☐	股票代码	股票简称	张跌幅(%)	现价(元)	总市值(元) ⓘ 2021.01.20	所属同花顺行业	股息率(股票获利率)(%) 2014.12.31 ⓘ↓
1	☐	600507	方大特钢	6.11	7.29	157.17亿	黑色金属 -钢铁 -特钢	15.09
2	☐	002004	华邦健康	0.19	5.33	105.53亿	医药生物 -化学制药 -化学制剂	10.40
3	☐	000651	格力电器	-3.05	61.00	3,669.60亿	家用电器 -白色家电 -空调	8.08
4	☐	601566	九牧王	0.18	11.19	64.30亿	纺织服装 -服装家纺 -男装	7.75
5	☐	600882	妙可蓝多	8.36	60.29	246.77亿	食品饮料 -食品加工制造 -乳品	6.30
6	☐	600660	福耀玻璃	4.82	56.12	1,355.20亿	交运设备 -汽车零部件 -汽车零部件III	6.18
7	☐	002003	伟星股份	-0.47	6.34	49.19亿	纺织服装 -纺织制造 -辅料	6.09
8	☐	600104	上汽集团	-1.01	23.45	2,739.77亿	交运设备 -汽车整车 -乘用车	6.05
9	☐	000012	南玻A	0.58	6.92	162.91亿	建筑材料 -建筑材料 -玻璃制造	5.64
10	☐	000830	鲁西化工	-1.02	14.55	213.14亿	化工 -化学制品 -其他化学制品	5.56

图 9-6　2014 年股息率前 10

2015 年第一天开盘，按开盘价买进这 10 只股票，以 2015 年最后一个交易日的收盘价卖出平仓。

盈亏情况如下：

方大特钢：5.27 元买进 1900 股，6.1 元卖出，股息收益 1216 元，股票差价盈利 1577 元，总盈利 2793 元，收益率 27.89%。

华邦健康：17.38 元买进 500 股，14.15 元卖出，每 10 股转增 15 股派 3 元（含税），股息收益 120 元，股票差价收益 8997.5 元，总盈利 9117.5 元，收益率 104.92%。

格力电器：37.9 元买进 200 股，8.83 元卖出，每 10 股转增 10 股派 30 元，股息收益 480 元，股票差价收益 1360 元，总盈利 1840 元，收益率 24.27%。

九牧王：12.89 元买进 700 股，22.86 元卖出，股息收益 560 元，股票差价盈利 6979 元，总盈利 7539 元，收益率 83.55%。

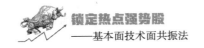

妙可蓝多：7.94 元买进 1200 股，11.33 元卖出，股息收益 0 元，股票差价盈利 4068 元，总盈利 4068 元，收益率 42.7%。

福耀玻璃：12.25 元买进 800 股，15.19 元卖出，股息收益 480 元，股票差价盈利 2352 元，总盈利 2832 元，收益率 28.9%。

伟星股份：9.88 元买进 1000 股，17.72 元卖出，每 10 股转增 2 股派 6 元（含税），股息收益 480 元，股票差价收益 11384 元，总盈利 11864 元，收益率 120.08%。

上汽集团：21.7 元买进 400 股，25.464 元卖出，股息收益 416 元，股票差价盈利 1505.6 元，总盈利 1921.6 元，收益率 22.14%。

南玻 A：8.9 元买进 1100 股，13.35 元卖出，股息收益 440 元，股票差价盈利 7832 元，总盈利 8272 元，收益率 84.49%。

鲁西化工：5.41 元买进 1800 股，6.93 元卖出，股息收益 432 元，股票差价盈利 2736 元，总盈利 3168 元，收益率 32.53%。

上述 10 只股票 2015 年平均收益率 59.71%。

2015 年股息率排名前 10 如图 9-7 所示。

序号	□	股票代码	股票简称	涨跌幅(%)	现价(元)	总市值(元) 2021.01.20	所属同花顺行业	股息率(股票获利率)(%) 2015.12.31
1	□	000651	格力电器	-3.05	61.00	3,669.60亿	家用电器-白色家电-空调	6.71
2	□	600066	宇通客车	1.25	14.61	323.46亿	交运设备-汽车整车-商用载客车	6.67
3	□	600104	上汽集团	-1.01	23.45	2,739.77亿	交运设备-汽车整车-乘用车	6.41
4	□	600741	华域汽车	4.98	30.99	977.03亿	交运设备-汽车零部件-汽车零部件III	5.86
5	□	600469	风神股份	9.93	5.98	43.72亿	化工-化工合成材料-轮胎	5.82
6	□	600011	华能国际	-1.10	4.51	616.30亿	公用事业-电力-火电	5.38
7	□	000899	赣能股份	0.36	5.57	54.35亿	公用事业-电力-火电	5.22
8	□	601006	大秦铁路	-1.05	6.57	976.75亿	交通运输-公路铁路运输-铁路运输III	5.22
9	□	601288	农业银行	-0.63	3.18	10,928.41亿	金融服务-银行-银行III	5.16
10	□	601398	工商银行	-0.96	5.15	17,609.13亿	金融服务-银行-银行III	5.09

图 9-7　2015 年股息率前 10

2016 年第一天开盘，按开盘价买进这 10 只股票，以 2016 年最后一个交易日的收盘价卖出平仓。

盈亏情况如下：

格力电器：22.36 元买进 400 股，24.62 元卖出，股息收益 480 元，股票差价盈利 904 元，总盈利 1384 元，收益率 15.47%。

宇通客车：22.49 元买进 400 股，19.59 元卖出，股息收益 480 元，股票差价亏损 1160 元，总亏损 680 元，收益率－7.56%。

上汽集团：21.1 元买进 400 股，23.45 元卖出，股息收益 435.2 元，股票差价盈利 940 元，总盈利 1375.2 元，收益率 16.29%。

华域汽车：16.86 元买进 600 股，15.95 元卖出，股息收益 388.8 元，股票差价亏损 546 元，总亏损 157.2 元，收益率－1.55%。

风神股份：15.47 元买进 600 股，11.9 元卖出，每 10 股转增 5 股派 10 元（含税），股息收益 480 元，股票差价盈利 1428 元，总盈利 1908 元，收益率 20.56%。

华能国际：8.72 元买进 1100 股，7.05 元卖出，股息收益 413.6 元，股票差价亏损 1837 元，总亏损 1423.4 元，收益率－14.84%。

赣能股份：11.53 元买进 800 股，9.29 元卖出，股息收益 256 元，股票差价亏损 1792 元，总亏损 1536 元，收益率－16.65%。

大秦铁路：8.62 元买进 1100 股，7.08 元卖出，股息收益 396 元，股票差价亏损 1694 元，总亏损 1298 元，收益率－13.69%。

农业银行：3.24 元买进 3000 股，3.1 元卖出，股息收益 400.32 元，股票差价亏损 420 元，总亏损 19.68 元，收益率－0.2%。

工商银行：4.58 元买进 2200 股，4.41 元卖出，股息收益 410.61 元，股票差价亏损 374 元，总盈利 36.61 元，收益率 0.36%。

上述 10 只股票 2016 年平均收益率－0.18%。

2016 年股息率排名前 10 如图 9-8 所示。

序号	股票代码	股票简称	涨跌幅(%)	现价(元)	总市值(元) 2021.01.20	所属同花顺行业	股息率(股票获利率)(%) 2016.12.31
1	000895	双汇发展	-1.19	48.38	1,676.20亿	食品饮料-食品加工制造-肉制品	10.04
2	002478	常宝股份	-0.23	4.26	40.90亿	黑色金属-钢铁-特钢	7.60
3	600104	上汽集团	-1.01	23.45	2,739.77亿	交运设备-汽车整车-乘用车	7.46
4	000651	格力电器	-3.05	61.00	3,669.60亿	家用电器-白色家电-空调	7.31
5	002543	万和电气	-0.76	7.82	58.15亿	家用电器-白色家电-小家电	7.07
6	600325	华发股份	-1.90	6.20	131.27亿	房地产-房地产开发-房地产开发III	6.29
7	000876	新希望	-1.08	21.96	989.48亿	农林牧渔-农产品加工-饲料III	6.28
8	600741	华域汽车	4.98	30.99	977.03亿	交运设备-汽车零部件-汽车零部件III	6.27
9	600578	京能电力	-1.34	2.94	198.35亿	公用事业-电力-火电	5.91
10	600664	哈药股份	-0.34	2.97	74.46亿	医药生物-化学制药-化学制剂	5.83

图 9-8　2016 年股息率前 10

2017年第一天开盘，按开盘价买进这10只股票，以2017年最后一个交易日的收盘价卖出平仓。

盈亏情况如下：

双汇发展：20.98元买进400股，26.5元卖出，股息收益384元，股票差价盈利2208元，总盈利2592元，收益率30.89%。

常宝股份：13.1元买进700股，5.45元卖出，每10股转增10股派10元（含税），股息收益560元，股票差价亏损1540元，总亏损980元，收益率－10.69%。

上汽集团：23.57元买进400股，32.04元卖出，股息收益528元，股票差价盈利3388元，总盈利3916元，收益率41.54%。

格力电器：24.7元买进400股，43.7元卖出，股息收益576元，股票差价盈利7600元，总盈利8176元，收益率82.75%。

万和电气：17.38元买进500股，22.88元卖出，股息收益292元，股票差价盈利2750元，总盈利3042元，收益率35.01%。

华发股份：12.79元买进800股，7.36元卖出，每10股转增8股派8元（含税），股息收益512元，股票差价盈利366.4，总盈利878.4，收益率8.58%。

新希望：8.07元买进1200股，7.45元卖出，股息收益480元，股票差价亏损744元，总亏损264元，收益率－2.73%。

华域汽车：15.95元买进600股，29.69元卖出，股息收益480元，股票差价盈利8244元，总盈利8724元，收益率91.16%。

京能电力：4.2元买进2400股，3.7元卖出，股息收益320.64元，股票差价亏损1200元，总亏损879.36元，收益率－8.72%。

哈药股份：8.58元买进1100股，5.81元卖出，股息收益440元，股票差价亏损3047元，总亏损2607元，收益率－27.62%。

上述10只股票2017年平均收益率24.02%。

2017 年股息率排名前 10 如图 9-9 所示。

序号	☐	股票代码	股票简称	涨跌幅(%)	现价(元)	总市值(元) 2021.01.20	所属同花顺行业	股息率(股票获利率)(%) 2017.12.31
1	☐	601088	中国神华	0.37	18.81	3,548.25亿	采掘 -煤炭开采加工 -煤炭开采III	14.76
2	☐	600507	方大特钢	6.11	7.29	157.17亿	黑色金属 -钢铁 -特钢	12.61
3	☐	600664	哈药股份	-0.34	2.97	74.46亿	医药生物 -化学制药 -化学制剂	8.59
4	☐	600028	中国石化	-0.24	4.16	4,843.72亿	化工 -基础化学 -石油加工	8.16
5	☐	000981	*ST银亿	-2.98	2.28	91.84亿	交运设备 -汽车零部件 -汽车零部件III	7.93
6	☐	002110	三钢闽光	1.52	6.66	163.27亿	黑色金属 -钢铁 -普钢	7.76
7	☐	002242	九阳股份	0.47	32.40	248.56亿	家用电器 -白色家电 -小家电	7.66
8	☐	000863	三湘印象	5.29	4.98	61.02亿	房地产 -房地产开发 -房地产开发III	7.56
9	☐	000631	顺发恒业	0.67	3.02	73.46亿	房地产 -房地产开发 -房地产开发III	7.19
10	☐	601566	九牧王	0.18	11.19	64.30亿	纺织服装 -服装家纺 -男装	7.04

图 9-9　2017 年股息率前 10

2018 年第一天开盘，按开盘价买进这 10 只股票，以 2018 年最后一个交易日的收盘价卖出平仓。

盈亏情况如下：

中国神华：23.3 元买进 400 股，17.96 元卖出，股息收益 291.2 元，股票差价亏损 2136 元，总亏损 1844.8 元，收益率－19.79％。

方大特钢：12.79 元买进 800 股，9.99 元卖出，股息收益 1024 元，股票差价亏损 2240 元，总亏损 1216 元，收益率－11.88％。

哈药股份：6 元买进 1600 股，3.95 元卖出，股息收益 640 元，股票差价亏损 3280 元，总亏损 2640 元，收益率－27.5％。

中国石化：6.16 元买进 1600 股，5.05 元卖出，股息收益 204.8 元，股票差价亏损 1776 元，总亏损 1571.2 元，收益率－1594％。

* ST 银亿：8.8 元买进 1100 股，3.12 元卖出，股息收益 616 元，股票差价亏损 6248 元，总亏损 5632 元，收益率－58.18％。

三钢闽光：19.49 元买进 500 股，12.79 元卖出，股息收益 600 元，股票差价亏损 3350 元，总亏损 2750 元，收益率－28.22％。

九阳股份：16.99 元买进 600 股，16.01 元卖出，股息收益 336 元，股票差价亏损－588 元，总亏损 252 元，收益率－2.47％。

三湘印象：5.31 元买进 1900 股，3.91 元卖出，股息收益 306.28 元，股票差价亏损 2660 元，总亏损 2353.72 元，收益率－23.33％。

顺发恒业：4.31 元买进 2300 股，2.97 元卖出，股息收益 570.4 元，股票差价亏损 3082 元，总亏损 2511.6 元，收益率－25.34%。

九牧王：14.21 元买进 700 股，13.25 元卖出，股息收益 560 元，股票差价亏损 672 元，总亏损 112 元，收益率－1.13%。

上述 10 只股票 2018 年平均收益率－21.38%。

2018 年股息率排名前 10 如图 9-10 所示。

序号	☐	股票代码	股票简称	涨跌幅(%)	现价(元)	总市值(元) 2021.01.20	所属同花顺行业	股息率(股票获利率)(%) 2018.12.31
1	☐	600738	兰州民百	0.43	6.98	53.99亿	商业贸易 -零售 -商业物业经营	35.09
2	☐	002607	中公教育	8.17	34.94	2,154.89亿	信息服务 -传媒 -其他传媒	29.43
3	☐	002367	康力电梯	0.59	10.25	81.76亿	机械设备 -专用设备 -楼宇设备	19.75
4	☐	000550	江铃汽车	5.43	20.60	126.64亿	交运设备 -汽车整车 -商用载货车	18.47
5	☐	600507	方大特钢	6.11	7.29	157.17亿	黑色金属 -钢铁 -特钢	17.02
6	☐	002516	旷达科技	-0.63	3.18	46.77亿	纺织服装 -纺织制造 -其他纺织	15.85
7	☐	002110	三钢闽光	1.52	6.66	163.27亿	黑色金属 -钢铁 -普钢	15.64
8	☐	000635	英力特	0.14	7.32	22.19亿	化工 -基础化学 -氯碱	15.06
9	☐	300741	华宝股份	-2.80	53.44	329.13亿	食品饮料 -食品加工制造 -食品综合	12.87
10	☐	603328	依顿电子	-1.42	7.66	76.48亿	电子 -半导体及元件 -印制电路板	12.73

图 9-10　2018 年股息率前 10

2019 年第一天开盘，按开盘价买进这 10 只股票，以 2019 年最后一个交易日的收盘价卖出平仓。

盈亏情况如下：

兰州民百：5.56 元买进 1800 股，4.94 元卖出，股息收益 2304 元，股票差价亏损 1116 元，总盈利 1188 元，收益率 11.87%。

中公教育：7.25 元买进 1300 股，17.88 元卖出，股息收益 239.2 元，股票差价收益 13819 元，总盈利 14058.2 元，收益率 149.16%。

康力电梯：5.57 元买进 1800 股，7.95 元卖出，股息收益 43.2 元，股票差价收益 4284 元，总盈利 4327.2 元，收益率 43.16%。

江铃汽车：12.79 元买进 800 股，13.8 元卖出，股息收益 25.6 元，股票差价收益 808 元，总盈利 833.6 元，收益率 8.15%。

方大特钢：10.02 元买进 1000 股，10.06 元卖出，股息收益 1360 元，股票差价收益 40 元，总盈利 1400 元，收益率 13.97%。

旷达科技：2.84 元买进 3500 股，2.69 元卖出，股息收益 700 元，股票差价亏损 525 元，总盈利 175 元，收益率 1.76%。

三钢闽光：12.82 元买进 800 股，9.36 元卖出，每 10 股转增 5 股派 20 元（含税），股息收益 1280 元，股票差价亏损 2768 元，总亏损 1488 元，收益率－14.51%。

英力特：8.49 元买进 1100 股，16.03 元卖出，股息收益 710.4 元，股票差价收益 8294 元，总盈利 9004.4 元，收益率 96.42%。

华宝股份：31.07 元买进 300 股，30.88 元卖出，股息收益 960 元，股票差价亏损 57 元，总盈利 903 元，收益率 9.69%。

依顿电子：9.87 元买进 1000 股，11.32 元卖出，股息收益 600 元，股票差价收益 1450 元，总盈利 2050 元，收益率 20.77%。

上述 10 只股票 2019 年平均收益率 34.04%。

2019 年股息率排名前 10 如图 9-11 所示。

序号	☐	股票代码	股票简称	张跌幅(%)	现价(元)	总市值(元) ? 2021.01.20	所属同花顺行业	股息率(股票获利率)(%) 2019.12.31 ?↓
1	☐	600188	兖州煤业	-1.38	10.02	401.79亿	采掘 -煤炭开采加工 -煤炭开采III	14.96
2	☐	002238	天威视讯	0.00	6.38	51.20亿	信息服务 -通信服务 -有线电视网络	12.77
3	☐	601216	君正集团	-3.96	4.61	388.99亿	化工 -基础化学 -氯碱	11.18
4	☐	600603	广汇物流	-0.65	4.56	57.32亿	交通运输 -物流 -物流III	10.14
5	☐	603328	依顿电子	-1.42	7.66	76.48亿	电子 -半导体及元件 -印制电路板	9.72
6	☐	002516	旷达科技	-0.63	3.18	46.77亿	纺织服装 -纺织制造 -其他纺织	9.29
7	☐	000036	华联控股	-0.75	3.97	58.91亿	房地产 -房地产开发 -房地产开发III	9.28
8	☐	002128	露天煤业	0.51	9.96	191.39亿	采掘 -煤炭开采加工 -煤炭开采III	9.24
9	☐	600057	厦门象屿	-1.91	5.65	121.90亿	交通运输 -物流 -物流III	8.92
10	☐	600282	南钢股份	1.32	3.08	189.30亿	黑色金属 -钢铁 -普钢	8.71

图 9-11　2019 年股息率前 10

2020 年第一天开盘，按开盘价买进这 10 只股票，以 2020 年最后一个交易日的收盘价卖出平仓。

盈亏情况如下：

兖州煤业：10.63 元买进 900 股，10.07 元卖出，股息收益 417.6 元，股票差价亏损 504 元，总亏损 86.4 元，收益率－0.9%。

天威视讯：7.87 元买进 1300 股，6.89 元卖出，每 10 股转增 3 股派 10 元（含税），股息收益 104 元，股票差价收益 1413.1 元，总盈利 1517.1 元，收益率 14.83%。

君正集团：3.15 元买进 3200 股，4.95 元卖出，股息收益 896 元，股票差价收益 5760 元，总盈利 6656 元，收益率 66.03%。

广汇物流：4.99 元买进 2000 股，4.83 元卖出，股息收益 800 元，股票差价亏损 320 元，总盈利 480 元，收益率 4.81%。

依顿电子：11.42 元买进 900 股，7.95 元卖出，股息收益 338.4 元，股票差价亏损 3123 元，总亏损 2784.6 元，收益率−27.09%。

旷达科技：2.71 元买进 3700 股，3.5 元卖出，股息收益 740 元，股票差价收益 2923 元，总盈利 3663 元，收益率 36.53%。

华联控股：4.35 元买进 2300 股，3.98 元卖出，股息收益 736 元，股票差价亏损 851 元，总亏损 115 元，收益率−1.15%。

露天煤业：8.69 元买进 1200 股，10.94 元卖出，股息收益 384 元，股票差价收益 2700 元，总盈利 3084 元，收益率 29.57%。

厦门象屿：4.17 元买进 2400 股，6.02 元卖出，股息收益 480 元，股票差价收益 4440 元，总盈利 4920 元，收益率 49.16%。

南钢股份：3.47 元买进 2900 股，3.12 元卖出，股息收益 696 元，股票差价亏损 1015 元，总亏损 319 元，收益率−3.17%。

上述 10 只股票 2020 年平均收益率 16.86%。

如果将上一年资金账户上的资金全部投入下一年，那么 2011 年至 2020 年各年的资金变化如下：

2011 年亏损 9.46%，10×（1−9.46%）＝9.054（万元）

2012 年盈利 3.46%，9.054×（1＋3.46%）＝9.367（万元）

2013 年盈利 40.97%，9.367×（1＋40.97%）＝13.205（万元）

2014 年盈利 57.13%，13.205×（1＋57.13%）＝20.749（万元）

2015 年盈利 59.71%，20.749×（1＋59.71%）＝33.138（万元）

2016 年亏损 0.18%，33.138×（1−0.18%）＝33.078（万元）

2017 年盈利 24.02%，33.078×（1＋24.02%）＝41.023（万元）

2018 年亏损 21.38%，41.023×（1−21.38%）＝32.252（万元）

2019 年盈利 34.04%，32.252×（1＋34.04%）＝43.231（万元）

2020 年盈利 16.86%，43.231×（1+16.86%）=50.52（万元）

年复合收益率：17.55%。

股息法与各指数的每年收益率、复合收益率对比见表 9-1。

表 9-1　股息法与各指数的每年收益率、复合收益率对比数据

	股息率法收益率(%)	上证综合收益(%)	深证成指收益(%)	沪深 300 收益(%)	创业板指收益(%)	中小板指收益(%)
2011 年	-9.46	-21.68	-28.41	-25.01	-35.88	37.09
2012 年	3.47	3.17	2.22	7.55	-2.14	-1.38
2013 年	40.97	-6.75	-10.91	-7.65	82.73	17.54
2014 年	57.13	52.87	35.62	51.66	12.83	9.67
2015 年	59.71	9.41	14.98	5.58	84.41	53.7
2016 年	-0.18	-12.31	-19.64	-11.28	-27.71	-22.89
2017 年	24.02	6.56	8.48	21.78	-10.67	16.73
2018 年	-21.38	-24.59	-34.42	-25.31	-28.65	-37.75
2019 年	34.04	22.3	44.08	36.07	43.79	41.03
2020 年	16.86	13.87	38.73	27.21	64.96	43.91
复合收益率（%）	17.55	2.09	1.41	5.14	10.01	3.37

虽然某些指数在某一两年涨幅较高，但从长期的复合收益率来看，除了创业板指达到 10%以上外，其他都相当低。而股息法达到 17.58%，接近 20%。

第三节　一种动量策略

这是安德烈亚斯·F. 克列诺（Andreas F. Clenow）《趋势永存：打败市场的动量策略》中介绍的方法。事先声明一下，本人未经过回测，在本章中提到这种动量策略，仅仅为大家提供一种思路。

本书所给出的方法，建立在一个假设之上：假设正在上涨的股票继续上涨的概率，相较于下跌的概率更大。这也是技术分析三大假设之一：趋势不会轻易改变。

如果我们认可这个假设，就可以在这个假设之上建立相应的交易系统。如果不认可，那么本方法就无从谈起。我理解，也正是因为这个假设，本书的主标题才叫作“趋势永存”。

跑赢股票指数，利用贝塔盈利，而不是主动寻找阿尔法。一年下来，如果指数收益为正，那么赚的比指数高一点。如果指数收益为负，那么亏的比指数少一点。我们要寻求长期的盈利，因为指数在“长期”范围内，必然上涨。

定量策略方法如下：

1. 只在每周的固定一天工作，一个月工作 4 次，一年工作 48 次。

2. 计算动量指标

书中的举例是标普 500 成分股，我们可以使用沪深 300 成分股、中证 1000 成分股等。动量怎么计算？我们先找一个沪深 300 的成分股进行计算，以海天味业（603288）为例。

第一步：找到它最近 90 天的收盘价数据，存入 Excel 中。第一列为天数，第二列为日期，第三列为对应的收盘价（示例见图 9-12）。

……	……	……		
72	2020-12-07, 一	181.98		
73	2020-12-08, 二	183.5		
74	2020-12-09, 三	184.1		
75	2020-12-10, 四	190.21		
76	2020-12-11, 五	186.2		
77	2020-12-14, 一	194.23		
78	2020-12-15, 二	196.91		
79	2020-12-16, 三	199.71		
80	2020-12-17, 四	196		
81	2020-12-18, 五	189.04		
82	2020-12-21, 一	194.3		
83	2020-12-22, 二	193		
84	2020-12-23, 三	195.44		
85	2020-12-24, 四	195.43		
86	2020-12-25, 五	201		
87	2020-12-28, 一	196.63		
88	2020-12-29, 二	197.39		
89	2020-12-30, 三	199.97		
90	2020-12-31, 四	200.54		

图 9-12　保存最近 90 天的收盘价

第二步：计算每一个收盘价的自然对数。

例如以上数据的第一个收盘价位置为 C2，那么在 D2 位置，输入＝Ln（C2），将全部 90 个收盘价计算完。如图 9-13。

	......	......	......
72	2020-12-07, 一	181.98	5.203896791
73	2020-12-08, 二	183.5	5.212214667
74	2020-12-09, 三	184.1	5.215479088
75	2020-12-10, 四	190.21	5.248128725
76	2020-12-11, 五	186.2	5.226821365
77	2020-12-14, 一	194.23	5.269043024
78	2020-12-15, 二	196.91	5.282746772
79	2020-12-16, 三	199.71	5.296866314
80	2020-12-17, 四	196	5.278114659
81	2020-12-18, 五	189.04	5.241958633
82	2020-12-21, 一	194.3	5.269403356
83	2020-12-22, 二	193	5.262690189
84	2020-12-23, 三	195.44	5.275253427
85	2020-12-24, 四	195.43	5.275202259
86	2020-12-25, 五	201	5.303304908
87	2020-12-28, 一	196.63	5.28132379
88	2020-12-29, 二	197.39	5.285181467
89	2020-12-30, 三	199.97	5.298167355
90	2020-12-31, 四	200.54	5.301013728

图 9-13　计算自然对数

第三步：计算对数序列的回归斜率。

在 E91 位置处，输入：＝SLOPE（D2：D91，A2：A91），如图 9-14。

	......	......	......	
87	2020-12-28, 一	196.63	5.28132379	
88	2020-12-29, 二	197.39	5.285181467	
89	2020-12-30, 三	199.97	5.298167355	
90	2020-12-31, 四	200.54	5.301013728	0.00149792

图 9-14　计算回归斜率

第四步：计算年化收益率

在 F91 处输入＝［POWER（EXP（E91），250）］－1，如图 9-15。

	......	......	......		
87	2020-12-28, 一	196.63	5.28132379		
88	2020-12-29, 二	197.39	5.285181467		
89	2020-12-30, 三	199.97	5.298167355		
90	2020-12-31, 四	200.54	5.301013728	0.00149792	0.454235041

图 9-15　计算年化收益率

第五步：计算价格序列与回归斜率的拟合程度。

在 G91 处输入＝RSQ（D2：D91，A2：A91），如图 9-16。

	……	……	……	……	……	……
86	2020-12-25，五	201	5.303304908			
87	2020-12-28，一	196.63	5.28132379			
88	2020-12-29，二	197.39	5.285181467			
89	2020-12-30，三	199.97	5.298167355			
90	2020-12-31，四	200.54	5.301013728	0.00149792	0.454235041	0.258188719

图 9-16　计算拟合程度

第六步：计算动量指标

将年化收益率与拟合程度相乘，得出动量指标。即 Excel 中 F90 与 G90 相乘，得出海天味业的动量指标为 0.117278。

第七步：动量指标排序

将沪深 300 指数的 300 只成分股全部计算一遍。然后根据动量指标的大小进行排序。

（一）买进

大前提：只在沪深 300 指数高于 MA200 时买进。如果小于 MA200，则不买进新股票。但这并不代表原来的持仓一次性全部清空，已经买进的个股有自己的离场条件。

买进 1：按动量指标排序的结果，先买排名第一的股票。

买进 2：买进规模＝总资金×0.001/ATR[①]20。

假设海天味业的动量指标排名第一，我们就买进它。总资金为 100 万元，它的 ATR（20）为 6.49。

则买进规模＝100 万×0.001/6.49＝154 股，理论上只能买 1 手。

假设我们可以有整有零的买进，海天味业 2020 年最后一天的收盘价 200.54 元，那么需用资金 30883 元（未含佣金）。还有不到 97 万的资金没有用。

买进 3：继续按总资金 100 万的规模计算，买进动量指标指名第二的股票。

买进 4：分批不停地买，直到 100 万资金全部用完。

（二）每周调整

每周检查一次，若有如下情况，则卖出所持有股票。动量指标排名跌出全部

---

① ATR 即均幅指标，是一定时间周期内的股价波动幅度的移动平均值。读者可参阅威尔德的《技术交易中的新概念》（浙江大学出版社 1997 年版）。

排名的前 20%，如果以沪深 300 来计算，即它的排名如果是第 61 名（含）之后，则卖出。

以下三种情况需卖出：(1) 股价低于 MA100。(2) 存在 15%以上的跳空窗口。(3) 已被剔出成分指数。平仓后所得的现金，再按照之前步骤，买进股票，直到所有钱用完为止。

（三）每双周调整

重新根据公式计算交易规模，ATR 变大了，就要卖出溢出部分的股票，ATR 变小了，就要补足。

（四）退出

指定池指数，我在这里用沪深 300 举例，指数低于 MA200 时，不再买进新股票。已经买入的股票，如果没有意外，陆续沿 MA100 缓慢、渐渐退出。这种方法遵循谁涨我买谁的原则，符合技术分析三大假设。

但买谁，怎么买，要看动量指标。通过对数回归，来计算在这一段时间内，股票运行的斜率。斜率越高，涨得越多；斜率越低，涨得越少；斜率为负，股价处于下跌状态中。

但是，只有斜率还不行，因为个股股价不同，同样是涨 2 元钱，上涨百分比是不同的，还需根据斜率计算年化收益率。那问题就变成了谁的年化收益率越高，越买谁的。只有这个也还不行，有的股票是前面一直下跌，后面突然上涨，短期内拉高了年化收益率。所以需再计算价格序列与收益率的拟合程度，拟合度越高，说明涨得越踏实。

年化收益率与拟合度相乘，就排除了短期快速蹿高的股票。短期快速蹿高，年化收益率很高，但拟合度很低，两者相乘，它的动量指标排名就会落后。这个方法简单来说就是将谁涨我买谁的理念付诸行动的方法。

然后添加了过滤器：

过滤器 1：指数必须高于 MA200。

过滤器 2：个股必须高于 MA100。

过滤器 3：必须是成分股（已经有人替我们选好股票池的意思）。

小结

1. 傻瓜式交易法的关键在于找到一种相对正确的理念。

2. 把该理念变成一种可回测的方法，进退有据。

3. 通过该方法，大样本全数据回测。回测效果满意，则可付之行动。

4. 做出满意的回测数据仅仅是万里长征的第一步。坚守才是傻瓜式交易的难点所在。